李赋宁

中国当代教育家丛书

与青春同行

李镇西／著

高等教育出版社

图书在版编目（CIP）数据

与青春同行 / 李镇西著. —北京：高等教育出版社，2005. 11（2010 重印）
ISBN 978-7-04-018553-9

Ⅰ. 与… Ⅱ. 李… Ⅲ. 中学—教育工作—工作经验 Ⅳ. G63

中国版本图书馆 CIP 数据核字（2005）第 123307 号

策划编辑 肖彤岭 张 华 **责任编辑** 王冰怿 **责任印制** 陈伟光

出版发行	高等教育出版社	购书热线	010-58582141
社 址	北京市西城区德外大街 4 号	网 址	http://www.hepsd.cn
邮政编码	100120		http://www.hep.com.cn
印 刷	涿州市星河印刷有限公司		
开 本	800 × 1050 1/16		
印 张	18.25	版 次	2005 年 11 月第 1 版
字 数	270 000	印 次	2010 年 8 月第 4 次印刷
插 页	1	定 价	32.00 元

物料号 18553-00

编委会名单

教育家向我们走来

当代中国有没有教育家？我们要不要为宣传自己的教育家做些认真严肃的工作？很长时间以来，我们一直为这些问题所困扰。讲起教育家不是古代的就是外国的，这既不符合实际情况，更不利于我国教育的发展。所以我们想做些开创性的工作，组织编写《中国当代教育家》丛书，以宣传教育家的事迹，反映教育家的成长，促进教育的改革发展。

2003年教师节，温家宝总理在人民大会堂接见教师代表时说："教育工作要坚持面向现代化，面向世界，面向未来。要办一流的学校，就要有一流的教师队伍，有一批出色的教育家。要像宣传劳动模范、宣传科学家那样宣传教育家、宣传优秀教师，在全社会形成尊师重教的良好风尚。"温总理的深情讲话如春风拂面，不仅进一步坚定了我们的信心，而且增强了我们组织编写好这套丛书的光荣感和使命感。

在着手组织编写这套丛书之前，我们向王湛副部长和袁贵仁副部长汇报了这一想法，得到了他们的高度肯定。他们说：中国有近世界五分之一的受教育人口，有一千多万中小学教师；中国教育有悠久的历史文明，有素质教育的当代实践，中国教育理应为人类教育的发展做出贡献，理应有自己的教育家。事实上我们的时代和素质教育的伟大实践也正孕育并产生着这样的教育家。宣传我们的教育家，也是宣传我国改革开放的成就，宣传我国教育改革发展的成就。领导的鼓励进一步坚定了我们做好这一工作的信心。

当今社会发展迅速，社会对教育不断提出新的要求，教育不断面对新问题、新情况、新任务，各种各样的教育思想流派纷繁复杂。在这样的背景下，怎样坚持我国教育的优良传统，又改革创新；怎样坚持本土国情，又面向世界；怎样培养英才，又面向大众；怎样体现我国各个不同地方的共性，又能体现不同层次、不同地域的特点，等等，需要去研究、去回答。产生教育家是时代的要求。

在中国历史上，教育事业从来没有像今天这样受到过如此高度的重视。改革开放以来，党和国家确立了科教兴国的伟大战略，提出了人才资源是第一资源的重要思想，强调教育是国家的核心竞争力。教育的改革实践为我国教育战线出思想、出经验、出人物，创造了非常好的条件。产生教育家也是时代机遇。

我国广大教育工作者在教育实践中以他们的热情、智慧和责任感不断创造性地回答这些问题，不断丰富着世界教育范例的宝库。他们为祖国培养人才呕心沥血，为改革创新殚精竭虑，为教书育人谱写了一首首绮丽的教育诗篇。展现教育家风采，弘扬教育家精神，不仅是社会的责任，也是千百万教育工作者的长期夙愿。

怎样整理和呈现当代教育家的先进教育理念和卓越教育成就？我们在有关组织工作活动中通过研讨、交流和思考，逐渐明确了编写这套丛书的宗旨：

首先，要展现改革开放以来我国教师的动人风采，反映我国教育改革发展的巨大成就。我国教育在数量上迅猛发展的同时，教育质量也不断提高。教育观念不断更新，教育视野不断拓宽，教育管理水平也不断提高。教育改革催生了一批批教育家，教育家们又推动着教育改革的不断深化。在他们身上既承载着春蚕、红烛的传统美德，又体现了改革创新、与时俱进的时代精神。他们是我国千百万中小学教师的优秀代表，是我国改革开放以来教育改革发展的象征。

其次，要提升教育家的办学思想，推广他们的改革经验。教育家在自己的工作舞台上进行了大胆的、丰富多彩的改革实践，积累了宝贵的办学经验。通过这套丛书的编写，可以促进大家集中进行反思和总结，探讨教育规律，把握教育真谛，把个体经验提升为具有普遍意义的理论认识。

第三，要激发教育工作者的成就感和责任感，激发教育工作者追求卓越的信念。教育是塑造人类灵魂的崇高事业，教育不仅是知识的传播，而且是思想与思想的交流，情感与情感的沟通，生命与生命的对话。教育是造福于他人同时也使自己获得幸福的伟大事业。我们希望呈现在我们面前的每一部作品都是一部教育改革的探索史，都是一部教育发展的奋斗史。使我们每一位教育工作者能够从中感悟到从事教育事业的崇高和幸福，能够看到教育改革创新的新标杆，通过教育家的今天看到自己的明天。

第四，要促进教育家们的共同成长。我们希望把作者们凝结为一个团队，成为一个新型的学习型组织，使这项活动成为交流改革经验、提升教育理念、探索素质教育有效途径的专题活动。使我们非常感动的是，所有作者都是怀着对教育事业的崇敬心情和再做一份贡献的责任感，投入这一工作之中的，为此他们克服了时间、精力、工作、身体等多方面的重重困难，在短短几个月的时间里，绘就了一部部精彩绚丽的教育诗篇。正如有同志所说，这项工作决不仅仅是写一本书，而是一个督促自己再学习、再反思、再提高的过程，如同经过一场“炼狱”，经验与认识进一步提升，理念与追求进一步坚定，精神与境界进一步升华。

什么样的人才称得上教育家？这是我们的工作始终要面对的一个问题。在组织这套丛书撰写的过程中，我们进一步体会到，教育家并不神秘，他们也是平凡的、平常的教育工作者中的一员；他们也会有一些缺点和不足，甚至可能因为大力推进改革创新，某些缺点和不足更容易表现出来。但是，作为广大教育工作者的杰出代表，教育家又是不平凡的，他们为教育改革创新做出了突出的贡献。

首先，教育家要有自己的教育思想，有对教育的独到见解，有对教育理想的不懈追求。思想是否平庸应当就是教书匠和教育家的根本区别。自古以来，每个人对教育的期望、对教育的理解都会有所侧重、有所不同，然而教育家的教育思想应当更深刻、更系统、更自觉、更富有创见，并且更能坚持和实践自己的教育信念。

其次，教育家不仅有深刻的思想更需要有丰富的教育实践，可以说教育家就是有思想的实践家。能否把抽象的理论、先进的理念融会到每一个具体的教育细节之中，这是教育思想家和教育家的明显区别。教育家应当善于在实践中不断深化教育思想，不断丰富教育智慧，不断提高教育艺术；应当善于把知识的传授与人的发展结合起来，将优化学生健康成长环境视为自己的行为准则；应当善于把学生的发展与教师的发展结合起来，能够在教师集体团队中发挥引领作用。

再次，教育家是改革的实践家、创新的实践家，他们能够与时俱进，使自己的教育思想在改革实践中不断创新。善于发现新情况、新问题、新趋势，善于捕捉新机遇，采取新措施，建立新机制，这是当代教育家的明显特征。面对日新月异的社会形势，面对富有时代特点和新鲜体验的生龙活虎的学生们，他们应当能够把握时代脉搏，顺应时代潮流，并且敢于领时代之先，在教育过程中体现和代表先进文化发展的方向；他们应当敢于超越自己，不断更新思想观念，不断确立个人和学校发展的新目标。

第四，教育家是一个先行者、示范者、发动者，是能够提出学校发展愿景目标的设计师，是能够打造精英教师团队的精神领袖，是一个追求卓越办学成就的领跑人。教育家不是孤军奋战，教育家也是在方方面面的支持下成长起来的。教育家的成就与一个学科、一个学校、一个地区教育的发展实践是紧密联系在一起的。

第五，教育家必须是人性丰富、人格完善、人品高尚的人。真正的教育家，留给人们的是思想，更是人格。教育是挚爱，这种爱，越是无私，越是深厚；教育是思想，这种思想越是现实，越有智慧；教育是信仰，这种信仰越是坚定，越有力量；教育是追求，这种追求越执著，越有成果。在追求理想教育的道路上，必然会有思想观念的冲突，会有人际关系的矛盾，会有行动后果的风险……

没有“捧着一颗心来，不带半根草去”的大爱，没有“我不入地狱，谁入地狱”的大义，没有“敢为人先，争创一流”的大志，岂有大教育家？孔夫子“颠沛流离，累累若丧家之犬”而不改其志，陶行知“脱下长衫”穿上草鞋，“与牛大哥做朋友”，皆几十年如一日，始成教育家。苏格拉底、裴斯泰洛齐、苏霍姆林斯基、马卡连柯、蔡元培、黄炎培、晏阳初……

当我们提到这些名字的时候，联想到的往往是他们视学生如己出，视学校如家庭，视教育如生命的不朽形象。在我国当代教育的进程中，斯霞、霍懋征、于漪、孙维刚……都是我们熟悉的名字，他们有些已经离我们而去，有些还在关心着教育工作，他们是优秀教师的代表，他们都是当之无愧的教育家。

但任何一项工作都有自己的特定目标，为突现教育家的时代特征和现实感召力，集中反映我国基础教育领域推进素质教育的最新成就，这套丛书的作者仅限定于目前仍然在基础教育第一线工作的同志。他们长期在基础教育第一线工作，所取得的教育成就和业绩，已经得到社会各方面以及教师们的广泛认可……这样的人选还有很多，现在呈现给大家的是第一批，以后还会有第二批、第三批。相信会有更多各具风采的教育家向我们走来。

这套丛书在计划和组织过程中得到了很多方面、很多同志的帮助和支持。对本项工作，顾明远、陶西平、吕型伟、郝克明、叶澜、裴娣娜、朱小蔓等一批专家学者给予了诚挚地关心和指导；教育部基础教育司、人事司、师范教育司、教育发展研究中心等有关部门的同志们给予了有力地支持；北京、上海、浙江、重庆、湖南等省市教育厅暨师范教育处的负责同志，中国教育学会暨所属各有关专业学会以及《人民政协报——教育在线周刊》的同志，在推荐教育家代表人选方面做了大量的工作；《人民教育》杂志社、《中国教育报》、《中国教师报》、中国教育电视台等媒体单位自始至终地关注支持着我们的工作；高等教育出版社的领导及编辑们为本套丛书的出版付出了辛苦的努力……

没有这些支持，这套丛书是无法如期问世的。如果要把这些同志的名字都写出来那将是很长的一列，即使这样也还会挂一漏万。所以就让我们努力出好这套丛书，回报所有参与支持这项工作的同志们，回报上千万在教育一线辛勤工作的教师们，回报数以亿计对教育工作寄予厚望的学生和家长们，回报全社会所有关心和支持教育事业的人们，并以此庆祝我国教师节20周年。

袁振国

2004年8月

目录

序
言

在反思中成长——写在前面

这是一本反映我成长历程的书，我试图贯穿一个主题——反思。

我认为，对一个教师来说，推动其教育事业发展应该有两个轮子，一个叫做“情感”，一个叫做“思考”。教育情感使他热爱孩子，忘我地工作，并从中体验到奉献的快乐；教育思考使他明确自己的教育方向，科学而理性地设计、实施自己的教育，同时不断地总结、提炼、升华自己的教育实践。

可以说，大多数教师都有着真诚的教育情感，因而发自内心地热爱孩子、热爱自己的职业；但作为一项事业，教育仅仅有感情是不够的，至少是不完美的。我们不能仅仅向学生奉献心血、青春乃至毕生的年华，不能仅仅因学生的成长和成功而喜悦，我们还应该在教育学生的同时，提升自己的事业境界和人生品位；在学生成长和成功的同时，我们自己也应该不断成长并走向成功，从中体验到人生的快乐，为自己的生命喝彩。从这个意义上说，教育不应该只是一个奉献的岗位，也应该是一个获取的职业；教师不是一支默默流泪的蜡烛，而是一轮灿烂耀眼的太阳！

要达到这个境界，我们就必须做反思型的教师。何谓“反思型教师”？通俗地说，就是通过思考、解剖自己日常教育实践而不断超越和提升教育境界的教师。当然，必须强调的是，反思型教师绝不仅仅是想。以我的经历和切身体会，我认为一个真正的反思型教师至少应该具备四个“不停”：不停地实践，不停地阅读，不停地写作，不停地思考。当然，这四点绝不是互相分离的，在反思型教师的日常生活和工作中，这四者是融为一体的，其中，思考贯穿于教育全过程的每一个环节。

不停地实践。这里的“实践”就是全身心地投入到课堂中，投入到学生中，踏踏实实地做好每一件日常工作。和纯粹老黄牛式的“干活儿”不同，“反思型教师”的实践有两个特点：第一是“科研性”，就是不盲目地干，而是把每一个学生都当作研究对象，把每一个难题都当作课题，以研究的心态对待实践；第二是“创造性”，就是在实践的过程中，既不重复别人也不重复自己，每一阶段都要有创新，都要有超越。

不停地阅读。反思型教师是终身学习的身体力行者，他把阅读当作洗脸刷牙一样的必须的生活内容。反思型教师的阅读也有两个特点：第一是专业性，教育名著、教学专著、教育教学报刊等等，都是阅读的对象；第二是人文性，作为人类精神文明的传承者，除了认真阅读教育教学专业书，还要读政治、哲学、经济、历史、文学等与教育教学“无关”的书；徜徉于人类精神文明的长廊，在触摸历史的同时憧憬未来，在叩问心灵的同时感悟世界。

不停地写作。这里的“写作”实际上是搜集和积累教育矿藏的过程，也是总结提炼教育智慧教育艺术的过程。和有些教师应付职称评定的“写作”不同，反思型教师的写作同样也有两个特点：第一是日常性，把写作当作自己的需要并养成习惯，通过每一天的写作，点点滴滴地积累教育心得，而不是到期末为了应付校长才写一篇总结；第二是叙事性，就是写原汁原味的教育案例，不煞费苦心地“构建”什么理论框架，也不借时髦的“理论”和晦涩的名词来进行“学术包装”，而是让自己的教育故事保留鲜活的气息，让心灵的泉水自然而然地流淌出来。

不停地思考。教育是最具创造性的精神活动，所以充满理想主义激情的人文情怀和独具个性的思考精神，理所当然地应该贯穿于教育的每个环节和整个过程。这里的思考首先指对自己的思考，即把自己当作研究对象，揣摩、琢磨、体验、品味着自己已经和教育水乳交融的日常生活；同时，“思考”也包括关注、研究、咀嚼、审视别人的教育实践和教育思想。如果这思考带有检讨、解剖、质疑的意味，它便成了我所理解的“反思”，而这种反思的习惯和能力正是任何一个教师走向成功必不可少的精神素养和职业品质。

在从教24年的过程中，我的反思主要包括：

对教育失误的反思。任何一个教育者在其教育生涯中，都会犯这样或那样的错误。区别优秀的教育者和平庸的教育者不在于教育者是否犯错误，而在于他如何对待已经犯了的错误。善于通过反思把教育失误变成教育财富，这是一个教育者从普通教师走向教育专家乃至教育家的最关键的因素之一。

对教育实验的反思。既然是实验就有可能成功，也有可能失败，如果能够以科学的态度反思。即使失败了的教育实验也是一笔财富；而对于成功的实验，同样需要以科学的眼光实事求是地剖析和评价。我的“未来班”实验，按说是当时大家都比较公认的成功实验，但我从不断变化的时代要求进行严肃的反思，结果促进了我教育观念的更新。

对教育行为的反思。反思不仅仅是针对明显的教育失误，也包括对自己一切教育（含教学）行为的反思。和学生的一次谈心，上一堂课，组织一次活动，甚至和学生交往过程中的某一个蕴含教育因素的细节，都可以成为反思的内容。精益求精，与时俱进，缘时而新，因人而异，都可以使我们的教育更加完美，更具感染力。

对教育现象的反思。教育者的反思，不应仅仅局限于对自己教育的反思，还应该扩展为对自己所见教育现象的反思。一个有责任感同时胸襟开阔的教育者，会关注与自己相关或不直接相关的其他教育现象，并同样以科学的态度——尤其是批判的眼光进行审视和追问，在解剖自己的同时，解剖整个教育，这是我们应该追求的教育反思境界。

对教育理论的反思。我们尊重理论但不迷信理论。我们在继承古今中外一切优秀教育理论与传统的同时，理应以追求科学、坚持真理的胆识，辨析其中可能存在的错误之处；对一些似乎已有定论的教育结论或教育命题，我们也可以根据新的实际情况、新的实践予以重新的认识与研究，或修正，或补充，或发展。没有千千万万普通教育者富有个性的反思和富有创造性的实践，就不可能推进教育理论的蓬勃发展。

本书以成长为主线，以反思为主题，力图比较客观地展示我走过的历程。我把我的教育实践大体分为三个阶段："教育浪漫主义"、"教育现实主义"和"教育理想主义"，并由此展开不同阶段的反思。我的反思也经历一个过程，从对自己教育行为的分析，到对教育行为背后所蕴藏的教育观念的追问；从对身边各种教育现象的解剖，到对中国教育理论的审视……无论是微观的还是宏观的，无论是对自己还是对整个教育，每一次反思，都是一次提升。我正是在一次次反思中，逐步走向自己所期待的相对理想的教育。

回到本文的开头——教育需要情感，同时需要思考。这二者不是矛盾的而是统一的，正是因为我们对自己所从事的教育事业倾注了全部情感，我们才能如此认真、执著而孤独地去思考我们的教育事业。和千千万万普通教师一样，我真诚地爱着我的国家和民族，我热切地盼望我的国家和民族早日昌盛，并愿意为此尽绵薄之力。作为一名教师，我把自己的社会理想倾注于教育事业中，因此，我的教育实践伴随着情感，便是很自然的了；同时，我的教育实践伴随着不停的思考，更是理所当然的了。

成长是一个过程，反思也是一个过程，我的教育之旅还有很长的路要走，我将继续迎来一批又一批新的学生，将继续上好一堂又一堂的课，将继续面对一个又一个预想不到的教育难题……但只要我保持着对教育的激情和反思精神，我就会继续在激情中享受教育的快乐，在反思中提升教育的品质。

李镇西

2005年10月19日

第一章

教育浪漫主义的情怀

一、未来班：第一首透明的教育诗

‖从教训到责任：激情年代点燃理想的激情

1977年恢复高考时，我在知青农场填报的志愿虽然全是“师范学院中文系”，但我看重的并非“师范”而是“中文”。填“师范”，是因为当时我一厢情愿地以为这两个字会让我这个小学教师子弟在录取时享受“加分”的照顾，使我早日离开农村；而“中文”则的的确确是我由衷喜爱的。从小学起便在学校大批判专栏上“发表”过大量“东风万里红旗飘”之类“诗歌”的我，

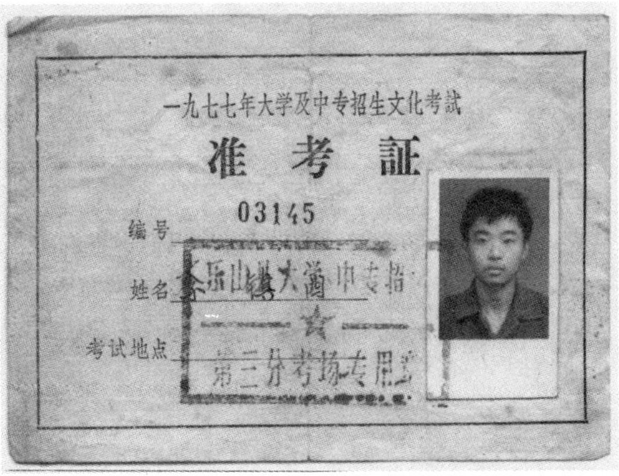

一九七七年大学及中专招生文化考試
准考証
编号 03145
姓名
考试地点

★1977年12月，我就是凭这张准考证进入了高考考场

自以为是“文学爱好者”，理应进中文系深造。但是，当时我很少会想到，那“动机不纯”的“师范”二字将决定我后来的人生走向。

20世纪70年代末80年代初的中国，刚刚从“十年浩劫”的噩梦中醒来，中国共产党第十一届三中全会给从灾难中重新站起来的中华民族注入了新的生命活力。那是一个风云激荡的年代，“真理标准问题”大讨论、“天安门事件”平反、张志新冤案的披露、伤痕文学的轰动、朦胧诗的崛起、陈景润与哥德巴赫猜想、科学的春天、中越自卫反击战、中国女排扬威世界、中美建交……中国，拉开了改革的大幕，开始了新的长征。

★1982年1月，大学毕业

那的确是“激情燃烧的岁月”，而激情的岁月必然产生激情的一代。作为“文革”后恢复高考的第一届大学生，我们满怀激情地在“新长征”的号角声中开始了学习。梦想也罢，理想也罢，让中国早日屹立于世界强盛民族之林，是我们发自内心的渴望。中国足球一次赛赢科威特的胜利，就足以让我和我的同学高呼着“中国万岁”在校园彻夜狂欢！不知今天的大学生怎么看待我们当年的纯真、赤诚和“狂热”，但愿他们能够理解，在那民族复苏的新时期清晨，足球的胜利已经不仅仅是足球的胜利，它寄托着千百年来中国人民渴望腾飞于世界的梦想。

那时的我们，对祖国的未来真是充满了自信充满了希望，我们最爱说的话题是“四个现代化”，最爱唱的歌是《年轻的朋友来相会》。“再过20年，我们来相会，举杯赞英雄，光荣属于谁？属于我，属于你，属于我们80年代的新一辈！”正是在这样一种对祖国美好未来的憧憬中，我也憧憬着我未来的职业。

然而，对于一项事业来说，仅仅凭激情是远远不够的，甚至仅仅有爱也是不够的。近年来，许多人都说我特别爱学生，甚至不止一个人对我说过："你这么爱学生，简直天生就是当老师的料！"但他们哪里知道，如果我的教育生涯从大学实习算起，那么恰恰在所谓"爱学生"这一点上，我的教育起点是羞于回忆的，因为大学毕业前夕，我在成都郫县一中实习期间的一件事，令我至今想起来都很惭愧。

一天，我正在批阅学生交来的作文《人物肖像描写练习》，刚翻开第一本作文，没看几行就感到不对。这不是在写我吗？"语文实习老师，二十多岁，中等个子，戴着黑边眼镜……"文章虽然病句成堆、错字连篇，但作者却用上了许多调侃的词句，不伦不类的比喻和夸张，以嘲讽和挖苦的态度，对我进行丑化和侮辱——至少当时我是这么认为的。

作文本封面的名字是刘江。虽然我还叫不出所有学生的名字，但"刘江"这个名字却非常熟悉。这个男生成绩差，行为习惯也很差，上课时常常违反纪律，我批评过他几次。就在那天上午大家都在写作文时，他居然哼起了流行歌。我毫不客气地狠狠批评了他，叫他认真写作文；当时，他很不服气，写作文时还气呼呼的。没想到，他当时正把对我的仇恨发泄到作文中。

我气愤地把本子一扔。看来这个刘江想以作文练习的方式来侮辱我，想让我难堪。哼，你小子还嫩了点儿！我决定把这篇作文在班上公开，让他知道我是谁。于是，在作文评讲课上，我对大家说："今天，我要念一篇奇文。这篇文章奇在何处呢？同学们听了就明白了。"

"'他戴着X光做成的镜片'，"我一边念，一边"评讲"，"哎呀，了不起！我原来只知道X光是一种穿透力很强的电磁波，可以用于照相技术、医疗透视等方面，可是想不到，这种光还可以被制成镜片。妙！想必是作者自己发明的吧。由此可见，作者还是一位业余科学家，他的这一最新科研成果，对人类贡献之大绝不会亚于爱因斯坦！"

全班学生哈哈大笑起来。

这正是我要达到的效果。于是我更加亢奋了，不仅抓住文章的病句无情嘲讽，还把文中的错字一个一个写在黑板上。在学生们的哄笑声中，我说："你们笑什么？这些并不是错字，人家是在大胆创新。在短短的文章中，作者便创造出这么多新汉字，为丰富祖国文字作出了不可磨灭的贡献！"

刘江开始还故作镇静，甚至还附和着大家的笑声皮笑肉不笑地咧咧嘴。慢慢地，他的脸色越来越难看，已经把头低下去了。我得意极了，立刻乘胜追击，"如此美妙的文章，真应该拿去发表，那样既能得稿费，又能出名，可谓名利双收。然而作者却把它交给我，唉，真遗憾！我现在是腰无半文，实在无稿费奉送，深表歉意。不过，利虽然没有，名倒可以让他出出，总要占到一头嘛！因此，让我在这里公布作者的大名，"我停了一下，朝刘江看去，他简直要哭了，正在用眼光哀求我口下留情。我装着没看见，一字一顿，极为庄严地说道："这位天才的业余科学家、未来的爱因斯坦、杰出的文字学家、优秀的杂文家、当代的鲁迅，就是我们高一（一）班学生刘、江！"

教室里再次响起暴风雨般的笑声……

"李老师，真痛快！""刘江太不像话了！就应该这样收拾一下！""平时他总喜欢欺负我们，现在遇到李老师了，太让人开心了！"下课后，许多学生都对我这样说。学生们的话极大地满足了我的虚荣心。但也有学生说："看不出来，李老师还有那么大的脾气！其实，李老师没必要和他计较的。"这话却使我心里一跳：看来，并不是所有学生都认为我是对的。

这使我"胜利的喜悦"大打折扣，心里甚至有些隐隐不安。特别自那堂作文评讲课以后，刘江看见我就躲，上课也无精打采，像霜打过的叶子，我感到一种虚脱般的疲惫。

那几天，我常坐在办公室里发呆，手里捧着语文书却很久看不完一页。我心里特别难受——你以为你胜利了吗？一个堂堂的语文教师，对付一个小小的中学生，究竟算得了什么呢？在大庭广众之下，你以一种自以为巧妙的方式收拾了一个对你"大不敬"的人。可这个人是谁呢？仅仅是一个写文章"丑化"了你的学生，对他，你用得着这么煞费苦心地调动所有挖苦之语来冷嘲热讽吗？你还算是老师吗？还算是男子汉吗？从实习的第一天起，你就立志要做热爱学生的好老师，然而，对待有缺点的学生，你不是怀着教师的责任心去帮助他，而是出于个人的狭隘心胸去报复他，这岂不是太自私、太虚伪吗？

无情的鞭子一阵阵抽在我的身上……

指导老师冯老师——他的名字我忘记了，但我至今非常感谢他，显然，他看出了我的情绪变化，问我有什么心事，我便把“刘江事件”告诉了他。他严肃而真诚地对我说：“做老师一定要有博大的胸襟，对学生要有宽容心。你一定要主动找刘江谈谈，向他道歉。最好能在全班学生面前表示你的歉意。”我感到为难，他说：“向学生认错，只会赢得学生真正的尊敬。”

刘江不过是在作文中对我不够礼貌，而我却当着全班学生羞辱了他。按说我的确应该在全班学生面前向他道歉的，但当时我实在没有那个勇气，真的没有！

不过那个周末下午放学后，我主动找到刘江，向他表示歉意。整个谈心过程中，我一句批评他的话都没有说，只说我因为顾自己的面子而伤了他的面子……最后我说：“我不是一个好老师，请你原谅！”他开始很惊讶，后来表现出很感动的样子。那天我们谈了很久很久，直到天色渐渐黑下来，他才挂着泪水回家去了。

至今让我想起来惭愧的是，尽管我在实习中犯了这样的错误，可在实习结束离开郫县一中时，淳朴的学生记住我的全是我如何对他们好。我也承认，短短一个月的实习，无论上课还是课余和学生一起活动，都非常投入；因此，他们真诚地欢送我。当我坐在回校的汽车上时，窗外的学生们还久久不愿离开。车终于开动了，我回望窗外，看到一群学生正跟着汽车跑，一边跑一边哭喊：“李老师再见！”追逐汽车的学生中也有刘江的身影。

这个永远难忘的场面，我一路想了很多很多。想得最多的，还不是学生如何挥泪送别我，而是觉得自己不配享受学生这样的送别。学生多么单纯而可爱，老师犯了这么大的错误，他们却依然尊敬老师；刘江作为一个“差生”，被我那样当众羞辱，可时间一长（其实也不长）他却忘得干干净净，记住老师的全是好。换了我，我做得到吗？肯定做不到。如果哪个校长当众让我难堪，我可能会记恨他一辈子，然而学生就是这么纯真。

在我的性格里有喜欢孩子的天性，“喜欢孩子”和“爱学生”当然有联系，但不完全是一回事儿。前者更多的纯粹是一种天然的感情倾向，和品德没有多大关系；而后者虽然也属于一种情感，但蕴含了一种教育者的责任，它与师德直接联系。还可以从另一个角度推敲这二者的区别：“喜欢孩子”可能是凭个人的好恶只喜欢那些自己认为“可爱”的孩子，而“爱学生”则意味着怀着一种责任把欣赏与期待投向每一个学生，包括刘江这样的“差生”，包括善待这类学生的缺点，包括宽容他对教师的“大不敬”。如果这个分析站得住脚，那么回望“刘江事件”，我实在不敢说我是真正“爱学生”的。但因为有了这样真诚的心灵拷问，这个错误我没有白犯，我提醒自己，做教师，感情是很重要的，但不能仅仅凭感情，还有责任和对每一位学生的尊重。尽管在后来正式从教的岁月里，我仍然不止一次犯同样的错误——人绝不是靠一次教训就能彻底“重新做人”，所谓“战胜自己”是一个漫长的过程甚至需要一生——但毕竟当时我开始意识到这一点了。

不管怎样，实习结束时学生追着汽车送我的场面，让我永远难忘，这个记忆成了我以后教育的情感动力，更让我对未来有了热切的希望。短短一个月的教育实习，让我把未来的职业同某种使命感联系在了一起——对于改造社会，我今后也是可以有所作为的。

‖让教育过程充满儿童情趣

对于教育来说，教育者的理想和激情是至关重要的；尤其是刚刚参加工作的年轻教师，这种理想和激情，将使他一开始就不仅仅把教育当作谋生的职业，而是把它当作与自己生命融为一体的事业。

我还要说，教育者应该是一个易被感动的人，特别容易被来自学生的纯真感情感动。这种源于生活细节的感动会成为我们从事教育、献身学生的不竭动力。我可以无愧地说，我的心就特别容易被学生打动。我并不是一开始就无缘无故地爱学生，是因为学生首先爱我！俗话说“人心都是肉长的”，学生对我的爱，被我感受到了进而感动，久而久之，这种感动让我觉得应该回报学生，于是，不知不觉我也爱学生了。

当时我教初一，孩子们对我表现出的真诚，常常让我感到心里热乎乎的。记得上课不到一个月，我嗓音便嘶哑了，有学生悄悄地将药塞进我的宿舍里。我拿着药在班上问是哪个同学送的，全班学生没一个承认，每一个孩子都对着我调皮地笑着。金色的阳光透过玻璃窗洒进教室，洒在每一个孩子的脸上，每一双眼睛都闪烁着太阳的光泽。这温馨时刻的一双双眼睛触发了我的灵感。当天，我写下一首短诗《眼睛》，我在诗中真诚地赞美孩子纯真的眼睛，进而赞美孩子们纯洁的童心。这首后来在报上发表的小诗，是我第一篇变成铅字的文字。

这么可爱的学生，我决不应该辜负他们。最初我并没有当班主任，后来在我的要求下，我当上了班主任——这已经是开学后一个月了。临时换班主任并没有在学生中间产生多大的情绪波动，这当然不是因为原来的班主任不好，而是因为尽管我才教他们一个月，可是孩子们已经同样把我当成值得信赖和爱戴的老师了！多年以后，著名语文特级教师于漪老师对我说过一句话：“对孩子的爱，能够使一个老师变得聪明起来。”这话在我心里引起了深深的共鸣，因为我想起了刚参加工作时，正是凭着对孩子们的爱，开始书写我的教育诗篇。既然我这么爱我的学生，我一定要想方设法让他们在学校的每一天都快乐！

“未来班”正是我教育诗篇的第一行美丽的文字。

我有幸于从教之初，便从苏霍姆林斯基的著作中结识了这位可亲可敬的教育家。在读苏霍姆林斯基的日子里，他的许多观点让我想到了自己的教育，并情不自禁地解剖自己的教育。作为班主任，我立志让我所带的班富有勃勃的生机和强烈的凝聚力，让每一个孩子都能因为在我的班上而感到成长的快乐。这当然是没有错的，但要达到这个目的，首先就得把教师的意图变成学生的意图——当然不是把教育者的意图简单地强加给学生，而是在教育者的目的同孩子的愿望之间找一个自然和谐的结合点，应该让全班学生有一个统一的奋斗目标，因为只有目标才能产生动力，正如苏霍姆林斯基所说："集体主义教育的实践，首先在于激励学生自由地自觉地实现集体的目标。"特别重要的是，这个目标不应该仅仅由教师一个人提出来（过去我正是这样做的），而应该在教师的引导下由学生提出来。

于是，我通过一系列的引导和启发，让学生们为自己所热爱的班集体提出一个奋斗目标。经过反复讨论，大家一致认为我们班应成为既洋溢着集体主义温暖又充满进取创新精神的富有鲜明个性的班集体。学生们还提出了基本实现这一目标所需要的时间——两年，同时又决定为自己的班集体取一个响亮的名字，并设计一系列标志。

为什么我要给班集体取一个名字并设计标志呢？这是为了让我们的班变得"有意思"，让孩子们觉得"我们的班就是与众不同"。所谓"情趣"，所谓"浪漫"，都在这种种"与众不同"之中了。

更何况，我把确定班名、提出班训、创作班歌、构思班徽、绘制班旗的过程，引导为对学生进行集体主义教育和培养创造精神相统一的过程。人人动脑，个个动手，并通过"班名、班训讨论会"、"班徽班旗图案展评"、"班歌歌词朗诵会"、"最佳班级标志评选"等主题班会充分调动每个人关心集体的热情和创造精神。

班名："未来班"。这是在"方志敏班"、"海迪班"、"希望班"、"奋飞班"、"雄鹰班"等几十个班名中，同学们经过反复比较讨论后选定的。最初这个班名的基本含义是我们是祖国未来的栋梁。一年后，小平同志发表了"三个面向"的题词，我们的班名又增添了新的含义——面向未来，全面发展。

班训："正直、团结、勤奋、创造"。我们把"正直"放在首位，因为这是一个人最起码的道德品格。"团结"是对整个班集体的基本要求，我们希望班集体充满真诚和睦、互相友爱的温暖。学生的主要任务是学习，因此"勤奋"是必不可少的。在学习知识的同时，我们还应面向未来培养多种能力，于是，同学们在班训中明确写上"创造"。

班徽：由红日（上半圆）、大海（下半圆）和中间的"V"形构成的图案。上半部的红日，象征着可爱的祖国如日初升，充满生机；下半部的大海，既象征知识的海洋又隐喻我们宽广的胸怀。中间的“V”图案，既像凌空的海燕，象征着我们沐浴着祖国的阳光，在知识海洋上，在人生的风浪中展翅翱翔、英勇搏击；又像打开的书本，象征着我们对科学不懈地追求；也像乍绽的幼芽，象征着我们朝气蓬勃的生命力；还像英语 victory（胜利）的第一个字母 V，象征着未来的胜利一定属于我们！班徽图案由朱红色（红日）、蔚蓝色（大海）和金黄色（V）组成。红、黄、蓝是三原色，可以调和成无数其他色彩，这象征着我们现在学的知识虽然有限，但只要掌握了扎实的基础知识、培养了多种能力，那么，我们所获得的知识、创造的财富将是无限的。整个班徽呈圆形，象征着全班同学的真诚团结。班徽下半部为 W、L、B 三个字母，这是“未来班”的汉语拼音缩写。

班旗：印有红日海燕图案的红旗。把班徽图案简化（保留红日和海燕的轮廓），用金黄色的丝绸织在鲜红的旗帜上，便成了“未来班”的班旗。

班歌：《唱着歌儿向未来》。歌词由全班同学集体创作，我修改定稿后，寄往北京中央歌舞团，请著名作曲家谷建芬同志谱曲。谷建芬同志收到歌词后再请她的老搭档、著名词作家王健同志修改，最后为“未来班”谱写了班歌《唱着歌儿向未来》，歌词如下：

蓝天高，雁飞来，青青松树排成排，我们携手又并肩，唱着歌儿向未来。老师同学多友爱，心灵纯

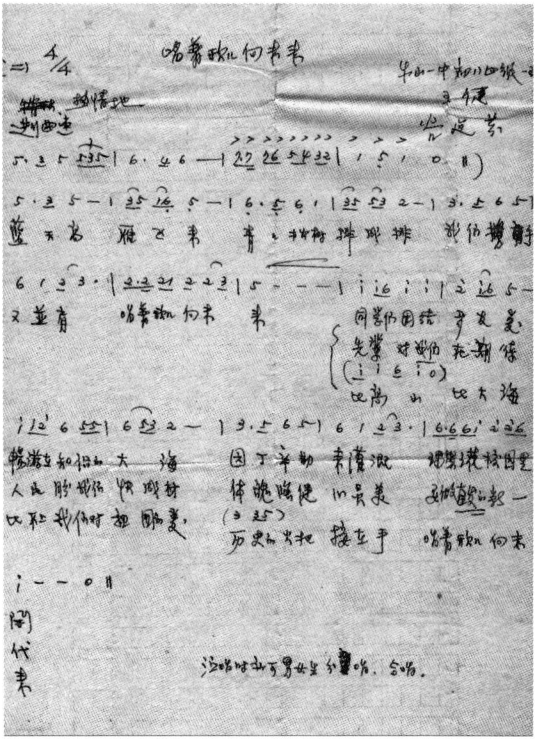

★谷建芬为“未来班”的班歌谱曲手稿（1983 年）

★20 年后，2003 年又见谷建芬

洁似大海，勤奋学习身体壮，未来之花校园里开。

蓝天高，雁飞来，青青松树排成排，我们携手又并肩，唱着歌儿向未来。圆明园烈火永不忘，雨花台热血胸中澎湃，先烈战旗接在手，我们是奋发的新一代。

蓝天高，雁飞来，青青松树排成排，我们携手又并肩，唱着歌儿向未来。比高山，比大海，比不上我们对祖国的爱，今朝同唱理想歌，明日报国创未来。

同时我和孩子们还确定了我们的班训、班歌、班徽、班旗。

当然，“未来班”不仅仅是一系列外在的标志，而首先是一种内在的集体追求。因此，学生们在确定目标、设计标志后，便把成立“未来班”作为一个集体的奋斗方向。大家为之还订了一些具体的条件，由于目标明确，因此一时间班内风貌明显优于过去，大家在各方面自觉严格要求自己，整个集体朝着目标不断迈进。

在我和学生们的共同努力下，“未来班”渐渐形成了一些独特的基本模式。

轮流“执政”的干部制度。“未来班”的班委干部都是自愿报名，通过竞选产生的。班委一般成员半学期更换一次，班长一学年更换一次，不得连任。到了毕业时，全班绝大多数同学都已担任过班干部。这种学生干部制度，体现了学生高度自觉的班级主人翁责任感，同时，又有利于学生在竞争中培养各种创造能力和奉献精神。

宜于竞赛的小组结构。“未来班”的每一个学生小组都是由五六位学生组成的有利于全面竞赛的综合性小组：既是学习小组，也是劳动小组，又是体育小组，还是文娱小组等等。我在编组时，尽量考虑“人才”（学习、体育、文娱等方面）的和谐调配，使小组之间的各种竞赛条件尽可能公平统一。实践证明，这种宜于竞赛的小组结构，既有利于小组内同学之间凝聚力的产生、上进心的培养、互助精神的发扬，更有助于整个班级集体主义向心力的形成和进取创造精神的激发，使班集体充满温暖和活力。

发展个性的兴趣社团。除了统一组建的学生综合小组外，为了发展学生个性、培养学生多种能力，“未来班”还有不少课外兴趣社团，如“凌云”文学社、小发明组、集邮小组、学生记者组、小剧团、“攀谈社”、小篮球队、小足球队等等。这些兴趣社团活动的时间一般是午间、周末、星期日或节假日。

多元交流的友谊班级。“未来班”先后与乐山市五通桥中学、成都十二中和北京外国语学院的学生班级结成友谊班，把班级建设置于更广阔的天地，变思想教育的封闭性为开放性，利用班外的一些积极因素增强班级教育；同时，让学生在与友谊班的交往中增长社会知识，扩展胸襟视野，培养社交能力。

共同享用的集体财物。在班级内部有意识地创设一部分属于大家的共同财物，交给学生自己管理、使用，这也是培养学生集体主义情操的有效方法。在“未来班”，服务性工作都是学生们自愿承担的。每天早晨，保温桶里的开水总是同学们抢着灌满的；课间休息时间，小书柜里几百本书，同学们随看随取，看完后放回书柜，从来没有丢过一本书；讲桌上、窗台上的盆花，不时有同学松土浇水，一年四季鲜艳芬芳。

陶冶心灵的口琴乐团。“未来班”的口琴乐团是颇具特色而全校闻名的。全班每一个同学都是演奏者。学生进校第一天，我便要求全班同学每人必备一支口琴，口琴乐团便这样自然组成了。我常利用班会课或其他课余时间教学生吹奏口琴。到了初三，我班的口琴乐团已初具规模，除了大多数学生的口琴吹奏之外，还有两名小提琴手和十来名手风琴演奏者。

独立主编的《未来日报》。《未来日报》是由全班同学轮流担任主编而“出版”的手抄报。从“未来班”正式成立之日起出第一期，以后每天按时“出版”，星期日、节假日也不中断，直到毕业。《未来日报》的统一要求有：①一律四开大小。②报头必须有班名、班训、班徽图案、主编姓名、期数和“出版”日期。③报纸的所有内容均是主编一人撰写，不得有一点转抄。④排版、抄写、美工等也由主编一人独立完成。《未来日报》确实体现了学生集体观念与创造精神的有机统一。

记录班史的班级日记。从新生进校的第一天起，便由值日生写每天的班级日记。班级日记有两点基本要求：①认真按时完成，不得缺漏。②忠实记录班级各项成绩、存在问题以及班内当日发生的大事或变化等等。

以上这些做法，今天看来也许算不上什么；但在20多年前，它们却显得很有新意，甚至可以说富有创造性。

从初一到初三，两年多过去了，当初学生们给自己提出的目标基本达到，成立“未来班”的条件基本具备，于是在1984年1月1日这一天我们举行了隆重的“未来班”成立大会。在热烈喜庆的气氛中，唱起了班歌，宣读家长贺信，老师致辞，同学们互相祝贺勉励，大会还通过了将收到的一笔家长贺款捐赠给北京圆明园修复工程处的决定。最后，同学们表演了自己编写的三幕话剧《相会在未来》。

第一个“未来班”毕业以后，我在总结经验的基础上，又开始了在初87届一班建设第二个“未来班”。

‖ 引导学生自己教育自己

应该说，“未来班”的确非常纯洁；或者说我的确在一定程度上实现了我的愿望，让《青春万岁》里的中学生风采在我的班级得以重现。

更重要的是，“未来班”实验让我第一次对教育有了比较深入的思考。虽然这些思考今天看来是那么不成熟，但毕竟是我自己从教育实践中得到的感悟。其中，最重要的体会是，**真正的教育是教会学生自己教育自己。这个观点当然不是我的原创，苏霍姆林斯基对此早有过很精辟的论述，但我在这方面却有着自己的创造性实践和切身体验。**

刚参加工作时，我眼睛里的学生是一张白纸，无论是知识能力还是思想品德，都需要教师传授、培养、灌输、塑造。其实，不只是我，不少教育者也往往视学生的心灵为未开垦的处女地，而总想在这片不毛之地上播种、耕耘、收获。于是，说教式教育产生了，总是企图在学生“空荡荡”的思想容器里注入些“美好的思想”。

我刚参加工作不久，就因过度疲劳患上精神衰弱而住进了医院。有一次，学生们到病房来看我，一位女生对我说：“李老师是累病了的，同学们都很难过。其实，李老师完全可以相信我们，好多事我们自己都可以做的。”学生们的懂事让我欣慰，他们对我的关心更让我感动，但从这几句话中我意识到了自己教育的不足：我大大低估了我的学生！就组织能力而言，连一群小学生都可以自己组织一场足球赛！而如果说到思想品德，尽管他们还处于成长过程中，但他们的心灵也绝不是一片空白。至少对初中生来说，他们的心灵中本来就存在着固有的美德因素，因为从幼儿园起，他们就受着来自不同方面的良好教育；到了初中阶段，即使品德再恶劣的学生，其心灵中也有美好的东西。所以，**我们面对的教育对象绝不是一块处女地，而是一片已经或正在生长着美好幼苗的肥沃田地。教师的责任在于发现、扶正学生心灵土壤中的每一株幼苗，让它不断壮大，最后排挤掉杂草。因此，教育工作者面对学生，首先不是“灌输”，而是“发现”；同时也教会学生自己“发现”，自己克服缺点。**

还是苏霍姆林斯基告诉我：“教育这个概念在广义上就是对集体的教育和对个人的教育的统一，而在对个人的教育中，自我教育是起主导作用的方法之一。”他甚至强调，“真正的教育是自我教育。”那么，如何教会学生自己教育自己呢？实践告诉我，教师首先应教会学生自己发现自己身上美好的东西，并自觉地将它巩固和发展，以逐步战胜自身的缺点。

“未来班”里有个男生韩小军，在初一、二年级时，让许多老师头疼。他课堂纪律较差，常常说话打闹，当然也有安静的时候——打瞌睡；学习更是懒散，我多次留他补作业，直到天黑；他的成绩当然很差。我多次找他谈心，阐述学习的重要性，不厌其烦地家访，这些都收效甚微。但我发现他有个很可贵的品质，劳动极为踏实，从不耍滑头。于是我多次在班上表扬他这个优点，同时又惋惜地对他说“唉，要是你在学习上也敢于吃苦就好了。”劳动技术的老师也经常问他：你劳动这么出色，你的学习怎么样呢？另外，他爱好无线电，但他家里反对，不准他订《中学科技》。我对他说“我支持你爱好无线电，《中学科技》就订在我这里吧。但是，你的学习很差，肯定会影响你这个爱好……”这一切，显然触动了韩小军的心灵，渐渐地，在学习上他明显地刻苦起来，早起晚睡地学习，课堂纪律也进步了，毕业时，令人惊讶地考上了重点高中。韩小军学习态度和学生成绩的巨大变化，足以说明学生可以利用自己的优势，战胜自己的缺点。

教会学生自己发现、认识自己的优势，并保持、发展这种优势，不断战胜自己的弱点，这是思想教育的艺术所在，真正掌握这门艺术，需要终身的探索和奋斗。

“让学生自己教育自己”还意味着让集体舆论影响、促进后进学生的转化。这既是指教会每一个学生自我教育，也包括让集体中的一部分学生影响、感化，促进另一部分学生的转化。就目前的学校教育现状而言，后者更重要。

我们往往赞美这样的班主任，他总是善于通过促膝谈心对个别学生进行循循善诱的思想教育。不错，个别帮助有时是很有效的，仍值得提倡，但这绝不是最科学的方法。第一，教师不太可能把过多的精力花在个别谈心上，因为班主任毕竟还有其他大量的工作。第二，对一个“顽固不化”的学生多次谈心，往往只能使他的心里产生厌恶、反感，而面部表情却越来越满不在乎。我就常常陷于这种“山重水复疑无路”的困境之中。但是，在这种情况下，运用良好的集体舆论，或许会“柳暗花明又一村”，通过学生自己教育自己，有时会收到比个别谈心更好的效果。

杨雪梅最使我棘手，她从小失去父母，因而很自卑，而且脾气很怪，对什么都很冷淡，集体观念也很差，我找她谈了几次，她明显地很反感，于是我决定通过同学来影响她。一次，她在校园里随地扔果皮，被罚扫校园，我没有批评她，而是悄悄叫彭艳阳、王小勤几个同学帮她扫地，以此感化她。我还叫组长多接近她，和她建立感情，然后引导她参加一些集体活动，比如帮班上抄黑板报，为同学的壁报画插图等。后来，她对集体有了明显的热情，学习成绩也有了明显的提高，这不能不说是受到了同学的影响。

在两届“未来班”里，我都设立了图书柜，书籍、杂志的借阅办法是学生随看随取，自由取书，看后自觉放回书柜，从来没有丢失过一本书或杂志。这当然不能说明这两个班的学生都绝对诚实。几年来，他们中也许有的学生产生过把书悄悄拿回家的念头，但是，我敢肯定，凭着集体强大的正面舆论，也凭着对班集体的热爱，这些学生会意识到在这个集体范围内，不应该偷偷地把书窃为己有。我想，这种风气不是靠对一百多个学生逐一谈心而形成的。

需要特别强调的是，让集体的舆论影响每一个学生，这有一个关键的前提，就是教师得首先设法造就一个良好的集体。

★当年的学生黑板报上的一篇文章：《代理班主任》

另外，学生干部的培养也是通过学生的自我管理，达到自我教育的有效途径。学生干部自治能力的培养已越来越引起教师、特别是班主任的重视了。不过，让学生自己管理自己，决不仅仅是为了减轻教师的工作量，而是把它作为学生自我教育的好形式。因此，我们在培养学生干部时，不要满足于让学生独立组织几次活动或主持几次会议，而应着眼于让学生干部通过实际工作，培养献身精神和进取精神，使学生发现自己的能力，从而认识自我，表现自我，让个性得到发展，增强对生活的自信心。同时，使学生之间展开平等的道德教育、纪律教育，并锻炼他们的组织、管理、演说等能力。

在第二届“未来班”组建班委会时，我先让同学们选出了他们自己满意的正、副班长，然后我宣布由两位班长自己确定、任命班委。由于刚进初中，学生彼此还不熟悉，这无疑给两位班长出了一道难题。因此我决定发动学生自荐，以培养更多人的奉献精神。于是，我以布什穿着印有“请选我当总统”字样的背心长跑宣传、罗马尼亚的中学生参加学校管理等为例，教育学生从小应有自信心、进取心和为公众、为社会尽职献身的精神，这绝不是出风头和骄傲，而是高尚、正直和勇敢的体现。果然，放学后，三十多位同学涌到班长那里报名。两位班长为了照顾众多的报名者，决定一个委员设两名，整个班委任期两个月，“第二梯队”、“第三梯队”随时准备接替“不称职的班委”。这既是对未任命者的安慰又是对新干部的警策。13 人组成的班委，可谓“机构臃肿，但是为了争取连任，干部们不得不挖空心思地没事找事干，于是生活委员杨伟昭的“红领巾银行”成立了，宣传委员沈建的小报《鸣蝉》出版了，劳动委员潘芳奕的卫生管理条令订出来了，文娱委员罗梦琴的“五线谱讲座”也开始了……总之，新干部的荣誉感和少年儿童的自我表现欲望促使工作的主动性、创造性产生了。

要使学生干部担负起教育同学、维持纪律的重任。我从不要求小干部给我汇报某同学的坏表现（以免造成同学与学生干部的对立），我对小干部们说：“如果同学不守纪律，你们应设法帮助、制止他。动辄告状是推卸责任的表现。”这样，学生干部不得不去思考工作方法。有一天自习课，我来到教室，往日的喧闹竟被鸦雀无声代替，进去一看，同学们在静静地自习，但有两个学生流着泪站在座位旁。无疑，学生干部用罚站的方式镇住了课堂纪律，这在教师看来是不足取的方法，但是对学生来说，却是他们自己管教自己的大胆创举。我们可以设想，久而久之，不仅是学生干部，全班同学都会意识到良好的课堂纪律靠他们自己创造。

如果学生具备了献身精神和进取精神，那么，他们会自觉地去组织每

一次班级活动，维持班上的好风气，想方设法帮助后进同学。这样，学生干部工作热情的源泉就由兴趣、表现欲上升为一种义不容辞的责任感了。如果教师善于培养并保持、发展这种责任感，那么，它将会由对一个班集体的责任感发展升华到对一个社会、整个祖国的责任感，这，才是我们培养学生自治能力的根本目的。

‖做有童心和爱心的教育者

在“未来班”实验的过程中，我并不是没有犯过错误。这些错误，也许有人觉得微不足道，但对我来说，却刻骨铭心，成了我一生的教训。因为这些错误伤害了孩子的童心。

一天下午，我和几位刚刚能叫出名字的学生在操场的沙坑上跳高。突然，我看到班上的“小不点”王晓川向横杆跑去——他竟然想跳过横杆！这显然是不可能的，因为王晓川那患过小儿麻痹症的双脚，一颠一颠地无论如何也是跳不过去的。我的确没有半点恶意而纯粹是高兴时想开个玩笑，便指着他的背影，笑着大声说道：“一看就跳不过去的！喂，王晓川，你干脆从下面钻过去算了！”他果真没跳过去，在大家的哄笑中，他不好意思地离开了操场。

过了一会儿，我在朝教室去的路上，看见在教学楼前的树荫下，王晓川正低着头坐在那里，手里拿着一截树枝，在地面上毫无目的地划着。我跑上前去，从后面扶住他的肩，“晓川，怎么了？”可他固执地不让我扭转他的肩膀，我转到他的正面，用双手捧起他的脸：他的脸上布满泪痕！我一下子意识到，自己刚才“幸灾乐祸”地伤害了一颗童心！“原谅我，刚才我在和你开玩笑呢！”我诚恳地对他说。他一直没有说话，仍然默默地流泪。当天晚上我就去了他家，再次向他赔礼道歉，但从那以后，他只要看着我便垂下眼帘；而我，只要一看见他，就有一种强烈的负疚感。

这似乎只是一件“小事”，我甚至似乎可以责怪这个孩子“小气”“连个玩笑都受不了”，但这里的所谓“小事”和“玩笑”，只是站在我这个成人的角度看问题的；如果站在孩子的角度看，这就是“天大的事”，而我的

"玩笑"对这个双脚有残疾的孩子来说，更是"奇耻大辱"！**教育，需要我们常常站在儿童的角度看问题。所谓"理解儿童"，不是站在成人的角度去理解，而是以儿童的心去理解儿童的心。**

从这个意义上说，教育者是否拥有一颗童心，对教育至关重要。这可能是我后来能够真正走进学生的心灵，并且能够在教育上取得一定成绩的重要原因。**乐于保持一颗童心，善于在某种意义上把自己变成一个儿童，这不但是教师最基本的素质之一，而且是教师对学生产生真诚情感的心理基础——也正是在这个意义上，我甚至把童心视为"师爱之源"。虽然随着岁月的流逝，我们不可避免地会在年龄上与学生拉开距离，但我们应努力使自己与学生的思想感情保持和谐一致，学会用儿童的眼睛去观察，用儿童的耳朵去倾听，用儿童的兴趣去探寻，用儿童的情感去热爱。**

教师的童心意味着怀有儿童般的情感。裴斯泰洛齐在《与友人谈斯坦兹经验》的信中这样深情地写道"我决心使我的孩子们在一天中没有一分钟不从我的面部和我的嘴唇知道我的心是他们的，他们的幸福就是我的幸福，他们的欢乐就是我的欢乐。我们一同哭泣，一同欢笑。"能够自然地与学生"一同哭泣，一同欢笑"的教师无疑会被学生视为知心朋友。有些在成人看来是不可理解的感情，在儿童看来却是非常自然的。而变"不可理解"为"非常自然"，正是不少优秀教师赢得学生心灵的可贵之处。某校初中班有一位性格开朗、学习成绩很好的女孩子，有几天在课堂上却神情忧郁、无精打采。班主任一了解，原来不久前这位女孩子家里的一只小花猫死了，她因此而非常难过。班主任没有批评她，而是买了一个精美的瓷器小猫送给她，并温和地对她说："你有一颗善良的心！但在你的生活中，还有比死去的小花猫更重要的内容，那就是你的学习。振作起来吧！"这以后，小女孩逐渐恢复了开朗活泼的性格。如果说这位班主任对这位女生思想开导得很成功，那么，他的秘密就在于他首先是怀着儿童般的情感去理解儿童的心灵世界，否则，用成人的冷漠去对待孩子的真诚，一切"语重心长"的教育都无济于事。

教师的童心意味着拥有儿童般的兴趣。有的教师认为，教师在学生面前固然应平易近人，但切不可显出过分的“孩子气”，因为这样会使教育者丧失起码的尊严。但我认为，**只要把握学生的情感，并注意环境、场合，教师任何“过分的孩子气”都不会是多余的。作为成人，教师当然不可能在任何方面都与学生有着共同的兴趣爱好，但教师的职业却要求我们应该保持一点儿童的兴趣。**“只要人们没有做到以童年的欢乐吸引住孩子，只要在孩子的眼睛里尚未流露出真正的欢欣的激情，只要他没有沉醉于孩子气的顽皮活动之中，我们就没有权利谈论什么对孩子的教育影响。”（苏霍姆林斯基《教育的艺术》）也许你并不喜欢足球，但你的学生在课间谈起马拉多纳便眉飞色舞，那么你最好关心一下电视台的足球赛转播；也许你对港台流行歌曲并不太感兴趣，但你的学生对此如痴如狂，那么，你也不妨多少听听刘德华、张学友；也许你并不爱看武侠小说，但你的学生有时连上课时都在偷偷地读金庸、梁羽生，那么你也不妨硬着头皮读读《鹿鼎记》、《倚天屠龙记》……这绝不是一味地迁就学生，而是教育的需要。**多一种与学生共同的兴趣爱好，你便多了一条通往学生心灵深处的途径。**当学生发现老师带他们去郊游并不仅仅是为了满足学生们的愿望，而更多的是出于老师自己的兴趣时，他们会不知不觉地把老师当作朋友。在与学生嬉笑游戏时，老师越是忘掉自己的“尊严”，学生越会对老师油然而生亲切之情，而这正是教育成功的起点。

教师的童心意味着具有儿童般的思维。我们常常说要多理解学生，但有时站在教师的角度看，学生的言行是很难理解的。在这种情况下，只要我们站在学生的角度考虑一下，就很容易理解了。这当然不是说要把教师的思想降低到学生的水平，而是说如果我们有点儿“儿童思维”，将更有助于我们真正理解学生，从而更有效地引导并教育学生。正是具备了“儿童般的思维”，全国优秀少先队辅导员韩凤珍同志在教育中努力发现孩子们身上缺点的可爱性。韩老师曾在《彻底解放那些被冤枉的孩子》一文中举例分析说：“一个低年级小学生家住三搂，家里水管坏了，她看到爸爸妈妈常到一楼提水，并很注意节约用水。有一天，她学习刷锅洗碗后，又坐在小板凳上，在锅里洗起脚来。爸爸妈妈一见，全都惊叫起来：‘你怎么能在锅里洗脚呢？'那小女孩却回答说：'我洗完了碗，见锅里的水还很清，倒掉多可惜啊，就洗了脚嘛。'……此类事例举不胜举。孩子们总是怀着善良的美好的动机去做事，渴望得到周围人的赞扬、寻求心理满足。但是，他们生理心理发育还不成熟，考虑事情欠周到，常常把好事做成了坏事，这是很自然的。因此，我们把孩子们做的那些动机好效果坏的蠢事，称之为'可爱的缺点'。"只有童心才能理解童心，**只有学会"儿童思维"，教师才能够发现学生缺点中的可爱之处，甚至智慧之处。**

教师的童心意味着保有儿童般的纯真。童心，表现为淳朴、真诚、自然、率直，而这些也正是人民教师，特别是中小学教师应具备的品质。生活阅历赋予我们成熟，社会经验赋予我们练达，文化知识赋予我们修养，人生挫折赋予我们机智……但是，**对真善美的执著追求，对假恶丑的毫不妥协，火热的激情，正直的情怀，永远是教育者的人格力量！当教师第一次与学生见面，他就开始置身于几十位学生的监督之中，老师哪怕表现出一点点矫饰、圆滑、世故、敷衍塞责、麻木不仁、玩世不恭……都逃不过学生那一双双明净无邪的眼睛，并会在学生纯洁的心灵中蒙上阴影。**作为社会人，教师也许会有几副面孔，但面对学生，教育者只能有唯一的面孔——诚实！须知真诚只能用真诚来唤起，正直只能以正直来铸造。正因为如此，卢梭在《爱弥尔》中告诫教育者："不要在教天真无邪的孩子分辨善恶的时候，自己就充当了引诱的魔鬼。"

无论经验还是教训都告诉我，童心于教育弥足珍贵。有人曾经对此表示质疑："童心固然可贵，但童心怎能取代教育？"我的回答是："童心当然不能取代全部教育，但教育者的童心是教育的必备条件之一。"我甚至认为，**没有教育者的童心，就没有完美的教育。**

童心在教育上的体现，便是爱心。

常常有人问我，"当一个好老师最基本的条件是什么？"我总是不假思索地这样回答："拥有一颗爱学生的心！"这当然早已不是什么"新潮观点"，从孔子的"爱之，能勿劳乎？忠之，能勿诲乎？"到夏丏尊的"没有爱就没有教育"，从罗素"凡是教师缺乏爱的地方，无论品格还是智慧都不能充分地或者自由地得到发展”到苏霍姆林斯基的“我把整个心灵献给孩子”……古今中外的教育家们教育思想有所不同，教育风格各有千秋，但有一点是共同的，那就是“爱的教育”。

我当然不是一开始就有爱心的，不然我就不会打学生也不会讽刺挖苦学生了，但我从这些教训中感到：

一个真诚的教育者同时必定又是一位真诚的人道主义者。

素质教育，首先是充满感情的教育。

一个受孩子衷心爱戴的老师，一定是一位最富有人情味的人。

只有童心能够唤醒爱心，只有爱心能够滋润童心。

离开了情感，一切教育都无从谈起。

但这种情感，不是装模作样的“平易近人”，也不是教师对学生居高临下的“感情恩赐”，甚至不是为了达到某种教育目的而采取的“感情投资”(我对这种充满商业气息的说法向来十分反感)，而是朋友般平等而真诚的感情。

爱学生，就必须善于走进学生的情感世界。而要走进学生的情感世界，首先就必须把自己当作学生的朋友，去感受他们的喜怒哀乐。“每个孩子都引起我的兴趣，总想知道，他的主要精力倾注在什么上面，他最关心和最感兴趣的是什么，他有哪些快乐和痛苦等等。我的小朋友圈子一天天扩大，并且像我以后才意识到的那样，连我不曾教过课的那些孩子也成了我的朋友和受我教育的了。”——当我第一次读到苏霍姆林斯基这段真诚的话时，我竟感动得眼睛都湿润了：一个享誉全球的大教育家竟然有这样一颗爱孩子的童心！还是这位我敬重的教育家，曾在一个春天，和他的学生们共同买了一条小木船，然后划到一个荒无人烟的小岛上去探险。教育家写道：“可能有人会想，作者想借这些事例来炫耀自己特别关心孩子。不对，买船是出于我想给孩子们带来快乐，而孩子们的快乐，对于我就是最大的幸福。”

教师对学生真挚的爱，这是我们感染学生的情感魅力。有些教师总喜欢在学生面前表现出“高深莫测”、“凛然不可侵犯”的“派头”，从中体

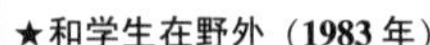

★和学生在野外（1983 年）

验着自己的“尊严”。其实，这不是尊严，只是威严。真正的尊严是敬重而非敬畏。师生在人格上应是绝对平等的，教师不应自视比学生“高人一等”。因此，我们对学生的爱，不应是居高临下的“平易近人”，而是发自肺腑的对朋友的爱。这种爱的表达既是无微不至，又是不由自主的。上课时，面对学生的问候，我们不是礼节性地点点头而是充满真诚感激之情地深深鞠躬；气温骤降，我们感到寒冷时，也自然急切地提醒学生“多穿一件衣服”；学生生日到了，班主任笑眯眯地送上一张贺卡；节假日，我们邀约学生（或被学生邀约）去远足郊游、去登山探险；在课余，与学生一起评论甚至争论一下伊拉克战争的影响、中东和平的前景或贝克汉姆或周杰伦……**当我们把爱心自然而然地献给学生时，学生会不只把我们当作老师。这时我们获得的尊严，就不仅仅是教师的尊严，更有朋友的尊严、同志的尊严、兄长的尊严、父亲的尊严。**

教师真正的尊严，从某种意义上讲，并不是我们个人的主观感受，而是学生对我们的道德肯定、知识折服和感情依恋。当我们故守尊严，甚至以牺牲学生的尊严来换取自己的尊严时，学生根本不会买我们的账，只会向我们投来冷漠的眼光；**当我们“无视”自己的尊严，而努力追求高尚的品德、出色的教育、真诚的感情，并随时注意维护学生的尊严时，学生会把他们全部的爱心和敬意奉献给我们。这样，我们便把尊严的丰碑建在了学生的心中。**由此，我们可以得到一个朴素的真理——

教育者的尊严是学生给的。

本来，从某种角度看，我其实是很不适宜当老师的，因为我性子太急躁，常常忍不住就发火甚至对学生粗暴；但是从另外一个角度看，我当老师又有着自己的可能是独特的优势，这就是我很爱孩子，或者说我的性格里面本身就有许多“孩子气”。就教育技巧或者说教育艺术而言，我有许多致命的弱点，因而在我的教育历程中，我有过至今想起来令自己脸红的不少失误。但是，有一点我可以毫无愧色地说：我有一颗童心！

这颗童心，使我深深地爱着每一位学生；这颗童心，使我的学生原谅了我对他们有时抑制不住的暴怒；这颗童心，不止一次使我和学生一起欢笑，一起流泪；这颗童心，使我自然而然地走进了学生的情感世界，也让我的学生常常不知不觉地拨动了我的情弦……

爱心和童心，是我教育事业永不言败的最后一道防线。

二、从“语文教学”到“语文教育”

‖ 在于漪们的引领下开始语文教改

可以说，我的语文教学改革与我从事教育教学工作是同时起步的，也就是说，1982 年我开始从事语文教学的时候，我便同时开始了语文教改探索。这样说，似乎有些“拔高”了自己，好像我有什么“先见之明”。其实不是，我的语文教学之所以能够与教育教改同步，是因为我幸运地遇上了一个好的时代——因为我开始从事语文教学工作的 20 世纪 80 年代初，正好是于漪们的语文教改风起云涌的时候，也就是说，我的语文教育事业一开始就被于漪们所掀起的教改大潮所激荡着所影响着。

这里所说的“于漪们”，指的是包括于漪、钱梦龙、顾黄初、张孝纯、魏书生、欧阳代娜、陈钟梁、洪镇涛、洪宗礼、蔡澄清、宁鸿彬、吴心田、刘朏朏、张富、陈日亮等改革开放以来在语文教改方面勇于探索卓有成效的先行者。不管今天以怎样的“新理念”“新观点”来反思过去的语文教育，也不管语文教育改革的潮流还会如何激荡向前，当我们回首 20 世纪最后 20 年中国语文教育发展历程时，于漪们的意义是回避不了也抹杀不掉的。

虽然上面提到的不少老师早在“文革”前便已经在语文教改方面崭露头角，但他们真正意气风发、开创语文教育新局面是在粉碎“四人帮”以后。在我看来，于漪们最大的贡献，是在各行各业冲破极左路线束缚拨乱反正的历史大变革时期，以他们的实践还语文教育以语文的本色，给语文教育注入了人的灵魂。

从20世纪50年代初到70年代末，尽管语文教育也有过一些充满学科特点与人文魅力的时候，但从总体上讲，随着国家上层建筑一系列的政治革命、文化变革，语文教育的“语文性”逐步变成了单纯的“主流意识形态教育”，最后发展到极端竟沦为“政治教育”乃至“阶级斗争”的附庸——无论是课文的选编还是课文的讲授，均服从“现实斗争”的需要，语文课成了政治课，以致到了粉碎“四人帮”、人们不得不重新讨论“语文课是什么”的常识性问题，因而发出了“要把语文课上成语文课”的呼吁。

正是在于漪们的努力下，语文开始向“语文”回归，不但语文教材逐步摆脱了对时事政治的亦步亦趋，而且课堂上开始有了符合语文特点的教学和面对心灵的感染。比如开始注重语文基础知识的传授和基本技能的训练，理直气壮地培养学生的读写听说能力，通过语文教学训练学生的思维能力……这些现在看来是常识的东西，在20多年前却需要改革的智慧和勇气。特别值得赞赏的是，在于漪们那里，语文教改一开始就注重工具性和人文性的和谐统一，强调语文教育必须走进人的心灵。于漪老师说：“语文教师教学生‘文’，对学生进行严格的语文基础训练，使学生正确理解和运用祖国的语言文字，具有一定的读写听说能力，当然是义不容辞的责任；然而，与此同时，必须高度重视培养学生的思想

★2001年4月和于漪老师在一起

素质、道德情操和文化素养。……离开了‘人’的培养去讲‘文’的教学，就失去了教师工作的制高点，也就失去了教学的真正价值。”“语文教育就是教文育人。语言文字是文化的载体与结晶，教学生学语文，伴随着语言文字的读写听说训练，须进行认知教育、情感教育和人格教育。”可以说，把握时代的脉搏，重视人的发展，不是今天语文新课程改革才提出的，早在改革开放之初，就成了于漪们的自觉追求。

正是自于漪、钱梦龙、魏书生等人开始，20 世纪 80 年代初的中国的语文教育有了真正的教改实验，因而形成了真正不同的教学风格和教学流派。于漪充满人文气息的“教文育人”，钱梦龙富有开创性意义的“三主”

★2005 年 5 月和钱梦龙老师在一起

（“以学生为主体，以教师为主导，以训练为主线”）“四式”（“自读式”“教读式”“作业式”“复读式”）语文导读，张孝纯老师的“大语文教育”，魏书生老师的语文教育民主化、科学化，刘朏朏老师的“作文三级训练”，蔡澄清老师的“点拨法”，洪镇涛老师的变“学堂”为“讲堂”，张富老师关于“让学生都跳起来摘果实、开发学生潜能”的实验……以今天的观点看，这些教改实验以及实验所蕴含的教育思想可能会有这样或那样的不足或不成熟，但正是于漪们的这些教改探索，开创了共和国历史上语文教育的第一个黄金时代。而且，毫不夸张地说，他们的许多思想成果恰恰成为今天新课程改革的精神理念；换句话说，今天的语文新课程改革绝不是割断历史的从零开始，而是对于漪们所追求所呼唤所实践的先进教育观念的弘扬和发展，从这个意义上说，于漪们应该是语文新课程改革的当之无愧的先驱者。

我正是在这些中国语文素质教育先驱者的引领下，开始我的语文教育探索的。当然，我探索的动力，不仅仅来自于漪们实践上的引领，还来自于我如饥似渴地阅读古今中外教育大家的著作，正是一本本不朽的教育名著，苏霍姆林斯基、赞可夫、布鲁姆、布鲁纳、巴班斯基、叶圣陶……进入了我的视野。尤其让我着迷的是苏霍姆林斯基和叶圣陶，我如饥似渴地阅读这两位分别属于不同国度的杰出教育家的著作——而我首先读到的是高尚的人格和挚爱孩子的心。他们的语言平易朴实而又寓意隽永，丝毫没有“教育家”的面孔和“理论家”的学究气，读着他们的文章宛如聆听慈爱长者的谈话。正是这两位慈爱长者告诉我，**应从“人”（人的心灵、情感、道德、个性及其发展）的高度对待教育，而教育者本身就应该是“大写的人”；应该从社会空间以及时代发展的大背景中把握教育的脉搏，因而教育者还须是博识多才的学者和胸襟开阔的思想者。**

迈出的第一步是“文学”。因为我从小热爱文学，后来也正是怀着“文学梦”进入了大学中文系。四年后毕业，我又怀着同样的文学梦开始当语文教师。我当然没有想过一定要把我的每一个学生都培养成作家——语文教学并没有这个任务；但我想，文学至少可以增强语文课对学生的吸引力——我甚至怀疑，没有了文学，语文还有什么魅力可言？同时可以潜移默化地滋润着孩子们的心灵——语文教学决不只是段落大意、中心思想、语法修辞等等的枯燥讲解，而应该进入人的精神世界，而这正是当时于漪们所倡导的。因此，可以说从第一堂课开始，文学便成为我语文教学不可缺少的要素。我把自己对文学的爱好转化为语文教学的手段，进而影响学生也热爱文学。

‖ “语文教育”的思考

最初几年的探索并不是一帆风顺的，而是伴随着不断的冲突——这种冲突的背后往往是思想的碰撞。然而我要说，没有碰撞便没有进步，因为正是碰撞中的反思把我的探索引向深入。

1984年7月，我带完了第一个毕业班，升学成绩还不错，尤其是语文成绩，比我预想的还要好，这让我很受鼓舞。回想过去三年的语文教改探索，虽然磕磕碰碰，但毕竟有了令我欣慰的成绩。我决定好好总结一下。经过一个多月的笔耕，我写成了一篇9 000多字的论文《变“语文教学”为“语文教育”》，这是我从教后写的最长的一篇文章，也是我的第一篇教学论文。文章开篇写道：

目前，在我国中学语文界出现了空前未有的教改热潮。但是，就大多数教改实验来看，一般是侧重于教学方法的改革。当然，针对过去僵硬的教学方法，这些改革无疑是十分必要的，而且现在还改得很不够，还应该继续深入下去。然而，仅此还不足以根除陈腐的传统教育思想、冲破封闭型的教学体系、更新落后的教学内容，因而也就远远适应不了我国蓬勃发展的经济建设对人才培养的要求。邓小平同志关于“教育要面向现代化、面向世界、面向未来”的题词，既是指导整个教育体制改革的战略方针，也为中学语文教改指明了方向。因此，现在的语文教改工作者就必须在改革教学方法的同时，着眼于未来，努力开拓语文教改更新更广的天地。要做到这一点，我个人认为，应该在语文教改指导思想上也来一个变革：变“语文教学”为“语文教育”。

接下来，我阐述了提出“语文教育”概念的针对性：

教育与教学，本是两个有密切联系的概念。教育，主要指学校按一定的目的、要求，对受教育者在德、智、体、美诸方面进行培养的过程。而教学，是指为达到教育目的，教师把知识、技能传授给学生的过程，可见，教育统帅着教学，教学体现了教育；教育是教学的根本目的，教学是教育的主要途径。任何单纯的知识传授是没有的，因为任何教学都永远具有教育性。从这个意义上看，语文教学当然也应该体现教育思想，况且，多年来我们的语文教学理论的确一直在强调“文道统一”、“教书育人”，因此，也许有人会认为“语文教育”的提法是多余的，甚至容易引起人们在语文教学理论上概念的混乱。

但是，无论是就目前大多数语文教师的认识而论，还是从普遍的语文教学实际来看，语文教学本身应包含的道德培养、思想教育、思维训练被有意无意地排除在语文教学之外，针对这种情况，为了明确语文教学所固有的教育性，为了进一步深化、充实“文道统一”的内容，并使之体现的范围更广、方法和形式更多样化，为了使广大语文教学工作者在指导思想上真正把“育人”看成“教书”的有机组成部分，我们强调变“语文教学”为“语文教育”。

可见，强调“语文教育”仅仅是为了重申、强调语文教学的思想性，而绝不是要在理论上否定真正意义上的语文教学，也不是要在实际运用中取消语文教学的概念。因此，本文所使用的加了引号的“语文教学”和“语文教育”的概念，都是特指当前语文教学实践中客观存在的两种不同的教学指导思想。

然后，我以自己三年来的从教经历，展示了我的教改探索和取得的突出成果。以今天的眼光看，整篇文章还显得比较稚嫩，但文章所展示的语文教改实践是丰富的，富

★1999年10月给学生读课外书，用文学感染学生

有鲜活的生活气息，在其中，我还提出了“培养学生思维品质”“鼓励学生独立思考，勇于质疑”“培养学生的创造能力”“让语文学习与学生的生活紧密联系”“在社会实践活动中学习语文”等观点，并有了一些具体的操作。语文教育的实践告诉我：语文，就是应该这样教，这样学！

‖从“小语文”走向“大语文”

过去我的语文教学，通俗点儿说，更多的是考虑如何把我喜欢的东西教给学生。经过反思，我意识到，语文教育不能只是教师的自我欣赏和自我陶醉，而应该面向社会同时面对心灵。因此，我逐渐确立了自己的语文教改指导思想：立足课堂，面向社会，深入心灵。

“立足课堂”，就是语文教学改革要以课堂教学为基础，通过课堂教学，传授给学生以必要的语文知识，并进行严格的读写听说基本训练，扎扎实实地引导学生掌握语文学科的知识能力体系。“面向社会”，就是语文教学要紧扣时代脉搏，干预社会生活，把社会风云引入语文课堂，把语文课堂延伸到社会天地，使语文教学充满时代气息，让学生在热爱生活、关心社会的过程中广泛地吸收语文养料，在社会生活的实践中把语文知识转化为语文能力。“深入心灵”，含义有二：一是通过语文教学要使学生发自肺腑地热爱语文学科，并能自觉地通过各种途径广泛地学习语文，使语文学习成为自己生活不可分割的一部分，使语文养料渐渐与自己的思想、情感、道德相渗透与融合，最后达到能在实践中情不自禁、得心应手地运用语文知识与能力的理想境界。二是通过语文教学，应潜移默化地对学生进行美的感染与熏陶，使学生拥有美的情趣、美的思想、美的志向、美的人生……**“立足课堂”，主要是系统学习知识；“面向社会”，着重于全面培养能力；“深入心灵”，是前二者要共同达到的目标，是语文教学努力追求的最佳效果。课堂、社会、心灵，应是语文教学的三块有机联系的“空间”。**

如果说我过去比较重视“课堂”，那么现在我还应该重视“社会”和“心灵”，尤其应该引导学生关注“窗外的世界”，引导他们关心社会、热爱生活，这样，学生无论是身在学校，还是走进社会，都能处处留心、时时

★2005年3月我把语文课堂搬到田野里

思考，在广阔的天地里学习语文、运用语文，进而为改造社会、建设新生活而进行创造性劳动。如果把过去那种仅仅局限于课堂40分钟的语文教学称作“小语文”的话，那么走进心灵、面向生活、关注社会、呼应时代的语文教学应该叫做“大语文”。

多年以后，我曾教过的一名学生沈建（他从初一到高三都在我班上），写了一篇回忆中学时代语文学习的文字——

从初一到高三，李镇西老师作我的语文老师有整整六年。所以，要说对李老师语文教学的评价，我觉得我是很有发言权的。

我认为，教育的首要任务是育人，然后才是教书。因为我们的社会并不要求每个人都是科学家、文学家、艺术家，而作为每一个个体的人都应该有一个积极、健全和幸福的人生。一种健全的教育制度，应该是在向孩子们传授知识的同时，引导他们构建自己合理的、向上的人生态度。以我中学时代的体会，语文这样一门人文科目，在所有学科中对一个人的成长起着最重要的作用。所以，一个真正的语文老师，在解释“之乎者也”的同时，还应该逐步教会自己的学生怎样认识自己，又怎样面向社会。然而由于我国高考制度的局限性，多数学校和教师往往把注意力集中在对教学大纲知识点的填鸭式灌输上，要突破这种固有的教学禁锢需要极大的勇气。而李老师正是一位有着这种勇气的语文老师。在对我六年的语文教育中，他一直致力于把语文课堂教学与社会生活打通，在教书中育人。

大概是在我刚进初一的那年，李老师曾专门利用一节语文课，给我们朗读了一篇关于一个身患绝症的中国留美女学生积极人生的报告文学。我至今还记得当时黑板上有一行李老师写的大大的美术字——“一个普通的灵魂能走多远？”李老师充满激情地读，我们全神贯注地听。老师读完后又组织全班分小组讨论，并让大家将讨论结果写成一篇读后感。15 年过去了，李老师当时声情并茂的朗读以及那篇报告文学的篇首语——“只要勇于探索和奋斗，一个普通的灵魂也能走得很远很远。”——我至今记忆犹新。在李老师的语文课上，我和我的同学听过大量课本上没有的中短篇小说、报告文学以及散文随笔。就是在李老师极富感染力的朗读声中，我们学作文，也学做人。

李老师在对我六年的语文教学中有一个贯彻始终的宗旨，就是培养能力。“不做高分低能的学生”，这种提法或许现在看来并没什么新鲜的地方，甚至还有些陈旧了；但是，十多年前能这样明确提出来的老师却并不多，不但提出来而且又排除各种阻力致力于发展自己学生各方面能力的老师就更少了。李老师却做到了。刚进初中时，李老师要求每个同学准备一本日记本，每天写日记，把自己每天在学校以及上学、放学路上的所见、所听、所感记下来。现在我以成人的眼光看这些日记，觉得当时很幼稚，但正是这些幼稚的日记，不但使每一个同学的写作能力逐步提高，而且打开了我们的眼界，让我们养成了关注社会生活的习惯，也使每一个同学的思想不断地成熟起来。

……

那段时间，我读了一些教育科学的论著。在了解、学习我国当代一些卓有成效的语文教改者的事迹时，我发现，尽管这些特级教师们的教改作法不尽相同，却有一个共同的指导思想：不仅仅传授知识，也不孤立地培养能力，而是把知识能力的提高同思想认识的提高溶合在一起。于漪老师认为：“人民教师的思想要有时代的高度，他的工作才会有开拓的光彩；教师的教学要有时代的活水，教学的生命才不会枯竭。”可以说，于漪老师不仅在当时，而且在以后直到现在，都对我的语文教学产生了巨大的影响。

“把时代的活水引入课堂”，强调的是语文课堂教学如何体现出鲜活的社会内容；与此同时，我还主张“把语文课延伸到校园之外”，就是让学生在社会天地中吸取语文养料、培养语文能力。应该说，当时我还谈不上有多高深的“理论”思考，只是觉得语文教学不应仅仅是课堂40分钟的事，而应该贯穿于学生的全部生活，同时，语文教学也不仅仅是让学生学点字词知识或读写技巧，而更应该让他们运用语文能力去干预生活、改造社会。

从80年代后期开始，我的语文教学有一个“保留项目”——带着学生上街捉错别字。我把这种活动称作“大街上的语文训练”。下面是学生刘彤写的一篇作文，题目是《捉错别字小记》——

一个周末，李老师为了培养我们的能力，就让我们到街上去调查错别字。当我们听说这个消息后，都觉得很新鲜，当然也很乐意参与这项活动。

当天下午，我们便开始行动了。我们八组又分为4个调查小组，每个小组“承包”一段街道。我和卢涛一组，负责调查张公桥和新村一带。

我俩骑着自行车慢慢地在街上游转，眼睛不停地向两旁看着。看见商店就走进去。我们先看墙上的服务公约，然后又弯着腰在柜台外仔仔细细地看着商品的每一张标签，看见错别字就匆匆记下来。出门时，还把商店名称也抄来了。售货员对我们的这种行动大惑不解，用一种诧异的，甚至是恼怒的眼光看着我们。我们刚开始接触这种眼神时，禁不住会打几个冷战。看多了，也就习以为常了。有时，因为怕店主不让我们进去，我们就装着买东西的样子，然后悄悄地调查，把发现的错别字记在心里。每当此时，我们都有一种“地下党干革命”的感觉。这不，我们又走进了一家商店。一位售货员神情麻木地问我们：“买啥子？”我们说：“不买啥子，看一下。”“不买东西，进来干啥子嘛？怪得很！”我们没有说话，仍然在仔细地察看着商店里的每一个字。她讨了个没趣，一个人走到一边坐下了。我们又找到了几个错别字，心里十分高兴。我们冲着她那张气冲冲的脸笑了笑，出了店门骑上车神气地走了。

不很长的一条街，我们走走停停，两个多小时才完成了调查工作。

第二天，我们八组全体同学开会，把各人查得的错别字汇总，竟然有100多个（还不算重复的）。于是，我们又写了一份调查报告，还把错别字归类后画了一张表。然后油印了几十份。我们把这些调查报告分别送到了教育局、文化局和各个有错别字的商店。

最后，我们手抄了一份调查报告寄给了《乐山报》。信寄出后，我们天天等着，天天在《乐山报》上搜寻着。过了十几天，一个早晨，我们收到一封厚墩墩的信。我们看着信封上的寄出单位是报社，高兴得跳了起来。撕开一看，里面是四张同一天的《乐山报》。我们在报上飞快地找着。“找到了！这儿！”我们兴奋地叫了起来，看着报上印着我们的名字，心里甜滋滋的。这篇调查报告虽然不长，但它凝聚着我们的劳动，表达了我们对正确使用祖国语言文字的社会责任感。

的确，比起单纯地让学生把容易错的字抄十几遍，这样让学生在社会生活中掌握语文知识并实践语文能力，应该说更有意义。

这样的活动我一直坚持到现在。我发现，随着经济的发展，由于社会用字量的急剧增多，而有关人员的文化素质又没有相应的提高，因此街头错别字越来越多了。1995 年 12 月，我班同学经过广泛调查写成的《成都街头错别字调查报告》被醒目地刊登在《成都商报》第一版，编辑还为这篇文章改了个题目并以黑体字标出《娃娃们在呼喊：蓉城街头错字知多少?》。

培养 21 世纪社会主义现代化中国的主人，是当代中国每一位教育者义不容辞的使命，而作为语文教师，理所当然地应结合语文教学培养学生的社会责任感和参与能力。下面是一个名叫黄金涛的高一学生写的一则社会随笔——

校门前街的马路，车辆川流不息，路边装满了垃圾的垃圾桶，散发着阵阵腐臭，人人过之无不掩鼻，但唯独他，一个蓬头垢面、衣衫褴褛、污垢浑然一身的乞丐，像一个家庭主妇在菜市场买菜似的，在垃圾中与苍蝇争抢食物。

路边的火锅店，吃客闲吃着生猛海鲜，锅里热气腾腾，香味阵阵袭人，他们无暇去看一眼与卫生不符的肮脏的活物，因为他们既要吃火锅，还要摆龙门阵，实在忙不过来。

如此一幕，在我眼中不知有多少。以前初见此景，心中也感乞丐可怜，却始终没有给他们施舍，偶有过几回，也被朋友们取笑。并且知道了有些乞丐是假的，为善的往往上当受骗，于是又为假乞丐的行骗所怒，见此情景也见惯不惊，甚至鄙夷。然而今天见到此景时，却别有一番滋味在心头。

我想忘记这不快，可当我路过“小天鹅火锅”店，看见门前停放的大小豪华或公或私的小车时，先前所见的乞丐，所见所闻的大款官僚们便涌了出来，像是人人都挤着登场，出演一场似乎毫无关联的闹剧。

我又有些怕想到他们，因为我无法回答我自己的问题：为什么在我们这个可爱的国家，有的人极富极乐，有的人却极贫极悲？为什么他们之间的差距如此之惊人？如果他们都是社会竞争的结果，那么为什么有的人要付出那么多的代价，为什么有的人要得到那么多，而且还不满足呢？为什么有的富者要行不仁，有的官者要行不义？我想，他们作为社会的产物，其产生的原因也在于社会。我虽未作调查研究，但我总认为社会的一方得到额外的东西，另一方也必然付出额外的代价，而伴随这剥削而来的便是两极分化。

我痛恨这种不公平、不道德的现象，但我不恨人富裕，我希望“君子爱财，取之有道”。我也恨贫穷，既然都是人，就不该那样活着。但我也确实感到自己的渺小，感到现在无力扭转乾坤，但我相信“老有所养，幼有所爱，残有所助，人人皆劳动，人人皆富裕”的社会主义社会会在我们这一代人手中实现，到那时，牛奶会有的，面包会有的，一切都会有的！

这篇文字，也许算不上多么“深刻”，但我欣赏作者的善良，我更赞赏作者身处校园，心忧天下的真诚情怀。

‖“语文生活化，生活语文化”

我在语文教学与社会生活的结合上进行了一些实践，并在这基础上提出了一个主张：变“应试语文”为“生活语文”。

应该承认，确有一些语文教师在教学中，有意无意地忽视了语文与生活的联系，把“应考”（特别是应付高考和中考）的需要作为教学内容取舍的唯一依据。这种“应试语文”不但使语文在学生眼里失去了应有的魅力，而且造成了学生语文知识懂与会的分离，学与用的脱节，最终我们所追求的语文教育成效也自然无从谈起。这与我们所追求的语文素质教育的最佳目标相比，无异于南辕北辙！

如何改变这种局面？我通过学习叶圣陶、吕叔湘、张志公、于漪等语文教育大家有关“语文与生活”关系的一系列精辟论述，并联系自己的语文教学实践进行的一些思考，深感要使学生真正扎扎实实地掌握并得心应手地运用语文这一人生的工具，就必须打破语文与生活之间的“厚障壁”，让语文教学与学生心灵相沟通，让语文课堂与社会天地相接壤，使语文教学突破“应试语文”的束缚而成为“生活语文”。

这里的“生活语文”之“生活”二字，不单指语文教学注重与生活的联系，以及指导学生在生活中学习并运用语文，还包括教师在教学中引导学生将语文学习与陶冶灵魂、磨炼思想、完善人格水乳交融，使二者互相促进，使语文教育达到如叶圣陶先生所说的“第一须认定国文是儿童所需要的学科。……第二须认定国文是发展儿童的心灵的学科”以及于漪老师所说的“变语文自我封闭性为开放性，开发语文教育空间，面向生活，面向社会，面向活泼的中学生，不用机械训练消磨学生的青春”的理想境界。

我这里的“生活语文”，通俗的表达便是“语文教学‘生活化’，学生生活‘语文化’”。

所谓“语文教学‘生活化’”，强调的是教师在传授语文知识和训练语文能力的过程中，自然而然地注入生活内容，进行生活教育，让学生明白“生活与教育是一个东西，不是两个东西。”（陶行知语）在学习语文的同时学习生活并磨砺人生。“语文教学‘生活化’”至少可以体现在三个方面：第一，语文讲读“生活化”。“两耳不闻窗外事，一心只读圣贤书”是旧时书斋学子的典型写照，然而今天的一些语文课堂上也存在着这种发霉的学究气。学生所学似乎是与自己生活无关的“名家名篇”，因为教师所讲更多的是围绕“考试抓分”而来的“阅读分析”、“写作借鉴”。我们主张语文讲读“生活化”，是指课堂语文讲读要面对中学生生活实际，在课堂教学中营造一种宽松平等而又充满智力活动的氛围，使学生通过具体课文的学习，自然而然地受到灵魂的陶冶和思维的训练。**语文讲读“生活化”，实际上就是要求教师善于寻找课文内容与学生生活的最佳结合点，尽可能地使课文贴近学生的生活，同时又让学生的心灵不但与作者的心灵产生共鸣，而且与周围的世界息息相通。**第二，语文训练“生活化”。这里的“训练”，既指语修逻文的知识巩固，也指听说读写的能力提高，语文训练“生活化”，要求教师的训练应着眼于学生的学以致用，而非学以致考。所用的训练材料，应尽可能来自生活；即使是教材上的练习，也应尽量挖掘其与学生生活的联系。这样，学生在接受训练时，便会感到掌握知识，培养能力不只是为了应付考试，而是为了更好的生活。讲短语、句子知识，可以从学生交来的请假条入手；改病句练习，最好从学生日记、作文中找例子；修辞方法的训练，不妨联系学生熟悉的各类广告……另外，语文训练是最容易在“统一标准”中扼杀学生的思维个性的，因此，我们尤其应该注意保护甚至鼓励学生的创造欲望。第三，语文教育“生活化”。思想性是语言学科的性质之一，所以语文教学中的教育功能是理所当然的。但这种教育应紧扣课文本身的教育因素，又须符合学生的思想实际，还要注意这种教育的潜移默化、润物无声。这种教育必须是非常“语文”的，因为这些教育无一不是根植于教材本身的思想内涵和文化内涵，因而这样的教育不但是自然而然的，而且它既紧扣着学生的生活，又与我们的时代息息相关，所以对学生无疑是具有心灵震撼力的，

所谓“学生生活‘语文化’”，强调的是学生在教师的引导下，形成“语文是生活的组成部分，生活须臾离不开语文”的观念，并养成事事、时时、处处吸收与运用语文知识，在社会生活中培养语文能力的好习惯。“学生生活‘语文化’”同样至少可以表现在三个方面——第一，日常生活“语文化”。这实际上就是让学生逐步具备一种在日常生活中情不自禁学习或运用语文的“本能”。要让学生不但认真阅读课文，而且更应习惯于课外博览，并把这种“阅读”化为人生的一道风景；要让学生不但认真地写好每一篇作文，而且更应习惯于写信、写日记、写随笔，不是为了应付教师

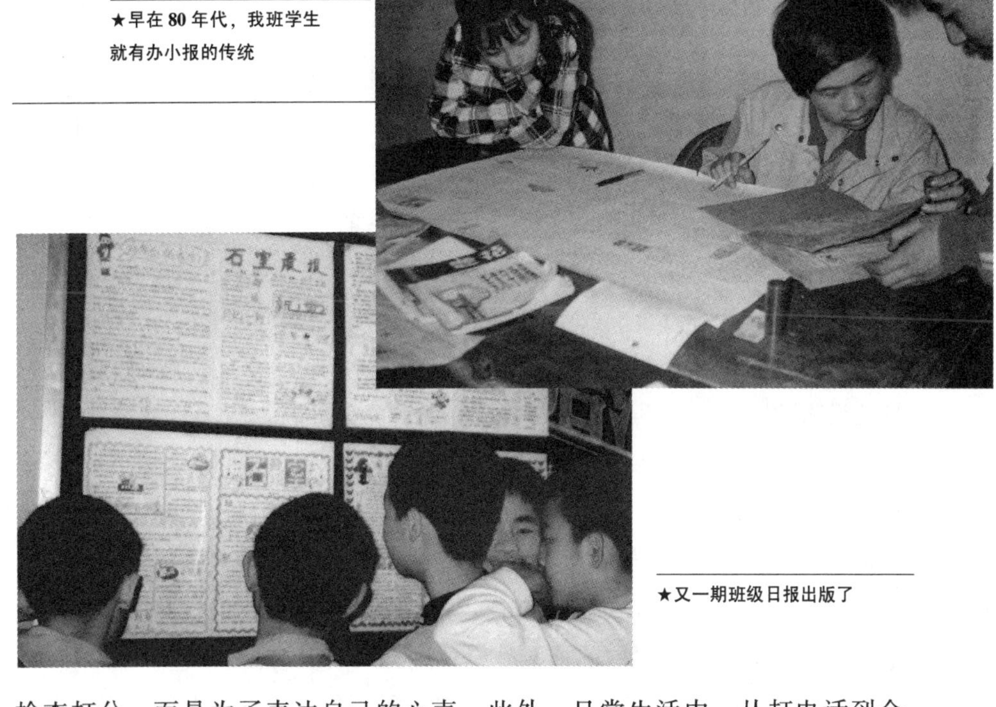

★早在80年代，我班学生就有办小报的传统

★又一期班级日报出版了

检查打分，而是为了表达自己的心声。此外，日常生活中，从打电话到会客人，从听广播到看电视，从留言条到申请书，从同学争辩到家庭讨论，从糖酒广告到家用电器说明书……无一不是语文听说读写能力的训练与运用。第二，班级生活“语文化”。**多年既教语文又当班主任的教育实践告诉我，不但班级文化能够积极影响学生的语文学习，而且班级建设也可以与语文素质教育互相促进并相得益彰。既有集体共同追求又有个人心灵自由的丰富多彩的班级生活，是语文素质教育的良田沃土。**班委选举，让学生先写自荐书或上台讲演；每堂课安排一位学生进行“一分钟讲演”，评论班级生活；班干部在黑板上写个通知，让全班同学看看有无错字、病句；要开新年联欢会了，让学生写《我设计的联欢会》的说明书……**“班级生活‘语文化’”可谓一箭双雕：学生既是在语文实践，又是在班级建设；教师既是在语文训练，又是在班级教育，而这一切又是结合得如此巧妙而不露痕迹。**第三，社会生活“语文化”。培养21世纪社会主义现代化中国的主人，是当代中国每一位教育者义不容辞的使命，而作为语文教师，理所当然地应结合语文教学培养学生的社会责任感和参与能力。“社会生活‘语文化’”，就是要求学生在社会生活的广阔天地中，自觉运用语文这个生活

的工具、人生的武器“指点江山，激扬文字”。学生每天回家的路上所见所闻所感的街头交通、农贸市场、城市环保、治安状况、新建大厦甚至个体摊点……都可以成为他们关心、思考、评论的对象。“社会生活‘语文化’”，并不只是指学生的街头活动，也包括学生虽然身处校园却始终保持着热爱生活、关心改革、思考社会的好习惯。在这类以语文为工具的社会活动过程中，学生所收获的已远远不止是不断提高的语文实践能力，更有日益增强的民主、独立、批判、创造等现代公民意识。

需要特别说明的是，“语文教学‘生活化’”也好，“学生生活‘语文化’”也好，都未必是严格意义上的科学命题，笔者姑且这么表述，不过是想揭示并强调语文教学与学生生活的必然联系罢了。同样，“应试语文”与“生活语文”，也未必是经得起逻辑推敲的严谨概念，但如此用语似乎还是大体可以概括两种不同的语文教育观念及其实践的。当然，“应试”与“生活”绝非截然对立，因为学校语文教学不可能脱离各种考试。而“生活语文”也非随心所欲的“开门办学”。因此，**我们主张变“应试语文”为“生活语文”的真正目的是，通过“大语文教育”的实施，使学生既能在近期从容不迫地面对各种考试而取得理想的语文成绩，更能着眼于未来具备得心应手的语文能力。多年的语文教学实践告诉我：当我们的语文教学唯“应试”是从，使学生陷于各种机械的模拟训练之中时，不但学生知识狭窄、能力低下，而且教师所期待的应试成绩也未必如意，可谓“多情却被无情恼”；而如果我们在语文教学中淡化“应试”观念，强化“生活”意识，严格遵循语文教育科学规律，培养学生终身受用的语文素养，学生的应试成绩也自如水到渠成令人欣喜。这正是“道是无情却有情”！**

三、教育：把童年还给童年

‖让孩子阅读大自然这本书

我喜欢和学生一起到大自然的怀抱里嬉戏玩耍。

最初，我这样做并没有意识到什么“教育意义”，而纯粹是出于自己爱玩的天性。我对苏霍姆林斯基在《巴甫雷什中学》中的这一段叙述感到特别亲切，“每当学年一结束，我就跟孩子们一道去远足旅行，去田野、森林、河边旅行。跟孩子们一起在南方晴朗的星空下宿营，架锅煮饭，述说图书内容，讲传说和童话故事，这些对我来讲，是一种幸福。”的确，对大自然的共同爱好，能够使我和学生的心更紧密地贴在一起。回想从教以来，我最感到快乐的时候就是学生不把我当老师的时候：我曾与学生站在黄果树瀑布下面，让从天而降的水柱把我们浑身浇透；我曾与学生穿着铁钉鞋，冒着风雪手挽手登上冰雪世界峨眉之巅；我曾与学生在风雨中经过八个小时的攀登，饥寒交迫地进入瓦屋山原始森林……每一次，我和学生都油然而生风雨同舟之情，同时又感到无限幸福。这种幸福不只是我赐予学生的，也不单是学生奉献给我的，它是我们共同创造、平等分享的。二十多年来，我的学生就是这样给我以少年的欢乐和青春的激情。

自然环境的教育功能当然是不可忽视的。陶行知认为“天然环境和人格陶冶，很有密切关系”，在谈到大学校址的选择时，曾把自然环境作为极其重要的因素。他认为校址的选择应满足这样的标准：“一要雄壮，可以令人兴奋；二要美丽，可以令人欣赏；三要阔大，可以使人胸襟开拓，度量宽宏；四要富于历史，使人常能领略数千百年以来之文物，以启发他们光大国粹的心思……”（《杭州大学之天然环境——一封公开信》）陶行知多次大声疾呼对学生要实行“六大解放”，其中之一的“解放”就是“解放他的空间，使他能到大自然大社会里去取到更丰富的学问”。（《小学教师与民主运动》）

但是，我们不能把这种教育功能庸俗化。在这个问题上，有的教育者有一种认识误区，

★1988年我带领学生去瓦屋山原始森林探险

即总是希望每一次野外活动都应有“教育意义”。比如“了解家乡的巨大变化”呀、“感受祖国山河的美丽”呀、“认识环境保护的重要性”呀，等等，而且这样的郊游，对于学生来说，他们往往还承担着写作文的“重任”。如此一来，对自然美的感受成了一种沉重的负担。其实，不用那么多的“设计”，从某种意义上说，对自然的接近、对自然美的感受就是教育。

不要误以为我反对在郊游活动中有目的地进行某种教育，我反对的是每一次对大自然的亲近都带有浓重的功利主义色彩。不用刻意去追求什么外在的“教育意义”，因为大自然本来就是一本最博大精深的书籍。“我竭力要做到的是，让孩子们在没有打开书本去按音节读第一个词之前，先读几页世界上最美妙的书——大自然这本书。……到田野、到公园去吧，要从源泉中汲取思想，那溶有生命活力的水会使你的学生成为聪慧的探索者，成为寻求真知、勤于治学的人，成为诗人。我千百次地说，缺少了诗意和美感的涌动，孩子就不可能得到充分的智力发展。儿童思想的本性就要求有诗的创作。美与活跃的思想犹如阳光与花朵一般，是有机联系在一起的。诗的创作始于目睹美。大自然的美能锐化知觉，激发创造性思维，使言语成为个人体验所充实。”（苏霍姆林斯基：《我把整个心灵献给孩子》）

写到这里，我忽然想起了2000多年前，孔子与其学生的一次聊天——

当孔子问及学生们的志向时，子路等人踌躇满志地大谈安邦治国之理想，孔子却不以为然。随后他问曾点：“点，尔如何？”曾点从容不迫地应道：“暮春者，春服既成，冠者五六人，童子六七人，浴乎沂，风乎舞雩，咏而归。”他的意思是说，在暮春三月的时候，穿上春天的服装，相约上五六个成年人，六七个小孩，在沂水里洗洗澡，在舞雩台上吹吹风，一路唱着歌儿走回来。比起子路等人，曾点的志向似乎并不“崇高”，但他的话立即引起了孔子的共鸣，孔子情不自禁长叹一声说：“吾与点也！”（“我赞同曾点的想法啊！”）

我是大学时第一次从《论语》中读到这段对话的，当时颇感困惑。曾点的话，毫无半点雄心壮志可言，不过表明了他是一个“耍哥”而已，为什么竟然博得孔子的赞赏呢？后来，我成了一名教师，再读这段对话时，渐渐明白了一点点，或者干脆说我开始“理解”孔子了。从他对曾点的赞赏，我间接地感受到了孔子所追求的一种教育模式（境界），这就是人与人（师生之间）的和谐以及人与自然的和谐；我甚至想象到了这样一幅图景：在春光明媚的原野上，孔子和他的学生们或席地而坐谈经论道，或迎风而跑歌咏舞蹈，他们的欢歌笑语在蓝天和白云之间飘荡……这么一幅令人神往的教育图景，对于我们现在的教育来说，真是一种奢望。我绝非感叹教育的“今不如昔”——无论是从教育的内容还是教育的形式，我们今天的教育当然远比孔夫子时代进步；但如果从人与大自然的关系看，今天的孩子已经越来越成为笼中的金丝鸟。50年代的孩子还可以惬意地划着小船沐浴“迎面吹来凉爽的风”，而今天的孩子只能从老师教的《让我们荡起双桨》的歌曲中去羡慕他们的爷爷奶奶的童年了！

我不想在此抽象地论证大自然对孩子健康成长的作用，我只想说明这样一种可怕的教育现实。当我们的孩子能够熟练地操作电脑时，或者能够在小小年纪就取得钢琴、小提琴以及其他什么乐器的“十级证书”时，或者能够一口气背下圆周率后多少多少位小数时，或者能够在国际数理化奥林匹克比赛中拿金牌时……他们可能已经被畸形的教育异化了。据有关专家调查，现在相当多的城市孩子不知东南西北，晚上看不见远处的东西，也听不到远处的声音，不会和别人一起玩。专家们指出，孩子们没有自然空间的生存体验，当然也就不会产生识别方向、远声音听取等需求。这就如同在动物园长大的野生动物一样，失去了自然的生存条件，就会失去很多天性和能力。其实，即使不用专家们提醒，几乎每一个教育者（当然包括孩子家长）都可以从自己身边的孩子身上看到“退化”的征兆——有一年，我和学生一起到野外徒步旅行，结果我那些处于青春期的少年们的体力远远不如我这个“聊发少年狂”的“老夫”！

自从人类进入文明时代，人们总是对教育寄予太多的厚望。但是，教育在随着科学发展而进步的同时，却远离了大自然，而远离大自然的教育无疑不是完整而健全的教育。教育的这种畸形发展，早就引起了教育家们的忧虑。当年，陶行知先生曾这样大声疾呼：“……在现状下，尤须进行六大解放，把学习的基本自由还给学生：一、解放他的头脑，使他能想；二、解放他的双手，使他能干；三、解放他的眼睛，使他能看；四、解放他的嘴，使他能谈；五、解放他的空间，使他能到大自然大社会去取得更丰富的学问；六、解放他的时间，不把他的功课表填满，不逼迫他赶考，不和家长联合起来在功课上夹攻，要给他一些空闲时间消化所学，并且学一点他自己渴望要学的学问，干一点他自己高兴干的事情。”读到这段话，我真是心痛——为现在的孩子们心痛！现在的孩子远远没有享受“六大解放”，相反他们正遭受着“六大束缚”！民主与科学的教育不是一句空话，它必须要具体落实在学生的“六大解放”上。在我看来，对任何一个人来说，大自然是一部必读的书。对于成长中的少年儿童，阅读大自然更是不可或缺的。如果我们的教育离开了大自然，这不但是教育的遗憾，也会给孩子健壮的生命留下缺陷。

“我们都是自然的婴儿，卧在宇宙的摇篮里。”（冰心：《繁星》）**让我们的课堂吹进大自然的煦煦清风，让孩子们走向大自然，在青山绿水之间强健体魄、飞翔心灵、解放个性，这是我对教育的企盼。**

‖ 把语文课堂搬到大自然

作为语文教师，我还爱把作文课搬到大自然。

写作中的想象力当然是可贵的，但想象力的滥用却是目前中学生作文中的通病之一：想当然的比喻句取代了对自然对生活的细心观察和准确描写。为了纠正这种偏向，我常常在周末，把学生带到岷江之滨，带到乡间，让学生们用心感受大自然，并用语言描摹大自然。通常许多老师爱让学生熟记背诵一些优秀作文中优美的写景词句，但学生的作文依然苍白。而我认为，如果让学生置身于大自然，引导他们细致观察，再用恰当而富有灵气的语言进行描写，是最好的写景作文训练。

有一年春天，我先给学生印发并朗读了屠格涅夫的散文诗《村》。这篇描写 19 世纪俄罗斯乡村景色的美文，深深打动了学生们的心。我紧接着向学生们分析，这篇散文诗的特点实际上就是八个字：“描摹自然，朴素即美”。作品从天空、气息，写到田野、农舍，再写到人的活动，语言洗练质朴，几乎没有什么比喻和其他修饰语，而是白描式的写生，却让读者身临其境，如见其景。我又让学生背诵孟浩然的《过故人庄》，并比较分析后得出结论：**凡出色的写景文字，无不是寓情于景，自然朴素。**

然后，我对学生们说：“其实，这样的文字你们也能写，因为大家都有着热爱美的心灵和捕捉美的眼睛。现在，正是阳春三月，我们一起到学校外面的河边去吧！去感受春光，沐浴春风，描绘春色，不用空洞的想象和华丽的辞藻，只需细心的观察和真切的描摹。你们笔下，也会出现屠格涅夫和孟浩然那样朴素优美的文字！”学生们跃跃欲试，于是，我和学生们走出了教室走出了校园。在河两岸，我们在徜徉、嬉戏中观察、感受春天小河的特点，天空是怎样的？河水是怎样的？银杏和女贞的树叶分别是什么颜色？河水和小草分别是什么气息？还有河岸护栏的造型和石柱上的图案、未完工的河畔石凳以及民工敲凿石头的声音……离开河畔时，我和学生们约定：“李老师和你们一起写这篇文章，看我们谁写得更好！”

★80年代我带领学生在大渡河畔，面对乐山大佛进行文学写生

回到学校，学生们立即投入了写作。一节课后，学生全部交上作文。我也认真地写了一篇《春天素描》。两天后，我看完了学生作文后在班上讲评时，把屠格涅夫的《春》和我写的《春天素描》草稿和定稿同时印发学

生。我在评点学生作文的同时，着重向学生讲了我写作、修改《春天素描》的全过程，提醒学生们在作文时，应追求真实、朴素、自然。然后，我布置学生根据评讲，重新修改自己的作文。

学生修改后交上的作文，大部分达到了我的要求，整体水平有了很大提高。我从中选了几篇佳作在班上念，学生们都认为达到甚至超过了李老师的文章。看到学生作文水平的提高，我由衷地欣慰，并情不自禁地想到巴金老人关于写作的一句话“文学的最高技巧，就是不讲技巧。”**语文教师的责任，正在于引导学生运用忠于生活的“最高技巧”去观察感悟生活，然后“不讲技巧”地再现生活。**

我始终认为，作文教学不能从“作文”中学作文，而应该从生活中从大自然中学写作；而且，引导学生师从大自然，他们会写出许多美文的。下面这篇文章，就是我的学生在我组织的一次“野外文学写生”活动中的作文——

甘 江 春 色

彭 涛

我们坐在长长的大堤上，大地已经布满绿色的草儿。眼前是一幅柔和与幽静的山水画。天虽阴着，却很巧妙地给这一切带来一种宁静的气氛。似乎一切烦恼的思绪，只要临着这一切都会烟消云散。于是，一阵话语，一阵笑声似乎都成为一种富有节奏的打击乐。

远处的山的淡绿伴着柔曼的纱般的雾，整个山似乎已成为山外青山，带给人一种飘缈的感觉。

山前是一条平缓的小河。河的两旁是郁郁葱葱的竹林。河的远处还能隐约看见几只鸭子在游着，“春江水暖鸭先知”嘛！右边的竹林前还有一片深绿色的柑树林，绿得喜人。树梢还明显地透出洁白的花朵。一切都是淡雅的。竹林像一座座茂盛的小山，“山”下又是一片浅绿色的庄稼地。农民在那里浇灌自己心爱的庄稼。可不，春天的播种就意味着秋天的收获嘛！油菜花长得正旺盛。一片金黄的色彩从绿的世界中透出收获的信息。

空气清新，所有的气味都沁人心脾——油菜花的幽香、河水的清新还夹杂着一股新翻的泥土气味。一片美丽的田园风光！

沿着河岸，四五个老人很悠闲地晃动着渔竿。风儿将河面吹起片片粼波。忽而又平静得像一大块翡翠。老人迈着笨重的步子，把长长的渔竿甩向河中，然后悠然自乐地坐在簇新的绿色草坪上，两手托腮，又似乎带着一丝骄傲的神色望着眼前的山和水；又微微点点头，好似已经感到一种从未有过的舒适。眼前的一切是他的家。人老了，山却是绿的，林子也是绿的。在这绿的生命中，老人似乎也重新焕发了青春。

仍然是那么宁静。谁也不愿意去破坏它，哪怕是扔一颗石子在水中激起无数的涟漪。风也听话，不大带响儿。带给人的是幽静，却没有半点凄神寒骨的感觉，因为这一切都是喜人的。

不一会儿，让人感觉不到微风的存在了。青山绿树就全倒影在平静的河水中。一切除了和谐，又都是上下对称的，真像是雕刻者的杰作。不一会儿，微风又闲不住了，轻轻地吹起水面的波纹。山呀、树呀霎时就从晃动的河水中消失了。等微风又玩累了，它们就又顽皮地出现在水中了。这一切的变化，真像是一个童话，而那钓鱼的老人，就像是童话中的白胡子老爷爷。

“啾——”一阵清脆的鸟鸣划破长空。我感到了天空比以前更加广阔。那鸟鸣似乎是最美妙的独奏，带给人更多的精神。

喏，电线杆上的一群鸟儿忽而不约而同地飞开了，像一群精灵给宁静的山水带来无尽的乐趣。真是“百啭千声随意移，山花江紫树高低”！

这样的文字，学生坐在教室里是写不出来的。

‖没有活动就没有集体

有一年，一位记者到我班采访学生时，问了一个很朴素的问题：“你们觉得你们班和其他班有什么不同？”学生的回答是：“我们班的活动特别多！李老师总喜欢组织各种各样的活动！”后来记者对我说：“学生这么回答我，真有点儿出乎我的意料！”

而在我看来，作为班主任，组织各种教育活动实在是太正常不过了，因为没有活动便没有集体。**一个班集体如果除了上课便是考试是不会让学生产生感情的**。诚然，学校生活的主要内容应该是学习，而且学习过程中也有着集体主义教育的因素。但是，要让学生发自肺腑地热爱班集体，并形成集体主义信念，仅靠学习活动是远远不够的。班主任善于组织（或引导学生自己组织）各种生动有趣、寓教于乐的活动，最能使学生潜移默化地受到集体主义精神的感染。学生在一场足球赛或联欢会中获得的集体主义情感体验，是教师任何美妙而空洞的说教难以达到的。教育，无疑应该把人类美好的精神传输给学生，但这种传输必须要有一种“中介”或者说“载体”。形象一点儿说，美好的精神好比是盐，而一般情况下，人是不愿意直接吃盐的，人所需要的盐必须通过各种食物进入人体；教育的“盐”也最好不要直接让学生吃下，而应该通过某种“载体”让学生接受并吸收，这种“载体”便是“活动”。集体活动就内容而言，可以涉及德、智、体、美、劳各个方面；就规模而言，可以是学校活动，可以是年级活动，可以是班级活动，也可以是小组活动；就形式而言，可以是学习交流、思辨讨论，可以是游艺娱乐、文艺表演，可以是体育竞争、劳动比赛，可以是社会调查、远足郊游……

★1997 年 10 月我和学生在公园玩“老鹰捉小鸡”的游戏

从教育心理学的角度看。活动对儿童心理发展的意义是不可低估的。一般认为，在儿童和青少年主体和客观事务相互作用的过程中，也就是在儿童和青少年不断积极活动的过程中，社会和教育向他们提出的要求所引起的新的需要和他们原有的心理水平之间的矛盾，是儿童和青少年心理的内因或内部矛盾。这个内因或内部矛盾，也就是心理不断向前发展的动力。简言之，儿童和青少年在活动中产生的新需要和原有心理水平构成的矛盾是他们心理发展的动力。

这里的“活动”当然不只是我们所说的班级活动，关键是“新需要”的产生。任何一种需要都是在一定的生活条件下，即在一定社会和教育的要求下产生的。从某种意义上说，教育的功能正是不断激发学生新的“需要”。这里，不得不提到马斯洛的“需要层次系统”的理论。第一层：生理需要（衣食住行性等等，是人类生存的基础）。第二层：安全需要（摆脱危险，获得健康，解除威胁等等）。第三层：社交需要（也叫爱的需要，伙伴之间、同事之间的融洽关系，友谊和爱情）。第四层：尊敬需要（自尊和受人尊敬，对名誉的需要，成就感的需要）。第五层：自我实现（实现个人理想抱负）。对教育而言，更多的是满足学生社交、尊敬和自我实现的需要。而这些需要的激发，最好的途径便是各种活动的开展。在活动中激发需要，进而推动学生心理健康地向前发展。

从中学生心理的特点看，活动的重要性也是不言而喻的。中学生正从儿童期向青年期过渡。这是一个半幼稚半成熟的时期，是独立性和依赖性、自觉性和盲目性交错的时期。通过活动，推动学生的心理发展平稳过渡，走向成熟。中学生的思想感情不轻易向家长老师表露，比如日记本上锁。但是，学生对同龄人却愿意敞开心扉。也就是说，在与同龄人交往的过程中，学生容易开放心灵。而活动正为学生的心灵释放提供了条件。中学生已开始关注社会，思考未来，特别是自己的前途，已形成理想。然而，他们对社会的了解毕竟有限，活动正满足了他们的要求。他们思想敏锐，行为过激。活动为他们旺盛的精力提供释放的机会，同时通过活动引导他们的思想。

因此，开展各种教育活动，无疑是符合儿童心理需要的。儿童的天性就爱玩，就爱活动，就爱“逞强显能”……通过活动，孩子们与人交往、与社会交往、与自然交往，增强了自信，开阔了视野，培养了能力，丰富了知识，陶冶了情操，这是单纯的说教式教育所不能达到的效果。

但教育活动，和孩子们自发的各种活动毕竟不一样，我所说的教育活动至少应该遵循几个原则：①目的性。即不是自发的，是教育者有意识组织的。也就是说，就组织者的能动作用而言，不是盲目的。②教育性。这是我们所说的活动最本质的一点。尽管我们提倡教育痕迹要淡化，但活动本身蕴含的教育性却是必不可少的，虽然这里所说的“教育性”的含义不是单一的而是丰富多彩的。③全员性。面向全体，是“集体”活动，而不是少数几个优秀学生或特长生的活动。任何一次活动，都应该尽量让每一个学生参与。④多样性。包括德智体美劳等各方面。我们所说的“活动”，指的是一个体系而言，其内容与形式应该是多元的。⑤主体性。活动的主体是学生，教师当然是组织者指导者，但这种组织和指导不应该是包办代替，无论是活动的内容还是形式，都应该充分尊重学生的意愿。⑥创造性。千篇一律和形式老套的活动是不可能受学生欢迎的，应该不断使活动推陈出新。

在这里，我要特别强调，活动的“情趣性”，也就是说，我们开展的活动要尽可能让儿童感兴趣。要时时记住，我们的教育对象是处于成长中的孩子，无论我们的主观愿望多么美好，如果我们开展的活动没有儿童情趣，那么学生是不会喜欢的，我们的教育期待必然会落空！

我手里保存着一篇学生作文《小小空间任驰骋》，作者是高 90 级一班的杨嵩，他记录的是我班的一次新年联欢活动。那是 1988 年元旦前夕，我找到刚刚担任体育班委的杨嵩，“你能不能想想办法搞一次活动，既有迎新内容，又与体育竞赛有关，而且要让同学们耳目一新？”他回答说要先找同学们商量商量。几天后他和同学们“商量”的结果出来了，杨嵩决定举行一次“迎新室内田径运动会”。于是，在 1987 年最后一天，我班的“迎新室内田径运动会”在教室里如期举行，而且大获成功。关于这次别开生面的活动，任何文字描绘都不足以表现出当时的热烈气氛。不过，我还是借杨嵩写的《小小空间任驰骋》，向读者介绍一下，在这“小小空间”，杨嵩是怎样组织同学们“驰骋”的——

“高90级一班第一节室内运动会正式开始了！”当我郑重地宣布运动会开始时，会场顿时响起了热烈的掌声。望着那一双双充满着鼓励、支持、热忱的眼睛，我的心里顿时增添了无比的信心。

第一项议程是八位同学为大家表演舞蹈《让世界充满爱》。那欢快的舞步，那轻柔的舞姿，那充满深情的音乐，把人们带入一个美好的世界，这小小的教室充满着节日的气氛。在热烈的掌声和欢乐的笑声中，舞蹈结束了。本届室内运动会的序幕就在这《让世界充满爱》的音乐中缓缓拉开了。

本届运动会设有标枪、铅球、短跑、跳高、跳远等项目。不知情的人也许会疑惑：教室里怎么能投掷跑跳？嘿，这正是鄙人的发明！其实，所谓“标枪”，就是50厘米长的竹签，“掷标枪”就是立定掷竹签；所谓“铅球”，就是氢气球，“掷铅球”也就是掷氢气球；所谓“短跑”是跑100厘米，当然，得把双腿捆住……尽管如此，比赛场面仍然十分激烈精彩。你看掷“标枪”的同学，虽然只是一根细细的竹签，但比赛规则是肩膀不能动，只能小臂运动，所以有的男子汉虽有鲁智深一般的力量，却仍然哀叹英雄无用武之地。相反以细心灵巧著称的女同胞可就大显身手了。别看她们平时斯斯文文，可此刻她们细细的手指捏着细细的“标枪”，轻轻一扔，就超过许多男同学。不过在铅球比赛中，身材矮小毫无运动员应有的强壮体魄的尹德君，却以自己的灵巧为男同学赢得了一项冠军。……比赛项目都很“袖珍”，但气氛却不亚于奥运会：喝彩声、加油声、欢呼声，还有差一点就夺冠的叹息声以及心有余而力不足的捶胸顿脚声汇成一片，也成了我班迎接1988年的迎新曲！

男同胞的“斗鸡”比赛将室内运动会推向了高潮。所谓“斗鸡”，就是参赛各方用双手抱着一条腿与对手互相碰撞，一碰倒地或把腿放下为输。因抱着一条腿后，颇有点“金鸡独立”的威武气概，所以称作“斗鸡”。小组之间的“斗鸡”比赛可谓一场场恶战。一声令下，只见教室里尘土飞扬，一条条独腿蹦来蹦去，如野马一般。混战中，不时传来“悲惨”的叫声，一些大将纷纷落马，有的见势不妙赶紧落荒而逃。在六小组与七小组激战的过程中，六小组有一名同学“临阵脱逃”，李老师便请缨参战，当志愿兵，他一拍手，扔下外套，摘下手表，煞有介事地伸伸胳膊做了许多准备动作。看见李老师上阵了，七小组的廖军勇敢地冲上前来，稳稳地立在教室中央，真是“谁敢横刀立马，唯我廖大将军”！李老师不吃这一套，身先士卒，率领六小组的同学们一路冲杀，阵地上空顿时灰尘弥漫。李老师不顾“年老体弱”，咬紧牙关，英勇作战，背部多处受伤，可他硬是“轻伤不下火线”，嘴里喊着“冲啊，冲啊”，连续发起多次进攻……旁边观战的同学们激动得涨红了脸，高兴地欢呼着，跳跃着……

第一届室内运动会在同学们的欢呼声中落下了帷幕，我的心中不但充满了新年的喜悦，也充满了创造的自豪。这是我第一次组织活动，这样难忘的时刻也必将为我的学生时代留下难忘的回忆！

一次又一次花样翻新、妙趣横生的活动，使班级内始终充满生机并对学生保持着一种魅力，学生会油然而生自豪，“我们班真有趣！真有意思！我们的班级有别班所没有的东西！”而且更重要的是，**从教育艺术的角度看，在集体活动中培养集体观念，是通过淡化教育痕迹的方法来获得并非淡化的教育效果。**这是教育的辩证之所在，也是教育者的明智之所在。

★1993年在学校歌咏比赛上，我担任指挥。这是我出场的那一刻

‖ 为学生的“美丽人生”奠定一个美好的开端

让学生阅读大自然，让班集体充满孩子们喜欢的活动，其意义决不只是停留于“热爱大自然”和“不露痕迹的教育艺术”的层面，我希望达到的更深远的意义在于，**让学生的童年富有诗意，让学生的人生充满情趣，让学生的生命更加丰满！**

经常听周围的人说我的教育太“浪漫”，有人看了我与学生在田野在江边在雪地里在草坪上追逐奔跑的照片后说：“李老师在创造教育童话！”特

★1989 年，我教高二（1）班时，我和我的学生用身体在峨眉山金顶的雪地上摆成“一班”两个大字

别是那张我和学生躺在峨眉山雪地上摆成“一班”两个大字的照片，更是让许多老师羡慕不已。我承认，我的许多教育做法的确比较符合“儿童的口味”。这里面蕴含着我的一个观点：**教育，不能以任何神圣的“理由”剥夺孩子的童年；这话反过来说就是，教育，应该把童年还给童年。**

刚好是在写这段文字的时候，我看了一部名叫《美丽人生》的意大利电影。电影的情节不太复杂——

一个犹太小男孩在他五岁生日的前一天，突然和父亲一起被德国人抓进了集中营。但小男孩并不知道他刚刚开始的人生正面临着极度的危险，

甚至他幼小的生命也可能随时中断，他以为这一切都不过是一场惊险而有趣的游戏。而这游戏般的幻觉，正是小男孩父亲精心设计的。为了不让孩子晶莹而脆弱的心灵受到伤害，在被迫排队等候去集中营的火车时，父亲就告诉孩子："我们正在参加一个漫长而刺激的游戏。如果我们积满了1000分，我们就会获得第一名，奖品是一辆真正的坦克。"

可以想象，在充满恐怖的纳粹集中营，要让孩子长时间维持这"游戏"的感觉，对这位父亲来讲，是多么的困难！不，简直是难以置信的！然而这位父亲做到了。当孩子问那些德国人为什么那么凶狠时，父亲回答："他们是那一方的，他们怕我们赢呀！"当孩子想看关押在女室的妈妈时，父亲回答："这是规则，不能去看妈妈，否则我们就要被扣分的。"等等。其间的惊险曲折甚至不乏喜剧色彩的情节和细节，我不打算一一赘述，我只是想叙述一下让我感到震撼的影片结尾——

感觉到濒临溃败的德国人决定大屠杀，父亲悄悄地把孩子藏在一个柜子里，告诉他："我们现在已经积满940分了，只差60分我们就是最后的赢家了。现在，你必须藏在这里面，不许说话不许动，不许让任何人发现你。否则，我们积攒的940分就白攒了！记住：不管呆多久，你都要忍着，一直到外面没有任何人了，才能出去！"父亲不放心，又叫孩子把他最后一句话重复了一遍："一直到外面没有任何人了，才能出去！"父亲离开孩子后，在逃亡过程中不幸被德国兵逮住。当德国人押着他走向刑场经过藏着小男孩的柜子时，透过柜子的隙缝，孩子看到被德国人押着的父亲正悄悄地向他眨眼睛扮鬼脸，并且做着滑稽的动作。一切都像是游戏。只是孩子不知道，父亲正在向他作最后的告别。几分钟后他的父亲就在纳粹分子的枪声中离开了这个世界。

不知过了多久，一切归于寂静。小男孩从柜子里爬了出来，正当他茫然对着空旷的集中营不知所措时，身后响起了春雷般滚动的声音。他回头一看，阳光下，一辆坦克正隆隆冲破集中营的高墙向他缓缓驶来。"真的！是真坦克！"小男孩惊喜地叫了起来，脸上露出了天真的笑容。年轻的盟军士兵将小男孩抱上了坦克，在欢呼胜利的人群中穿行。突然，小男孩发现了人群中还穿着囚服的妈妈，他跳下坦克向妈妈跑去，一边跑一边高喊着："妈妈，我们赢了！1000分，坦克！我们赢了！"

影片到此戛然而止，而我的久蓄的泪水却再也抑制不住夺眶而出……

这部获得奥斯卡奖的电影《美丽人生》，也许可以被称作是一部充满喜剧色彩的悲剧，或者说是充满悲剧色彩的喜剧。荒诞而不可思议的情节，父亲的诙谐与乐观，小男孩的天真无邪，当然还有纳粹分子的残暴……这一切使不同的观众从这部电影中会有不同的发现。但作为教育者，我很自然地从电影中发现了一种真正的人文关怀，不，是"人性"关怀，并由此想到了教育，虽然这部影片并非教育片。

如果以我们今天一些教育者"冷静"而"理智"的眼光看，影片中小男孩的父亲无疑是在对孩子进行"欺骗"。但在父亲看来，孩子晶莹的眼睛不应过早地蒙上邪恶的阴影，孩子幼小的心灵不应该过早地承受灾难。尽可能维持孩子无瑕的精神空间，让他对这个世界尽可能保持一份美好的期待，让他蹒跚起步的人生多一些美丽的浪漫。这便是身陷绝境的父亲在告别世界之前献给孩子的礼物，这就是我从他最后向孩子扮出的那张滑稽鬼脸上读到的人情、人道和人性！

当然，中小学生已经远远不是幼儿，如果我们像影片中的父亲那样对待我们的学生，显然是不可思议的。但是，把童年还给童年，则是我们的教育应该做到的。

是的，把童年还给童年！

我当然不是说教育应该回避现实，更不是把学校办成"乌托邦"；然而教育不仅仅给学生的生活技能与生存智慧，还应该给学生以人之为人的精神世界，而人的所有"精神"都必须以人性为最基本的底线。学校教育最重要的工作就是保持孩子善良和富于幻想的天性，这对于一个人是否拥有终身幸福的精神生活是至关重要的。苏霍姆林斯基在其不朽名著《巴甫雷什中学》中这样写道："为每一个人培养起善良、诚挚、同情心、助人精神以及对一切有生之物和美好事物的关切之情等品质，是学校教育的基本的起码的目标。学校教育就要由此入手。”

我们和学生当然都不是生活在真空中。如何让孩子在灰暗甚至邪恶的环境中保持一份对真善美透明的信任？如何让孩子在追求真善美的历程中又能正视假恶丑的存在？这是我在20多年的教育历程中苦苦探索的难题。我现在的结论是：**在学生从幼年、童年、少年到青年的成长过程中，我们应该给他们的心田依次播下三粒人生的种子——“善良”、“正直”和“机智”。善良是一切美德的根本，由此萌生出正直，憎恶一切毁灭善良的罪恶，而与罪恶抗争，则必须有一颗机智的心。注意，我这里说的是“依次播下”，就是说，对不同年龄不同学段学生的教育，必须有不同的重点主题。而任何一个主题的错位都可能产生教育的遗憾进而给学生的人生带来遗憾。**

一位优秀的教育者，应该知道他现在的学生最需要得到什么，或者说最需要保持什么。**我之所主张教育应该有些浪漫的气息，主张让孩子更多地接触大自然，主张教育过程充满生动的活力，这决不仅仅是为了让教育富有情趣，而是力图让教育更能满足儿童的精神需要，让教育更符合人性。**

★开心一刻（1995年9月）

★与童心为伴　永远年轻（1999年）

四、在错误中成长

‖ 把教育失误变成教育财富

著名法国文学翻译家傅雷先生曾在其译作《约翰·克利斯朵夫》的卷首语中这样写道“真正的英雄不是没有卑贱的情操，而是永不会被卑贱的情操所征服；真正的光明不是没有黑暗的时候，而是不会被黑暗所湮没。”同样的道理，**真正的教育者也不是没有失误，只是他总会从失误中汲取新的前进力量。几乎可以这么绝对地说，任何一个教育者在其教育生涯中，都会犯这样或那样的错误。区别优秀的教育者和平庸的教育者，不在于教育者是否犯错误，而在于他如何对待已经犯了的错误。**这里所说的“如何对待”，不仅仅是指想方设法弥补错误所造成的损失，而主要是指对错误的反思。对成长中的年轻教师来说，这一点非常重要。**善于把教育失误变成教育财富，这是任何一个教育者从普通教师走向教育专家乃至教育家的最关键的因素之一。**

把教育失误变成教育财富，前提是我们能够诚实地对待自己的事业，严肃地对待自己每一天的工作，唯有这种真诚和严肃，能够让我们坦然地面对自己的失误。为了我们心爱的事业和学生，我们勇于解剖自己和否定自己，因为这能够使我们更加成熟，使我们的教育走向成功。泰戈尔有这样一句诗：“真理之川从错误之渠中流过。”也正是从这个意义上说，**每一次错误，对所有具备真诚反思精神的教育者来说，都是一个进步的台阶，我们沿着错误的台阶一步一步走向事业成功的高峰。相反，那些敷衍地对待自己的工作并且被某些狭隘的功利思想束缚头脑的人，往往会拼命地掩饰错误，会给自己找许多“借口”和“理由”来原谅自己。对这样的人来说，每一次自我原谅都是新的错误，这个错误同时也是一个陷阱——他们即使可能从这次错误的陷阱中艰难地爬上来，但随时都可能掉进另一个错误的陷阱，而永远不能够走向教育的成功。**

所谓“反思错误”，通俗地说，就是犯了错误之后不要轻易地原谅自

★做一个反思型的教师
(80年代初)

己，而是拷问自己的心灵：我为什么会犯这样的错误呢？这样的错误是出于一时的感情冲动，还是有着必然的思想根源？这样的错误事先能不能够避免？这样的错误是否收到了我期望达到的“教育效果”？如果达到了某种“教育效果”，那么我付出了什么代价？如果没有达到，那么这次错误所造成的表面的后果和潜在的危机有哪些？这样的错误蕴含着怎样的教育遗憾、教育缺陷乃至教育悲剧？这样的错误可能会在我的学生心灵中造成怎样的伤害？这样的错误包含着哪些可以理解的善良意图？这样的错误掩盖着哪些不可原谅的自私而可怕的个人动机？我是否真正从这次错误中汲取了教训，并从中获得了新的教育启迪？……

那是一个冬天的早晨，我和学生正在早读，教室门外响起了一声：“报告……”我一看，是任安妮。我眉头一皱：她又迟到了！于是，便对她说：“在外面站一会儿！”她的眼睛怯怯地看着我，嘴唇似张又闭，好像要向我解释什么，但终于没有开口，便顺从地站在了教室门外。

任安妮是初一下学期转学来到我班的。她身材瘦弱，脸色苍白，说话细声细气。她学习较差。可能是由于身体不太好，常请病假。但是，给我和同学们留下的最深印象是爱迟到。我曾把她母亲请来，向她反映任安妮这个老毛病，并问她是不是任安妮有什么特殊困难。她母亲说，没有什么特殊困难，就是任安妮在家动作太慢，磨磨蹭蹭地耽误了不少时间。于是，我多次找任安妮谈心，要她养成雷厉风行的好习惯，但她仍然常常迟到。因此，今天我再也不能原谅她，必须通过罚她站给她一个教训。

我之所以要罚她站，还有一个原因，就是那几天班上迟到的学生也越来越多，虽然就是那么一两分钟或两三分钟，但我认为这是不能容忍的。因此，我现在企图通过惩罚任安妮，提醒全班学生：决不能迟到！

任安妮在外面大概站了五分钟，我想到如果校长看见了恐怕不太好，便叫她进来。她进来后走到自己的座位上想坐下，我说："谁让你坐了？到教室后面去，在后面那儿再站一会儿！"她的眼泪一下流出来了，但顺从地站在那里，并拿出书来和大家一起读。直到早读课结束，她总共站了15分钟。

上午两节课过后，她来向我请假，说头有点昏，想回家去休息一会儿。我一惊，问："怎么回事？是不是因为早晨站久了？"她说不是，她还说平时她就爱头昏，是老毛病了。于是，我同意她回家休息。

第二天，班上没有一个学生迟到。从教育效果来看，可以说是"立竿见影"。但任安妮却没来上课，听说她回家以后哭得非常伤心，觉得一点儿面子都没有了。过了几天，任安妮都没有来上课。终于有一天，我从她母亲的口中得知，任安妮要休学了。我以为是因为罚站的原因，但她母亲说是因为生病，我问她任安妮什么病，她却没有向我说，只是说医生要求任安妮休学。当时我对她母亲说："真遗憾，任安妮不能和我们一起学习了！但请你一定转告任安妮，身体比什么都重要，不要惦记学习！把身体养好了，明年还可以复学的。"

任安妮的母亲听了我的话，非常感动，不住地说谢谢。但她哪里知道，我这些话都是言不由衷的客套，其实当我听说任安妮要休学后，心里就暗暗高兴，或者说有些庆幸：总算甩了一个包袱！因为学习成绩差的任安妮，每次统考都将我们班的平均分拉下多长一截呀！现在好了，因为没有了任安妮，我班以后的考试排名一定会有很大"提升"的！

半年之后，任安妮返校复学，降到下一个年级学习。在校园不时碰到我，羞怯而有礼貌地和我打招呼："李老师好！"

后来，在期中考试刚刚结束最后一科时，和任安妮同住一个院子的沈建平同学就来告诉我："李老师，任安妮今天早晨……死了……"当时，我无比震惊：她前几天还在校园里和我打招呼，怎么一个鲜活的生命说消失就消失了呢！说实话，那一刻我的大脑一片空白，但有一个念头很清晰，就是我一定要赶在她火化之前为她送行！

我和一群学生刚进殡仪馆，她的母亲就迎上来，用哭哑了的声音对我说："李老师，您这么忙还赶来，真是谢谢您和同学们了！"我心情沉重地说："太突然了，太突然了。我们根本没想到！"她的眼泪又来了："李老师，今天我才告诉你，我的安妮6岁就患上了白血病，当时医生说她最多能活三年。为了让她有个宁静美好的生活，我们一直没有告诉她，也没有告诉任何人。在许多人的关心下，她奇迹般地活了8年。谢谢您啊，李老师！任安妮在最后几天，还在说她想李老师，想同学们。她复学后一直不喜欢新的班级，多次对我说，妈妈，等我病好了以后，你一定要去请求校长允许我回到原来的班级。我想念原来的同学们，想念李老师！"

听了她的话，我真是心如刀绞：在任安妮纯真的心灵中，不知道她所想念的"李老师"曾为她降到另外一个班而暗暗高兴啊！

我和学生们站在任安妮的遗体旁，向她作最后的告别。想到那个冬天的早晨，我让她站了15分钟；想到她那天上午向我请假时我的冷淡；想到我对她其实并不好，她在生命的最后日子却还"想念李老师"……我终于忍不住恸哭起来！

这是我参加教育工作至今，第一次也是唯一的一次因愧对学生而号啕大哭……

当天晚上，我含泪写下一篇近5 000字的文章《你永远14岁——写给任安妮》。在写的过程中，我一遍又一遍地问自己：我对任安妮的愧疚是不是真诚的？我也一遍一遍地回答自己：绝对真诚！但如果往深处思考，我这种愧疚有一个潜在的前提，那就是我不知道任安妮患有白血病，而竟然罚她站。是的，我曾一次次充满悔恨地想：如果早知道任安妮患有白血病，我绝对不可能罚她站的！

问题就出在这里——是不是如果任安妮没有患白血病，或者说如果她仍然健康地活着，我就可以理所当然地罚她站呢？我之所以流下眼泪，是因为愧疚。但这里的"愧疚"仅仅是因为罚了患有白血病的任安妮站，而不是因为"罚站"本身！那么，我的愧疚还是很浅薄的。我应该为罚学生站而惭愧，不管这被罚的学生是不是病中的任安妮！我已经不可能面对活着的任安妮说声“对不起”了，但我每天都还面对着健康而活泼的学生，我应该也必须把我对任安妮的愧疚化作对我今后每一位学生的尊重与善待！

从那以后，我发誓：决不再对迟到的学生罚站！

这么多年过去了，我可以无愧地说：当年面对任安妮的遗容所立下的誓言，我坚守到了今天！

如果仅仅从教育动机看，我当年罚任安妮站似乎是无可厚非的，不过就是想“严肃纪律”嘛！不过是“严格要求学生”嘛！而且如果从教育效果看，我更不应该如此自责而应该很高兴，罚一个任安妮站便换来了班上迟到现象的大大减少。但是，为了达到这个目的，我所付出的代价是什么？是学生尊严的伤害！

任何时候，我们都不应该以伤害学生尊严作为代价，去换取所谓的“教育效果”！教育，绝不能为了目的而不择手段！尊重学生，并不能代替教育本身，这只是教育的前提；但剥夺了学生的尊严，就剥夺了教育的全部！教育，一刻也不能没有人情、人道和人性！

这就是当年体罚（我认为罚站也是一种体罚）任安妮所给我的教训，也是我对此反思所获得的教育启迪。

‖爱，有时会变成一种伤害

仅仅有爱，并不能保证我们的教育万无一失。有时候，我们出于对学生的爱，甚至会做出有悖于爱心的事情。在这种情况下，爱，实际上成了一种对学生的伤害。因此，**师爱的一个重要内容，是教师应尽量（当然，也只能做到尽量）不要伤害学生心灵中最敏感的地方——人的自尊感。**

在这一点上，我的教训多于经验。我曾多次苦恼过：为什么我把整个身心都献给了学生，可一些学生还是对我很冷淡呢？有一次我和一位学生的邂逅，使我找到了答案。那天，我在校园内碰到了原初 84 级（1）班、后就读高 87 级（2）班的付饶。她在我班时，我曾为她花费了大量精力，谈心、补课，不止一次地冒着烈日去她家家访。她呢，也很关心我，初一时，她曾悄悄地把治喉病的药塞进我的寝室里。不料，在那次相逢中，她对我相当冷淡，从仅有的几句交谈中，我甚至感到了她对我的反感。最后她以火山爆发般的口气直言道：“是的，我对你就是恨……你自以为你是为我好，但是你伤过我的自尊心。你还记得初三时我写的那张大字检查吗?”哦，我想起来了，初三时，她违反了学校纪律，我出于严格要求，责令她写了一份检查，并用大字抄出来贴在校园内。当时我觉得这样做很好，因为违反学校纪律的人明显少了，没想到现在……“也许你李老师是对的，‘严格要求’嘛，‘维护集体荣誉’嘛，可是，我却因此而出名了，‘付饶’，全校都晓得了！……”我惊讶于我当时为何没察觉她的不满，“你为什么当时不对我说你的不满呢?”“要毕业了，我怕你……所以，心里不服还是假装诚恳，写了检查……”这以后到现在，付饶每次碰到我都不搭理，但我却不怪她，甚至还感谢她，因为通过她，我毕竟得到了一个有益的启示：如果我们在无微不至地关心学生的同时，又不知不觉地伤害学生的自尊感，那么，这好比是我们一方面热心播撒师生感情的种子，一方面又在粗暴摧残师生感情的幼芽。

在 1984 年秋季运动会上，我参加了男子 1 500 米长跑，精疲力竭之际，我听到跑道旁一个胆怯而羞涩的声音：“李老师，加油……”人声鼎沸之中，这一声最让我感动，因为这是高 87 级一班耿梅的声音，她在初中时，曾被我伤过自尊心。在初中毕业那天，我叫学生给我写一封信，并告诉学生这封信只能给李老师提意见。耿梅这样写道：“李老师，您还记得吧，一年级时，有一次我惹您生气，您找来了我的家长，并且当着全班同学的面不点名地说我是‘厚脸皮’，当时我不服气地争辩了几句，您便叫我站起来，列举了我‘厚脸皮’的六个标志，同学们都盯着我，我没哭。当然您也许是对的，但您却伤了我的心。”读着这封信，我的内疚之情是难以形容的，我甚至想再教一遍这些学生。我想，如果这些学生记恨我，也是我“罪有应得”！但是，耿梅并未记恨我，并且在我危急的时候送来一股温暖的力量，我怎不感到惭愧?

“要是付饶也能像耿梅一样就好了。”我常想。但是，我清醒地认识到，我们的教育对象，更多的是付饶，而不是耿梅，因而我也没有理由因付饶而感受到委屈了。

初 87 级一班的男生彭涛有一次撒谎了，气愤之中，我把他叫到讲台上，当着全班学生狠狠地批评了一顿，好多天，这个学生都闷闷不乐，我猛然意识到，我在“杀一儆百”的同时，又刺伤了一个孩子的心灵，我真是“本性难改”！于是，我及时找他谈心，并诚恳道歉。可是，过了不久，彭涛又欺骗老师、家长，他感到自己不可饶恕，李老师将会从严处理，但我一点儿也没批评他，更没让全班同学知道此事，只是对他说：“相信你会改正。”果然，这以后他表现得很出色，不仅没有再撒谎，而且多次要求当干部，他向全班同学声称：“我有能力当好干部，请同学们不要小看我！”我想，假如他第二次撒谎时，我又在班上批评他，那么他是绝对不会有现在这种自信乐观、朝气蓬勃的精神面貌的。

因此，**我越来越信服这种观点，教师想尽量直截了当地帮助学生改正缺点，把他的缺点公之于众，以使其他学生从中吸取教训，不犯类似的错误，这种方法是最不成功的，因为这无异于开“批判会”，把孩子心灵中最敏感的地方——自尊心、个人尊严、自豪感统统暴露于外，并使之受到伤害，这种教育所造成的损失是难以估量、无法弥补的。**

教师对学生的爱，不仅仅是对自己所直接教的学生的爱，还包括所有——外班的、其他年级的，甚至是外校的——学生的爱。

我曾两次出手打学生，而且在打的时候我都认为是出于对本班学生的爱护。一次是因为高 85 级一班的一个男生到我班来捣乱，另一次是因为高 85 级二班的一个男生在打篮球时欺侮我班小同学。两次打了学生后，我都认为自己是正义的。不错，老师不能打学生，这是小孩也懂得的道理，但我打的不是学生，是流氓。在这种思想指导下，学校领导多次找我谈心，我都不服气。“要爱学生！”“严格，严格，严而有格。”“你不是在给学生读《爱的教育》吗？”校长喋喋不休地教育开导，我却感到委屈万分：“什么？我不爱学生？……”

我班学生是怎么看此事的呢？当然，大多数同学是支持我打学生的：“就是该打！谁叫他欺侮我们，侮辱李老师呢？”但是，也有少数学生直言对我说："老师无论如何也不应该打学生"。有一位同学在日记中写道："您说您不是他（指那个欺负我班同学的男生）的老师，可是在所有看见您打人的学生眼中，您当然还是老师。"随着年级的增高，不同意我打学生的人越来越多了，并以不同的方式教育着我，这在毕业那天学生给我的信中反映得尤为突出。

从这个例子可以看出，第一，以厚此薄彼的态度对待学生，并不是真心爱学生，所"爱"的一部分学生，实际上成了班主任的私有物，因而这种"爱"是自私的，与师德是格格不入的。第二，对外班学生的轻视、敌视、任何不负责任的粗暴，同样会在本班学生中损害自己的形象，降低自己的威望，甚至给学生带来不好的影响。

因此，我现在真诚感谢学校领导和不少老师对我的帮助，我应随时提醒自己，你是所有人心目中的人民教师，而不仅仅是某班的班主任；你周围所有的少年都是你的教育对象，你对他们都负有同样的爱和教育的义务。

‖比"机智"更重要的是"尊重"

我们常常追求一种教育机智，这是不错的。教师的教育机智更多地体现在对教育时机的准确把握、对教育方式的恰当选择、对教育技巧的娴熟运用；但这机智决不能仅仅理解为一种教育智慧或一种教育技艺，而应该是对学生心灵的真诚尊重。我当然同样赞赏教育机智，但我认为，这种机智应该是自然而然地体现出来而不能是人为地"运用"。按我的理解，机智更多的是属于一种技巧，而这种技巧必须注入教育情感才会富有生命。换句话说，离开了师生之间心心相印的感情交融，任何"技巧"都不过是教师的"小聪明"罢了。**人们常说教育是一门艺术，但一些教育者往往把这艺术仅仅理解成一种纯技巧的东西。其实，教育艺术就是心灵的艺术，它对教育者的要求首先不是技艺，而是对每一位学生的由衷热爱和尊重。所以我说，比教育机智更重要的应该是教育者对学生的尊重。**

这一观点，源于我对一次教训的反思。

一天早晨，我来到班上向一位女学生借改正液用，我发现她好像是在抄同学的作业。虽然我知道这个学生有抄作业的习惯，但我还是怕冤枉了她，所以当她把改正液给我拿来时，我小心翼翼地问她："你刚才没抄同学的作业吧?"她说："没有啊！绝对没有抄同学的作业。您看，这都是我的本子。"她当即还把手中的本子给我看。我看果然是她自己的本子。"哦，那是我看错了，真对不起你。"我说这话的时候，的确是感到对不起她，因为我差点冤枉她了。过了一会儿，在还改正液时，为了表达我的歉意，我亲自走到她的桌前把改正液递给她。就在我说"谢谢"的时候，我突然发现她的确是在抄同学的数学作业！当时，我极为愤怒，不仅仅因为她抄作业，更因为她欺骗了我——应该说，是愚弄了我！面对我严峻的眼神，她无言以对，低下了头。

我马上回到讲台上，当着全班学生狠狠地批评了这位学生的欺骗行为："她这样做，既是自欺，也是欺人！"想到刚才我心里对她的"歉意"，我真是恼怒到了极点，于是我越说越气："大家都知道，× ×抄作业是一贯的！她如此弄虚作假，我就有理由怀疑她过去的作业是否都是她自己做的，而她每一次的考试成绩是否都是真实的！"

第二天，班上的另外一位女生尹萍给我写了一封长信。在信中，尹萍首先向我作自我批评："昨天的事，也有我的错，因为是我把自己的作业给× ×抄的。现在，我知道自己错了，我以后一定会改正的。请李老师原谅我。"接着她又对× ×提出了批评。但是，这封信主要还是对我提意见——

"李老师，我觉得您昨天批评××同学有些过火。当然，我理解您当时的心情，××对您撒谎，欺骗了您，您心里当然不好受。但是，您批评××时，为什么要说她以前所做的作业都可能是抄袭的呢?您还说您怀疑她过去的成绩是否真实。当着全班同学这样批评一个女同学，多伤她的自尊心啊！您知道吗，昨天整整一天，××同学都很自卑。吃午饭时，也不好意思和同学们在一起，而是一个人孤独地吃。李老师，我和同学们都很尊敬您，把您当成朋友，因为我们都能感到您是真心爱我们的。但既然是朋友，我就向您说心里话，相信你能接受。我知道您当时也是冲动，但这可能会影响××同学以后的上进心啊！"

读完这封信，我的愧疚是难以形容的。是啊，一个崇尚爱心的教育者竟然如此失去理智地伤害了一个学生的自尊心，这是多么富有讽刺意味啊！我当然有权利也有理由批评××的欺骗行为，但是，我有什么权利和理由因她犯这一次错误就怀疑了她所有真诚的努力呢？我有什么权利和理由要因这件事而摧毁她向上的勇气和信心呢？

怎么挽回这难以挽回的教育失误？当时我想，没有别的办法，自尊心只有靠自尊心换回——我决定用自己的尊严换回学生的尊严。我当即在班上把尹萍同学的信读了一遍，并叫班长把这封信张贴在教室里。我真诚地对学生们说："昨天，××抄作业是该批评，但我对她的批评显然过分了，我武断地说××以前的作业都是抄袭的，更是极端错误的。我向××同学诚恳道歉。我还要感谢尹萍同学，是她帮助我意识到了我的错误，是她提醒我改正错误。希望同学们向尹萍学习，随时监督我！"当天，我又找××个别谈心，再次向她表示歉意。她非常感动，并且也向我承认了她的错误。我说："我们来个比赛吧，看谁先改正自己的错误。"

从那以后到现在，据同学们和我的观察，××的确再也没有抄袭过别人的作业；学习成绩也有了明显的进步。特别令我高兴的是，她对我比过去更亲近了，愿意向我敞开心扉了。

现在分析这件事，似乎也可以说我有"教育机智"。我的确抓住了某些教育机会，巧妙地把坏事变成了好事。但我得实话实说，这种"机智"决非我事前的设计、策划，我当时只是想如何尊重学生，如何抚慰已经被我伤害了的学生的心灵。我之所以要在全班认错，不是为了施展一种"教育策略"，以此来换取学生对我的"敬意"从而达到我的教育目的。绝不是这样的！我当时只是这样想：既然我是当着全班同学伤害了××的自尊心，我就同样应该在全班同学面前向她认错；既然学生错了，老师可以批评，那么老师错了，学生当然也可以批评。在尊严上、感情上、思想上、人格上，师生应该是平等的。如果硬要说我有"教育机智"的话，我宁肯自豪地承认，随着教育实践的增多和对教育失误的一次次反思，我越来越具备了对学生发自内心的尊重之心。

是的，教育需要方法，需要技巧，需要智慧……一句话，教育需要机智，但教育决不仅仅是技术层面的事，它首先是一种“心心相印的活动”。教育机智之树必须植根于“尊重学生”的肥沃土地才会枝繁叶茂。唯有我们拥有了心灵对心灵的尊重，我们才会具备明察秋毫的教育敏感、情不自禁的教育本能和化险为夷的教育智慧。于是，教育者所期待的“最佳教育时机”将随处可见，并且常常不期而至。

‖公开课：追求真教育

1999年，我写了一篇题为《质疑“公开课”》的文章。文章发表后引起了强烈反响，这反响也包括不同意见的争鸣。

有的读者来信问我：“李老师，您难道就没有上过虚假的公开课吗?”我坦然回答：“当然上过！但是，正是对我上过的公开课的反思，我才能够对虚假的公开课有这样的质疑和批判!”

的确如此，从教这么多年，我上过很多次公开课。刚参加工作时，有一次我也为了某种虚荣而在公开课中弄虚作假，并赢得了一些“荣誉”。但随着教育实践的深入，我对教育的思考也在深入，我开始反思自己那次公开课给我带来的所谓“荣誉”，渐渐感到，这些“荣誉”，实际上是我的耻辱。靠虚假课堂换来的“荣誉”难道不是耻辱吗?

那是1985年9月的一个星期天，我把学生召到学校里，为第二天的公开课《我的老师》作最后的准备。按说，我已经准备得相当充分了。我在另外一个班已经试讲过一次，讲完后教研组全体老师又帮我进一步雕琢、打磨，现在连每一个环节所需要的时间都已精确到了“秒”并写进了教案；学生早已在两个星期前就做了充分的预习，充分到差不多每一道课后练习的答案都已经烂熟于心了；为了保证课堂气氛的活跃，我事先安排了几个学生“重点准备”。

但为了“万无一失”，我在上课前的一天，仍然把学生叫到学校，进行有“针对性地预习”。我还特意对全班学生说：“明天上课大家不要紧张，大家一定要展示我们学校我们班的风采。老师提问时大家一定要都举手，别怕。反正我要抽谁已经是确定了的。”

是啊，从教三年多，我第一次在全市“崭露头角”。我感到荣幸，更感到压力——事关面子和荣誉，绝不能“砸锅”！

第二天上课时，我走进教室，面对坐得规规矩矩的学生和后面黑压压的听课者，我稍一定神，便开始导入课文：“同学们，老师是一个普通的字眼，但是，每一个人在成长中都离不开老师……”从孔夫子的地位到刚刚度过的第一个“教师节”，从夸美纽斯“教师是太阳底下最光辉的职业”到毛泽东对其老师徐特立的评价……毕竟背过许多遍了，这段开场白我说得非常流畅，最后我自然引入课文：“可见，每一个人在成长中都离不开老师。那么，我们今天来看看魏巍同志是怎么写他的老师的呢？”……

一切都按“程序”进行：学生朗读之后是教师范读，然后是字词讲解，段落划分……

该学生提问了。学生们果然很“乖”地举起了手。教室里手臂如林，一派“生机勃勃”的喜人景象。然而我很快失望了，因为在林立的手臂中恰恰没有我最盼望的那只手臂。我事先安排提问的课代表竟然没有举手！而我要他提的问题实在太关键了。“作者为何要写蔡老师七件事？能不能少写几件？”如果这个问题提出来，我就可以“顺势”引导学生讨论。

怎么办？我把这个问题提出来吗？不行，那咋叫“以学生为主体”？突然，我急中生智，对学生们说：“嗬！这么多同学举手啊！可我抽谁呢？”我装出很为难的样子，然后又做出终于下定决心的表情：“这样吧，大家把问题写在纸条上，交上来好不好？”

两分钟之后，我一一展开纸条念了起来。念完后我暗中拿起一张白纸，煞有介事地念道：“作者为何要写蔡老师七件事？能不能少写几件呢？”我说：“这些问题提得都很好，说明大家很会动脑筋。特别是这最后一个问题直接涉及课文的写法。大家就先围绕这个问题讨论吧！”

终于化险为夷，我为自己的“教学机智”暗暗得意！接下来的课就上得相当顺利了。最后，这堂“公开课”在学生们《每当我走过老师的窗前》的歌声中结束了。

评课时自然听到不少令我喜滋滋飘飘然的好话：“语言干净而富有感染力”，“学生的思维非常活跃”，“真正做到了以学生为主体”，“真是一次享受”等等。

后来我问那位同学为什么不举手，他说他太紧张了。当时沉浸在成功喜悦中的我没有过多地批评他，但第二学期，我把他这个课代表换下来了。

两年后学生毕业时，我叫他们给我写一封信，专门写“李老师的缺点和不足”。那位课代表在信中提到了那堂“公开课”：

“那堂‘公开课’，你准备了很久，上完后也得到了很多好的评价。可是李老师，我觉得你上得最好的课是平时的课。平时的课自然，而‘公开课’很做作；平时的课我们很自由，而‘公开课’，我们都不敢乱说；平时的课很真实，而‘公开课’则很假。为什么那堂课我没按你的要求举手？其实并不是紧张，而是我很反感你弄虚作假……”

当时我羞愧得无地自容，以至我没有勇气给他回信。但十几年来，我一直忘不了这封信，并一直在用行动回答他，回答我所有的学生。

后来我读陶行知，他给我“真教育”的叮咛；读叶圣陶，他给我“文当然要作的，但是要紧的在乎做人”的提醒；读苏霍姆林斯基，他给我“教育，这首先是人学”的忠告。

我开始问自己：教师在“公开课”上——其实，哪里仅仅是“公开课”？——为了自己教学的“完美”而无视学生的精神自由，让学生成为自己表演的道具，这样的教育难道是我们应该提倡的吗？在学生的心灵与社会的“评价”之间，我应该选择什么？

后来，我多次在文章中抨击语文教育中教师以“引导”为名而一步步俘虏学生的思想，以“主导”为名充当学生心灵世界的精神专制者，这些实际上都是对我自己的教育的解剖。

从那以后的十几年里，我先是从乐山一中调到成都玉林中学，继而又调到成都石室中学，我一直都在实践中探求“主导”与“主体”的科学关系。我发表了《“让思想冲破牢笼！”》、《语文课堂学术氛围的营造》等文章，多次在文章中抨击教师以“引导”为名而一步步俘虏学生的思想，以“主导”为名主宰学生心灵世界的现象。这些抨击也是对我自己教育的无情解剖。

1998年5月，我到天津参加全国性赛课活动，执教《在马克思墓前的讲话》。

赛课的头天晚上，我的内心展开了激烈的斗争，是上一堂“无懈可击”而受到“广泛好评”的课呢，还是上一堂可能会引起争议但真正尊重学生

★1998年，我在天津参加赛课，讲《在马克思墓前的讲话》

的课？那年，我满40岁，已经得过省赛课一等奖了；如果能抓住这最后一次机会拿个全国一等奖，岂不“功德圆满”？但我不甘心放弃个性。陪我赴津的成都市教科所吴玉明老师鼓励我：“拿奖不是第一位的，第一位的是应该展示出你的教育思想！”广东的卢福东老师和青海的郑旭老师也对我说：“李老师，希望你宁愿上一堂真实的改革课，也不要上成虚假的表演课！”

我一下想到了十几年前那堂“成功”的“公开课”，如果仅仅是为了获

奖而又上成“表演课”，这十几年的思考与探索，岂不付诸东流？那个朴素的问题再次涌上心头：在学生的心灵与社会的“好评”之间，我应该选择什么？

最后我告诫自己，绝不能以束缚学生心灵为代价，换取赛课的奖杯！顿时，我胸中豪情万丈，展示个性（我的个性与学生的个性），舍我其谁？

在第二天的课堂上，我一开始就对学生说：“听说同学们已经学过这篇文章了，那么，重新学习，你们有没有新的发现呢？我建议我们今天以一种新的方式来学习这篇课文，争取有新的发现和新的收获。用什么‘新方法’呢？用马克思的精神来学习有关马克思的这篇文章。马克思的什么精神呢？”

我在黑板上写下一句马克思的座右铭——“思考一切。”接着说道：“马克思的战友威廉·李卜克内西曾这样评价马克思‘他是一个彻底正直的人，除了崇拜真理之外他不知道还要崇拜别的，他可以毫不犹豫地抛弃他辛辛苦苦得到的他所珍爱的理论，只要他确认这些理论是错误的。’作为跨世纪的当代中学生，我们理应具备崇尚科学、追求真理的思考精神。所以今天我和同学们就以马克思的独立思考的精神来学习。”

这堂课，我完全让学生自由提问，然后组织学生讨论，我也以平等的一员参与其中。一切都不是我预设的，但一切都是学生的心灵所真正需要的。学生不知不觉地进入了思考的王国，不知不觉地燃起了思考的火焰，不知不觉地展开了思想的碰撞。

在快下课的时候，有个学生问了这样一个问题，“恩格斯为什么要说‘他的英名和事业将永垂不朽’。为什么要用一个“将”字呢？”我组织学生马上围绕这个问题展开讨论，最后多数学生认为，马克思当时所处的环境是资本主义社会，相对来说，社会主义社会和共产主义社会还比较遥远，因此，恩格斯认为马克思的事业“将”永垂不朽，就是说共产主义事业的胜利可能是将来的事。

但是，这个学生继续追问，“如果‘永垂不朽’说的是马克思的共产主义事业，可是，我想，社会主义国家的生命力不是太长，到现在为止，世界上只有几个国家还在坚持高举社会主义大旗。那么，我想问，苏联的解体和东欧剧变，这是不是说明马克思的事业发生了什么问题？这又怎么理解恩格斯所说的‘永垂不朽’？”

这个问题显然超出了语文教学的范围，而且是我事先没有想到的。我完全可以圆滑地绕过去，但面对学生的心灵，我不能这样做！

我继续让学生发表看法，最后我坦然发表了我的看法：从参加马克思葬礼的十几个人到20世纪席卷全球的共产主义运动，从20年前关于真理标准的大讨论到社会主义市场经济的提出，从苏联解体、东欧剧变到中国改革开放的蓬勃生机，从《共产党宣言》不朽的生命力到当代马克思主义邓小平理论的诞生……最后我说“苏联的解体并不是马克思主义的失败，而是把马克思主义教条化的所谓社会主义模式的终结。而中国的社会主义正以自己的发展证明着马克思所开创的人类美好事业的永垂不朽。如果说，《共产党宣言》是人类新纪元的宣言，那么，十五大报告则是新世纪宣言。这是马克思主义不朽的一个象征，更是马克思主义蓬勃发展的一个里程碑！如果马克思恩格斯今天能在这世纪之交，亲眼看着自己所创立的科学理论被中国人民的实践注入新的活力而蓬勃发展，那该多好啊！”

最后，我问那位学生：“你觉得我说的有道理吗？”那位学生真诚地回答道：“您说得有道理。您的话使我想起了邓小平说过的一句话。大意是只要中国人民坚持社会主义，那么世界上就有五分之一的人在坚持社会主义，社会主义的生命力就不会消失。”

……

客观地说，这堂课的确有许多不足，但整体上讲是成功的。成功的标志首先是赢得了学生的好评。下来后，学生们对我说：“我们从来没上过这么真实自然的‘公开课’！”有学生说：“我们虽然一时还不太理解马克思的学说，但我们的确很佩服他伟大的人格！”仅仅是这么一堂课，学生和我有了很真诚的感情——在我离开天津时，他们来为我送行；回到成都后，他们给我写信。

正如我预料的，这堂课果然引起了争议。最主要的批评是说这堂课

"不像语文课"，还有人问"这堂课教师的主导作用何在？"我至今对有些批评仍持保留态度，但我真诚感谢所有的批评者；因为恰恰是不同观点，让我更全面地思考语文教育一些深层次问题。后来我陆续发表的《语文课应该成为学生思考的王国》、《还学生以独立思考的权利》等文章，便是这些思考的结晶。

从教这么多年，我多次上"公开课"，唯有这两次"公开课"我印象最深。有意思的是，当年上《我的老师》，评课者一致好评，学生却不买账；十多年后上《在马克思墓前的讲话》，引起专家和老师们的争议，却赢得学生欢迎。**不能说学生的感受与专家的评价是绝对对立的；但当二者不太统一的时候，教师的选择便折射出其教育观。**这两次"公开课"都促使我思考语文课堂中的师生关系，并带动了我对整个语文教育的探索。

而思考的核心仍是那个朴素的问题——

在学生的心灵与社会的"好评"之间，我应该选择什么？

就这样，我在错误中成长——在自我解剖中走向"真教育"。

纯真而浪漫的初征：放飞教育梦想

——第一阶段反思

现在我经常听到一些年轻老师对我说："刚参加工作，我还是蛮有激情的，但三年过去了，教了一轮学生，我的热情便很淡了。李老师，你是怎么保持教育激情的呢？"

我总是这样回答："尽量地把自己融入学生，让自己尽量有一颗童心，唯有这样才能感受教育的诗意！同时，创造性地工作，让每一天都是新的，使自己不断保持一种超越的激情！"

我并不是教书第一天就"天然"地爱上了教育，爱上了学生。我承认我愿意做教师，但最初我更多的是出于理性的责任感，而实际上内心深处我更爱文学。1982 年 2 月我已经分配到了中学，心里却还惦记着如何把我"创作"的一篇反映实习生活的"中篇小说"变成铅字，以期引起哪位"文坛伯乐”的注目，然后把我这个“文学新星”调到文联或作协。但是，充满蓬勃生机的校园生活，使我身不由己地融进了学生之中，并真诚地爱上了他们。我当然仍有点不甘心放弃“文学梦”，但是，对学生的钟爱不能容忍我因对“文学”的追求而对每一堂课有哪怕是一丝一毫的敷衍塞责。更何况，在学生的身上我渐渐发现教育其实有着至少不亚于文学的魅力。从教不到三个月，我发表了一首短诗（这是我的文字真正第一次变成铅字），题目叫作《眼睛》。小诗的语句我已记不起了，但我至今难忘的是诗中表达的我对学生眼睛的赞美，我说“我从里面读到了纯真”。

随着和学生交往的深入，渐渐地，只要一站到讲台上，或者只要我周围有学生，我总是格外兴奋，觉得浑身有使不完的劲儿。刚参加工作那几年，我每天都紧张而充实，“未来班”的歌声、语文课的朗读、河滩上与学生的滚打、披星戴月的家访、夕阳余晖中和学生的促膝谈心、夜深人静之时日记中的思绪流淌……因为创造，我的每一天都在享受教育；因为激情，我的心每一天都在飞翔。每到星期六下午学生离开学校时，我甚至怅然若失——我要后天才能见到学生们，虽然只隔一个星期日，可这一天对那时的我来说是多么漫长。

还值得一提的是，我刚参加工作就开始把读书和写作当作我教育生活不可缺少的内容，甚至是当作我生活的有机组成部分。以前在大学，虽然也学过教育学理论的课程，但我都不太重视，基本上只是满足于应付考试。可一旦真正开始教育实践，我便越来越感到了自己教育理论的匮乏，于是我尽可能广泛地阅读了大量中外教育名著。其中最让我感到亲切的，是苏霍姆林斯基的教育手记式的著作，而正是苏氏这些几十年的教育手记，使苏霍姆林斯基的著作被誉为“活的教育学”、“教育的百科全书”。苏霍姆林斯基的著作，感情真挚而充沛，思想朴素而深刻，语言平易而精彩，且不乏文学的魅力。在读过一些即使硬着头皮读也实在读不懂的教育“理论”著作后，读到这样朴素亲切而富有感染力的教育名著，我感慨不已，没有令人敬畏的“理论框架”，没有故弄玄虚的深奥术语，通篇只是心灵泉水的自然流淌。这样的文字，其实我也可以写呀！当然，我那时绝对没想过将来也要写什么教育“著作”，但用文字记录下自己青春的足迹，总是一件有意思的事。于是，我也试着以日记的形式写我的教育手记了。

第一篇教育日记写的是这样一个故事：我因开玩笑而无意伤了班上一位残疾同学的自尊心，于是，当天晚上我怀着内疚的心情到他家，向他赔礼道歉。现在看来这是一件微不足道的小事，但当时却深深地触动了我的心灵。不然，我不会写得那么详细，我开玩笑时的得意忘形，孩子委屈的表情，我内疚的心理，我晚上家访迷路时的焦急，我在学生家里和他们的对话，以及告别学生后在回家的路上看到满天星斗时的轻松与喜悦……我都写得栩栩如生，今天读来还有身临其境之感。其实，我当年的每一篇日记大多都是这样一些真实而琐碎的故事，那堂自己感觉特别有新意的语文课《小麻雀》；我带着学生在郊外原野上的一次“疯狂”；去成都春游时我与几个“调皮大王”的“较量”；我与一位陷入“早恋”而深感苦恼的学生的谈心；我带着几个学生以主人的身份走进市长办公室向全市最大的仆人询问家乡的改革大计；我班学生与著名作曲家谷建芬老师的友谊……在写这样的日记时，我没有一点“写文章”的感觉，也没有想发表的动机，只觉得应该用笔挽留住每一天平凡而纯真的日子而已。但现在翻开我当年所写的几十本教育日记，我自己都禁不住感动了，为学生的纯真也为自己的青春而感动。

★80年代的教育日记手稿

当然不仅仅是写故事，我也记录下自己平时在教育教学方面的一些思想火花，一次联想、一回顿悟、一个念头、一缕思绪……我都以随感、格言的形式写下来。“以心灵赢得心灵，用人格塑造人格。”“一个受孩子衷心爱戴的老师，一定是一位最富有人情味的人。”“只有童心能够唤醒爱心，只有爱心能够滋润童心。”“用孩子的眼睛去观察，用孩子的耳朵去倾听，用孩子的大脑去探寻，用孩子的情感去热爱。”……这些散落在我现在著作中的句子，都是我从当年的教育日记中提取出来的。这些思考，也许并不深刻更不“前卫”，但它们是我对自己鲜活教育实践的真切感受，因而，它们也逐渐成了我百折不挠的教育信念。

现在强调“教师的专业化成长”，**其实，对于每一个年轻教师来说，所谓“专业化水平的提高”主要不是脱产学习进修，而是在全身心投入的教育实践中，不断思考，不断阅读，不断写作。实践、思考、阅读、写作，是每一位教师自己培养自己的最好方式。**

我把我的第一个从教阶段概括为“教育浪漫主义时代”。在我的语境里，所谓“浪漫”意味着“激情”、“纯洁”、“温柔”、“赤诚”、“想象”、“诗意”、“梦幻”、“情趣”……从 1982 年到 1987 年，我的教育生活的确是充满着浪漫主义气息的。我至今依然认为，教育需要一点儿浪漫主义，因为少年时代本身就是一个富于幻想的浪漫季节。

写到这里，我想起了我在大学读过的一篇题为《晚霞消失的时候》的中篇小说。小说女主人公南珊有一段话至今我还能大体背诵。“人在自己一生的各个阶段中，是有各种各样的内容的。它们能形成完全不同的幸福，价值都是同样的珍贵和巨大。幼年时父母的慈爱，童年时好奇心的满足，少年时荣誉心的树立，青年时爱情的热恋，壮年时奋斗的激情，中年时成功的喜悦，老年时受到晚辈敬重的尊严，以及暮年时回顾全部人生毫无悔恨与羞愧的那种安详而满意的心情，这一切，构成了人生全部可能的幸福。它们都能给我们带来巨大的欢乐，都能在我们的生活中留下珍贵的回忆。”

这段话同样适用于教育。**因为正如人生的不同阶段有不同的幸福一样，教育的不同阶段同样有不同的主题。理想与现实、玫瑰与毒刺、美丽与邪恶、真诚与虚伪、热爱与憎恶……作为一个完整的人生，都是应该或拥有或经历或感受的，但对于成长于特定学段的孩子来说，是否都应该将这些**

一股脑儿全部展现给他们呢？不，我认为，对于某一年龄段的孩子来说，教育者只应该给他这个年龄最需要的东西。这不是对学生的欺骗，而是对人性的尊重。

因此，我曾大声疾呼：教育，请把童年还给童年！

但我也得承认，我的浪漫主义教育也有致命的弱点：从总体上说，它是“向后看”的“玫瑰色教育”。所谓“向后看”，就是我在心灵深处老想着把《青春万岁》的班集体生活在我的班上重现，老想着把我的学生也培养成郑波、杨蔷云。所谓“玫瑰色教育”，是说我总是想（也的确是这样做的）用“纯而又纯”的思想去教化学生。虽然我和我的学生把我们的班集体命名为“未来班”，但这里的“未来”更多的是一种诗意的修饰，而没有做到名副其实。我们读的课外书，只是《青春万岁》、《可爱的中国》、《红岩》、《欧阳海之歌》，我们唱的歌只是《我们是共产主义接班人》、《我们的田野》、《五月的鲜花》、《华沙革命歌》……我也进行了一些教育改革，但这些改革更多的是一种“优良传统”的“恢复”，而不是真正意义上的“创新”。

我无意彻底否定我最初几年的教育，但如果一味地“自我欣赏”而不严肃反思，我将不可能在教育事业上有更大的作为。在1998年出版的拙著《爱心与教育》的引言中，我是这样评论当年的“未来班”的：“充满浪漫主义气息的‘未来班’，是我第一次有意识比较系统全面的教育实验。……在当时的历史条件下，‘未来班’的教育实践是成功的，其标志固然是它符合了许多通常教育评价的‘硬指标’；但在我的心目中，得意之点主要在于我自觉地发挥了‘集体’的教育功能，注意了各种教育内容和方式的有机融合，善于引导学生自我教育，开始重视学生的个性发展及其精神世界的充实，有意调动学校以外的积极因素参与教育……更重要的是，‘未来班’为学生的班级生活和我的教育生活增添了无穷的乐趣：学生通过生机勃勃的集体生活，切身体验到了成长的乐趣、发展的乐趣、创造的乐趣，他们拥有了自己充实而美好的精神世界；我通过学生的幸福体会到了自己的幸福，通过对‘未来班’的创意、建设和发展体会到了教育科研的意义和教育艺术的魅力所在。……然而，‘未来班’教育模式的缺陷也是明显的。虽然当时我并未意识到这一点，但继续向前推进的教育探索，便逐步向我展示了‘未来班’的缺陷，这就是：重继承，轻创新。……革命传统教育永远是需要的，革命理想主义、英雄主义教育也是我们社会主义德育永远不可缺少的，但是，面对变化了的社会和日益发展的时代，如果我们的教育不及时更新内容，那就必然被社会和时代所抛弃；而且，如果我们的教育只是‘玫瑰色教育’，那么，所培养的学生一旦走上社会必然碰壁。”

教育需要激情，但仅仅有激情是不够的；教育需要浪漫，但仅仅有浪漫是不够的。霞光满天的五十年代已经过去，我不可能老是沉浸在过去温馨的梦境里，更不应该把学生也拉进这美好的梦里。时代在前进，改革开放的巨轮正一路高歌，破浪前行。我的教育也应该面对新的时代，并回答新的主题。

于是，我告别了教育浪漫主义时代，开始了对自己的超越。

第二章 教育现实主义的追求

一、困惑与超越

‖ 把解剖刀对准自己的教育

任何一位教育者都应该同时又是一位思考者。我这里所说的“思考”，更多的时候是一种“自我解剖”。虽然这种思考有时候可能是痛苦的，但任何一个真正的教育者都必须勇敢而诚实地面对自己的心灵，在思考中把握教育的真谛，提升自己的教育境界。

1987年底，乐山市一位品学兼优的三好学生因不能正视社会丑恶而自

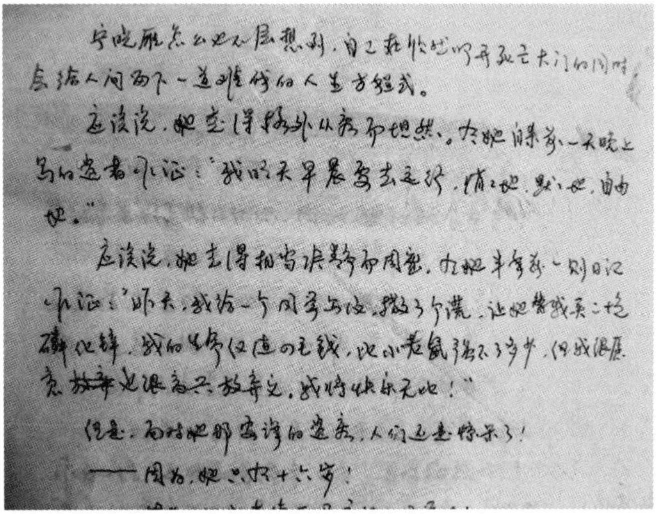
宁晓雁怎么也不会想到，自己在悄悄地打开死亡大门的同时，竟给人间留下一道难解的人生方程式。

——因为，她只有十六岁！

★《她给教育者留下什么“遗产”》手稿（1988年）

杀，成为“真善美殉道者”。虽然这位名叫宁晓燕（化名）的自杀女生并不是我的学生，但面对她纯洁的心灵，我不得不反思我们的——不，首先是我的“玫瑰色教育”。整整半年，我通过剖析这位女生的精神世界进而剖析中国的基础教育更剖析我自己的心灵，写成一篇后来发表在 1988 年 7 月 8 日《中国青年报》上的报告文学《她给教育者留下什么“遗产”》。

不久《北京青年报》刊登了一位中学生题为《难道我们的教育真的毫无责任吗?》的文章——

《中国青年报》在头版给了一位“不知到底为何自杀”的女中学生——宁晓燕以相当可观的版面。像宁晓燕那样热切地追求“真善美”又过于天真的好学生，当今已经很少见。而她走极端的解脱方式——自杀，却大声发出了“在玫瑰色教育下走入社会后感到困惑的众多青少年的呼唤”，以至记者用醒目的黑体字质问道：“难道我们的教育真的毫无责任吗?”

身为一个中学生，对这样的质问并不觉得奇怪。多少毕业生都曾对他们的恩师说：“您教给我们的那一套，在社会上根本不顶用。您想让我们做大好人，可社会容不下我们。”那些头发中有些许或许多银丝的“园丁”，对此往往只是摇头，叹惜世风日下，然后回到课堂仍旧向新一批学子传播他们坚信的正确思想，然而一切往往都只是轮回而已。

……

我们的师长，当您千方百计地想把一个孩子教育成您心目中的好孩子时，您必须正视这样一个事实：青少年身心的成长是一个痛苦而复杂的过程。

当他们在黑暗中感到阵阵孤寂之时，当他们在日记中发出莫名的长吟之时，当他们在拥挤的人群里感到恐慌时，当来自内部外部的无形压力向他们慢慢逼来之时……您不要再拿一些硬邦邦的正确的框框去套他们，不要幻想只要让他们明辨是非就可万事大吉。

可不可以使环境宽松一些，可不可以拿您或别人有益的人生经验去疏导他们拥塞的心灵，可不可以不把学生们当作一部部受教育的机器，而是一个个正在通过他人帮助，更通过自己不断努力而逐步形成的“人”……

为了不让悲剧重演，请给他们以自信力和直面现实的勇气和胆略；请给他们以一颗健康而有强大生命力的心脏；请给他们以一个清醒而有独立思辨能力的大脑；请给他们以一种积极而富于弹性的生活态度……

这期待是给予我们的师长，也是给予我们自己的。

这位中学生虽不无偏激但十分真诚的期待，令包括我在内的许多号称“人类灵魂工程师”的教育者感到脸红！我在《她给教育者留下什么“遗产”?》对我们的教育发出了一声声质问，这决不意味着我的教育就十分高明，因而可以居高临下地去指责其他的教育者。不，当我第一次关注宁晓燕的名字并试图理清她的成长历程、思想轨迹和命运发展时，我就情不自禁地把批判的解剖刀对准了自己的教育。

实际上，在这之前我们对教育特别是德育不是没有反思，但那种“反思”更多是停留在“学生怎么了”，我们总是埋怨“现在的学生真是越来越不好教了”；现在，面对一位品学兼优的女中学生自杀后留下的“教育遗产”，我认为，我们每一位真诚的教育者应该把解剖的刀刃对准自己——“教育者怎么了?”

《她给教育者留下什么“遗产”?》的发表，标志着我的事业开始进入“教育现实主义”阶段。从浪漫的天空猛然跌到坚硬的大地，从田园牧歌的童话一下回到风云变幻的现实，我的反思是痛苦的，但我的解剖是真诚的。1988 年到 1990 年，是我对教育弊端批判最多的一个时期。面对商品经济大潮对教育的冲击和新技术革命对教育的挑战，我写下了一系列批判性的教育文章。其中，发表于 1989 年 5 月 22 日《中国青年报》上的《沉重的思考》最具代表性。

在这篇文章中，我首先罗列了德育危机的种种表现——德育效果微弱、德育方式的虚假、德育内容的陈腐、德育师资的低劣、德育理论的匮乏。接下来，我尝试着剖析德育危机的原因——

从根本上说，目前的德育危机源于两个“冲突”——物质发展与精神建设的冲突，传统文化与现代意识的冲突。

人类对美好生活的追求，总是希望物质发展与精神建设和谐统一，然而在历史发展的每一个具体阶段，二者的发展往往难以绝对保持同步，总是有所侧重。这就必然带来相对的物质危机或精神危机。从 50 年代末到“文革”结束，我们可以说几乎都在抓“精神建设”，以致使物质发展到了崩溃的边缘。最近十年，随着全党工作重心的转移，我们的主要精力是抓“物质发展”。在这一大的历史背景中，即使提出“两个文明一起抓”，但实际上精神建设很难落到实处。因此，德育呈现危机，应该说有一定的社会原因。

孕育了几千年古老文明的中华传统文化无疑是文明宝贵的精神遗产，在今天及未来的时代发展过程中，她的积极因素还必将发挥出强劲的生命力。但我们也不能不看到，传统文化中的一些陈腐意识已经阻碍着我们民族文化的更新，因而正受到一系列现代观念的挑战。而德育作为传统文化的部分，也不能不面临现代意识的冲击。要么在僵化中灭亡，要么在扬弃中新生——处在这历史发展的“交接点”，德育的危机是很自然的。

在文章的结尾，我这样写道——

以上对德育的分析仅仅为个人的一孔之见。批判当然不能代替建设，但建设首先便是批判。正如青年马克思所说“新思潮的优点恰恰在于我们不想教条式地预料未来，而只是希望在批判旧世界中发现新世界。”（《马克思恩格斯全集》第一卷第 416 页）危机也罢，困惑也罢，阵痛也罢……，这一切都是属于我们自己的。让中国教育走出困境、走向未来，这是我们这一代教育者的天然使命，也是我们民族现代化成功的希望。

时间过去 16 年了，今天再来看这篇文章，我明显觉得文中有些观点过于偏颇、语言过于尖刻、情绪大于理智，总之，或多或少打上了那一时期的精神烙印。但这反映了我当时真实的思考，同时，文中所反映的当时的德育危机也是真实的。而且我深深感到，这么多年过去了，本文所提到的一些德育问题并未有大的改观，有的方面甚至更为严重。特别是对学生的总体评价，我们许多教育者总是怀着一种“今不如昔”的心态看待我们的学生。难道我们的学生真的一代不如一代？现在的学生真就一无是处？是学生出了问题，还是教师的思想出了问题？随着时代的进步，我们应该以怎样的眼光来打量我们的学生？如果我们的德育工作者的思维方式仍停留在五六十年代，我们的德育有什么资格侈谈“面向未来”？

‖教育：迎接商品经济的挑战

我的这些思考，表面上看，是因一位女生自杀所引发；但实际上还有着更深刻的时代背景，如果没有这个背景，我也很难有如此深入的思考。这里所说的社会背景，便是当时拍岸而来的商品经济大潮。

20世纪 80 年代中后期，中国的经济改革开始走向“社会主义市场经济”（不过当时还不叫“市场经济”而是称作“社会主义商品经济”），这给教育同样带来了巨大的震荡，教育者们感到了前所未有的挑战。社会主义商品经济的蓬勃发展，日益震撼着长期以来一直相对稳定的教育秩序，圣洁高雅的校园内开始出现了不甚圣洁高雅的现象：教师罢教创收，学生弃学经商……更令不少教育者不安的是，神圣的德育也开始崩溃。一些过去一直行之有效的德育方法正受到嘲笑，一些过去曾激动过千百万人心灵的英雄形象正受到揶揄，过去一直为社会所提倡、所歌颂，也被每一个人引以为自豪的道德观念、思想意识，正被打得粉碎……教师迷茫，学生惶惑。“发展商品经济好是好，可就是把人们的思想搞乱了！”许多教育者为此真诚地为我们社会主义国家的德育前途忧心忡忡。一方面，他们由衷地欢迎经济改革，并接受着商品经济的发展带来的物质实惠；可另一方面，他们又把当前确实存在的德育危机的根源归咎于商品经济的发展，并越来越激烈地怀念五六十年代的学校德育。

我也曾经有过类似的困惑、迷茫与失落感。但是，经过冷静反思，我认识到，**历史前进的步伐是不会顾及人们的脸色、情绪和心理承受力的，不管我们在感情上怎样难以适应社会的种种嬗变，教育者都必须尽早清醒地意识到，道德是经济基础的反映，而非脱离历史发展的抽象观念**。正如我们以前的经济发展主观地超越了历史阶段一样，我们的精神建设也同样违背了历史发展规律而企图一步登天。随着社会主义初级阶段理论的提出和社会主义商品经济的发展，历史在总体上否定旧的经济模式的同时，也总体上宣判了与之适应的旧教育模式（包括德育模式）的死刑，并呼唤着新教育的诞生。所谓“商品经济对学校德育的冲击”，迫使我们的德育不得不从“共产主义”的天上回到社会主义初级阶段的地面，因此，目前呈现出的德育崩溃的危机，是德育新生的转机；商品经济对德育的“冲击波”，恰恰又是催动新的德育格局诞生的推动力。这绝不是历史的倒退，而是历史真正的进步。

我开始琢磨如何让我的教育适应时代的发展，具体地说，那一段时间，我思考最多的是如何在商品经济条件下从事德育，或者说如何有意识地在德育内容中引入、充实一些商品意识和商业精神，使学生具有商品经济的思想观念。这种教育的目的，就学生个人而言，是提高他们将来踏入社会后的适应性和生存能力；就社会而言，是以崭新的精神观念去促进全社会的商品经济的蓬勃发展。我当时认为，商品经济对教育的影响从总体上说是积极的。从教育目的来看，有助于培养出个性鲜明、富于进取的一代新人。从教育内容来看，商品经济意识充实、更新了我们的德育观念。从德育方向来看，商品经济的积极影响与社会主义精神文明的建设是统一的。

我们在欣喜地迎接商品经济对教育改革积极推动的同时，当然也该清醒地看到一些消极影响，并主动采取积极的抵御对策。但在“抵御”之前，必须对目前被认为的众多“消极现象”作出科学的分析。事实上，一些现在被某些教师忧虑的“消极影响”并非是消极的，而是源于教育者自己保守甚至封建思想的偏见。如，出于对金钱的恐惧，便见不惯学生的假期打工。又如，习惯了学生的温良驯服，便看不惯学生的独立意识和独特个性。如此等等。另外，我们还应看到，现在社会上不少不合理现象，虽然发生在商品经济的时期，却绝非商品经济发展的必然结果。把这些“不合理”统统归罪于商品经济实属“不白之冤”。例如，“造原子弹不如卖茶叶蛋”

导致教师厌教和新“读书无用论”抬头，这种复杂劳动和简单劳动报酬的倒挂，恰恰违背了商品经济按劳分配和等价交换的原则。这些不合理现象并非由于商品经济发展的“消极影响”，而是由新旧体制交替中出现的漏洞、社会再分配关系尚未理顺以及旧经济意识和旧道德所造成。根除这些不合理现象，在很大程度上恰恰依靠商品经济的充分、健康发展和全社会人们头脑中商品意识的强化。

当前，由于诸多复杂因素的影响，在发展商品经济的同时，确实再现了一些消极现象，如思想上的个人利益至上和拜金主义，社会生活的各个领域和一切精神领域的金钱化、商品化，互助精神和集体主义品质的日渐淡漠等等。对此，教育者大可不必惊慌。一方面，我们更应向学生进行我国商品经济的社会主义特色的教育。让学生明确，建立在生产资料公有制基础上的社会主义商品经济，是个人、集体、国家利益的完美统一，是谋求经济效益和讲究社会公德的统一，是眼前利益和长远利益的统一。教育学生既要增强商品经济意识，又要自觉抵制资产阶级腐朽思想的侵蚀。另一方面，我们不应把商品意识教育作为德育的唯一内容，而应在注重商品意识教育的同时，加强包括集体主义、人道主义、爱国主义在内的社会主义道德教育，使商品意识教育与德育的其他内容有机和谐地统一在一起，共同发挥积极的教育效益。

我本身不是学经济的，应该说对经济学理论一窍不通。但既然经济发展挑战着我的教育，我就不得不读一些相关的书籍和资

★80年代中后期，不停地实践和思考成了我教育的体现方式

料，同时，我虚心地向别人求教。我有一个很好的朋友，是乐山师范学校的政治老师，他对经济学有一定研究。那段时间，我经常带着疑问往他那里跑，我们经常讨论的主题是：商品经济下的德育改革。

经过学习、思考与讨论，我和这位朋友合写了一篇题为《怎样在学校进行商品意识教育》的文章，发表在《教育导报》上——

商品经济通行着三个基本原则：利益原则、交换原则和竞争原则。这些原则在观念上又各自集中体现为商品经济的效益意识、平等意识和竞争意识。学校商品意识教育的主要任务，就是使学生接受这些观念，并形成相应的行为习惯。

第一，效益意识的培养

劳动者从事商品交换活动都是为了获得一定的物质利益，这是推动商品经济发展的内在动力，是推动现代社会发展的源头活水。对学生效益意识的培养，就是要让学生认识到，集体和个人从事的各项活动，都应达到一定的发展目的。活动所耗不能大于所得。只有提高效益，才能更快地发展。“效益”是综合性概念，就个人来讲，包括知识、信息、时间、物质的有效效益状态有密切联系，但整个社会效益的提高，有赖于社会中每个人学习、工作、生活效率提高。高效率的结果是高效益。

教师应教育学生在各个方面增强效益意识，尽量避免或减少无效劳动，讲求效率，减轻各种浪费。教师应训练学生形成紧张、有序、高效的学习、工作、生活作风和勤俭节约的习惯。特别是在学习上，要注意指导学生改进学习方法，帮助他们合理安排使用时间，并采取措施使学生形成科学、勤奋的学习态度，还要定期评价或引导学生自我评价其学习效率和效益。在生活上，则应指导学生妥善处理好劳逸关系和钱物的合理使用、科学消费。

教师本人应努力提高教学效率，讲究教学艺术，合理安排教学密度、进度，以自身的勤勉、守时、高效为学生做出榜样。学校的各项活动要注意实效，克服长期以来学校普遍形成的节奏迟缓、作风拖拉、崇尚空谈、追求形式主义的陋习。另外，勤工俭学活动也应落到实处，而不应变成另一种形式的义务劳动。

第二，平等意识的培养

商品持有者之间的平等交换是价值得以实现的前提条件。马克思说："商品是天然的平等派。"商品经济的交换原则要求人们具有自由平等意识。培养学生的平等意识，就是要让学生认识到，现代社会生活要求人与人之间拥有并保持人格上的独立、自由、平等，还要使学生了解社会主义公民之间权利与义务的平等性，懂得尊重、维护自身与他人权利的道理。努力使学生具备社会主义社会大力提倡的以双方有利为前提的互相协作精神，养成自尊、尊他、善于交往、善于与人合作、重视各种横向联系的生活态度。

培养学生的自尊感，是使他们形成平等意识的前提。缺乏自尊的人在社会生活中往往不是奴才般的自卑，便是主子般的自傲，不可能真正自尊和尊他。教师应认识到，学生也和自己一样是有着独立人格和民主权利的公民，因此尊重学生，与他们保持人格上的平等。充分发挥学生在教育、教学中的主体作用，反对家长制、一言堂。教师要努力使学生之间实现真正的平等，及时发现学生中可能出现的自卑情绪和自傲心理并予以纠正。教师更要克服有意无意优化"优生"地位、恶化"差生"地位的做法，同时，也应教育学生认识并承认合理差别的存在，防止视平均为平等的倾向。教师还应改变过去一味让学生听话和服从的做法，要培养学生独立思考的习惯，鼓励学生勇于向师长质疑。

学校应努力在工作实践中创设民主、平等、自尊的校园气氛和人际关系，从校长到教师的每一位教育者都应该在思想上把学生看作学校的主人，推进学校管理的民主化、公开化，逐步废除"人治"，实现"校纪面前人人平等"。

第三，竞争意识的培养

价值规律是商品经济的根本规律，它只有通过竞争才能发挥作用。也只有在竞争中，人们才能发现并发展自身蕴藏的巨大创造能力。培养竞争意识的目的，是强化人争强好胜的欲望，并导向社会进步发展的轨道。强烈的事业心和责任感是否形成，是检验这项教育成功与否的尺度。对学生竞争意识的培养，就是要让学生知道，在现代商品经济社会中，竞争以不同形式广泛存在于生活的各个领域和方面，这是推动社会和个人发展的无法回避的外在压力；只有努力提高自身素质，具备知难而上，积极进取的人生态度，才能在未来社会中有立足之地，并取得事业的成功。

学生竞争意识的培养，主要通过学校、班级的形式多样的竞赛来进行。竞赛的内容应包括德、智、体、美、劳各个方面。竞赛的目标，既有为个人荣誉的，也有为集体利益的。竞赛的规模，既可以是学生个人之间，也可以是集体之间（如小组、班级、年级、学校）。竞赛规则经民主商定，事先公布，严格执行。这样做可防止学生对竞赛片面、单一的理解，也体现了参赛机会和条件的平等性，有利于培养竞争中的全局观念和集体主义精神。

学校生活内容要丰富多彩，教育环境要开放，使得校内班级之间、年级之间以及校内与校外之间不断有信息交换，这样能使学生视野开阔，发现自己或自己的集体的不足之处产生奋发进取的思想动力。还要引导学生既看到校内、国内的竞争，又展望民族间、国家间的竞争。使学生懂得，今天校园内的小竞争不是目的，而只是同学们实现共同发展的手段，最终是为了将来为振兴中华而参与国际间的大竞争。

竞争中的失利是难免的，因此必须特别注意培养学生坚忍不拔的意志，使学生在各种竞争中养成乐观豪迈、富有远见、愈挫愈奋的心理素质。我们还应注意保护和正确引导学生的争强好胜性格，不能动辄便斥为“出风头”、“名利思想严重”等等。我们就是要理直气壮地培养学生勇于为民族“争名”、善于为祖国“夺利”的“名利思想”。当然，在培养竞争意识的同时，教育者也应注意及时发现并纠正学生中的嫉妒心理。

学校商品经济意识培养的目的，是使学生具有讲究效率、待人平等、积极进取的现代意识。其意义已远远不仅仅是学校德育的更新，而是在思想观念上造就出一代跨世纪的现代人。

从这篇文章看，我当时的思考是严肃的。那时我非常真诚地认为，在市场经济的社会条件下有效地开展学校德育工作，取决于教育者自己的思想解放和观念更新。我也知道历史不能一刀斩断，传统不能全盘否定，包括过去的教育也不能彻底抛弃；但我们需要的首先是在扬弃中发展，在继承中创新。

‖ 爱国主义教育：通过“改进”来“加强”

1990年前后，党中央提出要加强爱国主义教育。我当然是拥护的，但我对这个“加强”有着自己的理解。我当时认为，要“加强”爱国主义教育，必须改进爱国主义教育。学校爱国主义教育之所以被削弱，除了受整个政治思想工作滑坡的大气候影响外，学校爱国主义教育本身在内容与方法上也存在一些问题，因此，如果要真正提高爱国主义教育的实效，我们既应继承传统，更应大胆改进。针对以往爱国主义教育工作中的某些弊病，我认为，加强和改进爱国主义教育应尽量做到以下五个方面的“统一”。

爱国主义教育与集体主义教育的统一

一些教育者的爱国主义教育效果不理想，并不是因为他们“教育”得不够，而恰恰是因为他们往往“专门地”进行爱国主义教育。这种“教育”的“专门化”又恰恰使爱国主义教育处于孤立的地位。而离开了其他德育内容，特别是离开了集体主义教育的爱国主义教育，无疑是空中楼阁！我们很难设想，一个对集体漠不关心的学生会成为一名具有强烈社会责任感的爱国主义者！作为一种理论、思想或感情，爱国主义与集体主义当然不能完全等同。但是，二者绝不是毫无联系，更非截然对立。集体主义是爱国主义的思想基础，爱国主义是集体主义的扩展升华。我们似乎可以这样说，爱国主义是集体主义在国家关系、国家利益上的体现。因此，从这个意义上看，爱国主义与集体主义是完全一致的。基于这个道理，爱国主义教育与集体主义教育的统一自然是理所当然的了。不过，我们提倡爱国主义教育与集体主义教育的统一，绝不是把二者完全等同起来，更不是用其中一种教育取代另一种教育。而是说，在进行集体主义教育时，应以爱国主义为导向；在进行爱国主义教育时，应以集体主义作铺垫。当然，在开展具体的教育活动时，二者有时的确交相辉映，甚至水乳交融。

爱国主义教育与学生心理特点的统一

我们提倡爱国主义教育与学生心理特点统一，含义有三个方面：一是在内容上，教育者应善于把爱国主义的“大道理”转化为学生容易理解、乐于接受的“小道理”。比如有的班主任在进行爱国主义教育时，先从“了解家乡、热爱家乡”抓起，这便是“化大为小”、“以小见大”的教育艺术。二是在形式上，教育者应针对学生心理，尽量采用生动可感、情趣盎然的教育方法，把空洞抽象的理论教育化为潜移默化的感染熏陶。不少优秀教师在这方面还是颇有创造的。如“中华知多少？”（知识抢答赛）、“在祖国旅行”（象征性旅游）、“与边防战士对话”（录音报道）、“我代表中国！”（模拟中外记者招待会）……三是教育还应因不同学生而异。我们既要看到学生与成人的不同，还应看到不同类型的学生本身也存在差别：小学生与中学生、低年级新生与毕业班学生、城市学生与农村学生、沿海学生与内地学生等等，其心理特点也是千差万别的，要使我们的爱国主义教育真正收到实效，教育者就应该研究学生心理，走进学生心灵，避免教育“一刀切”。

学习英雄模范与学习普通劳动者的统一

我国历史上众多民族英雄的壮举与当代无数模范人物的事迹，无疑是爱国主义的生动教材，通过学习英雄模范来唤起学生的爱国之情，培养他们的报国之志，是学校爱国主义教育的方式之一。现在的问题是，一些教育者在教育学生向英雄人物学习的时候，忽视了引导学生也应向身边的普通劳动者学习，这不仅导致了爱国主义教育途径的单一与狭窄，而且也容易使学生产生认识偏差，仿佛只有伟人才是真正爱国的，因而才值得尊敬。报载，曾有记者同时在中美儿童中进行调查：“你最崇敬的人有哪些？”我国儿童的答案往往是古今名人、英雄模范，而美国儿童的答案大多是自己的爸爸、妈妈和老师。这个现象很值得我们深思：我们的学生只尊敬杰出人物，这难道就是我们进行爱国主义教育的理想效果吗？实际上，一些中学生已经对这种片面的教育提出批评了。在我搞的一次调查中，曾有学生这样写道："一说到爱国，老师便举出一些惊天动地的事业教育我们。试问：天下惊天动地的事究竟有多少？我们觉得这些惊天动地的事自己是很难碰上的，也没能力去做，因而觉得我们这些人很难爱国。"

"伟大出自平凡"几乎成了教育中的套话了，可我们在对学生进行教育时常常忘记这个常识。引导学生既学伟大爱国者又学普通劳动者并不矛盾，而且就学生实际而言，后者更容易让学生接受，也更容易收到实效。对一般学生来说，谁也无法天天目睹世界冠军的拼搏英姿，但他可以天天看见自己周围无数劳动者——家里的父母、学校的老师、街上的清洁工人、民警叔叔默默无闻地为国尽力；谁也不能断言自己将来就一定是科学家，但他起码可以成为一名善良的劳动者；甚至不仅仅是将来长大后才能报效祖国，学生每天的一言一行都可以直接间接地表现出他的爱国情怀。作家柏杨有一句话说得好："什么叫爱国？马路上少吐一口痰，就是爱国。"如果我们这样去教育学生，学生便会心悦诚服地认识到：爱国并不神秘，也不遥远，人人都可以爱国，处处都可以爱国，时时都可以爱国。

自信心教育与危机感教育的统一

爱国主义教育的目的，不仅仅是培养学生热爱祖国的自豪感，同时还要激发学生建设祖国的责任感，这就要求我们的爱国主义教育应该是自信心教育与危机感教育的统一。社会主义制度的优越性和广阔前景，神州大地幅员辽阔、物产丰富、山河壮丽、文明古国悠久的历史和灿烂的文化，古往今来中华民族对世界文化、艺术、科技的杰出贡献和一代又一代英雄豪杰可歌可泣的事迹……这一切都该让学生广泛了解或切身体验，从而使他们感到作为这块美丽土地的主人和一个伟大民族的一员是多么光荣和自豪。但同时，我们还应让学生清醒地认识到，由于种种原因，比起世界发达国家，我们的祖国母亲还不富裕，虽然基本上解决了温饱，但贫穷和愚昧的阴影至今仍笼罩着祖国大地的某些地方，人口危机、教育危机、环保危机等等，还困扰着我们亲爱的祖国。而最大的危机是，在当今世界的科技竞争、经济竞争的战场上，我们民族的生存危机，我们祖国的"球籍"危机！从而让学生感到自己的命运与祖国的前途息息相关，自己的事业与时代的重托紧紧相连，进而产生“担负起天下兴亡”的责任心和“只争朝夕”的紧迫感。

有的教师总担心一提祖国的“危机”，就会使学生“泄气”，其实这种担心是多余的。因为，第一，我们的危机感教育并不是孤立进行的，而是与自信心教育相配合。使学生既看到祖国的光辉成就，不至于自卑失望、丧失信心，又看到祖国的暂时落后，不至于自我陶醉、盲目乐观，这才是科学的、全面的爱国主义教育。第二，我们进行危机感教育的动机，是激励学生“哀兵必胜”的斗志，而不是嘲笑、辱骂自己的祖国，让学生感到一种迫在眉睫的危机，恰恰是为了让祖国早日摆脱危机。这就决定了我们在进行教育时，必须内容适当、方法审慎。总之，只要善于引导，危机感教育一定会产生积极效果的。

还需特别指出的是，自信心教育与危机感教育，应根据不同年龄阶段的学生确定不同的侧重点。一般来讲，就小学生或中学低年级学生而言，应以自信心教育为主，因为对他们来说主要是进行爱国主义的启蒙教育，首先要让他们在了解祖国、认识祖国的活动中觉得祖国可爱；而对于中学生特别是高中生，则应逐步加大危机感教育的分量，使这些思想逐步走向成熟，即将踏入社会的学生对自己担负的历史使命有着充分的思想准备。

教育内容与教育形式的统一

这个提醒似乎是多余的，教育中内容与形式的统一本是不言而喻的。但现在爱国主义教育中内容与形式并不统一的现象的确是有的，其突出表现是离开内容一味追求空洞的形式，甚至导致不同程度的形式主义倾向。因此，这里重提内容与统一，主要是强调爱国主义教育中应把内容放在首位，而不应单纯讲究教育形式的“别出心裁”。当然，在有些时候，为了作动员、造声势，我们可以也应该借助轰轰烈烈的大型活动；在内容真实、感情真诚的前提下，我们也不反对尽量采用一些生动活泼的形式。但是，爱国主义教育首先是一项宏伟持久的精神文明建设工程，而不仅仅是诸如“爱国主义教育周”之类的中心工作或短期运动；同时，爱国主义教育毕竟又是一门春雨润物般滋润心灵的艺术，而不应只是某些节日期间的表演或装饰。所以，现在我们针对爱国主义教育中存在的形式主义倾向，而提出教育内容与形式的统一，就是希望我们广大教育者多在真实的内容与扎实的效果上下功夫，脱离学生真情实感的表演式、竞赛式教育形式不但会引起学生的逆反心理，而且也不可能真正收到教育效果。

在这里，我们不妨听听苏霍姆林斯基的忠告，**“儿童、少年、青年口头上会说他怎样热爱祖国，甘愿为祖国而牺牲，但是这些话本身并不能作为学生所受的爱国主义教育程度的真正标准；教育的明智在于：不要让我们的学生毫无热情地、不假思索地说出这些话来。因此，我们坚决禁止组织这样的竞赛：看谁关于热爱祖国的演讲或作文讲得最漂亮。教学生高谈阔论爱祖国，取代了教学生爱祖国，这是不可思议的事。”**

‖德育观念的碰撞

“观念”似乎是抽象的，因为看不见摸不着；但我们的任何行为总是体现出我们的某种观念，因此从这个意义说，观念又不是抽象的。我对教育(包括自己的教育）的反思，都不是从理论到理论，而是从现象出发进行思考。所以，好些所谓观念的碰撞，实际上是通过具体的教育行为的冲突表现出来的。

有一年，学校针对学生中愈演愈烈的作弊风，决定在半期考试时推出一项考试方式的“改革——跨班、跨年级的“混班交叉”考试，即同一个考室里交叉混合坐着两个不同年级的学生。这种似乎行之有效的改革，一开始就受到我的质疑，我找到学校领导表明我的观点，“这是对学生的不信任!”领导开始是循循善诱乃至苦口婆心地对我解释端正考风严肃考纪的重要性和紧迫性，但我偏偏据理力争，“不能因为极少数学生的作弊行为，而失去对绝大多数学生的信任。而师生之间的信任，是最可宝贵的教育前提!”

说到最后，领导见我仍然想不通，便说：“想不通可以慢慢想，但行动上还得服从。”我很认真地说：“不，我无法做我想不通的事。这次考试其他班分不分我管不着，但我班决不分一个学生出去，我也不许其他班的学生到我班来！”

领导显然很不高兴了，“你能保证你班绝对不会有一个学生作弊？”我自豪地答道：“当然能！请领导去问问科任老师，我班是不是全年级考风最好的班级！”领导也许不知道：我的班早就在平时单元考试时实行无监督考试了！他断然喝道：“那也不行！是这学校的老师就得服从学校大局！”

然而，在我固执的坚持下，那次期中考试我班硬是没有分出去一个学生。当其他班的学生一分为二参加“混半交叉考试”时，我班（也是全校唯一的一个班！）全体学生整整齐齐坐在自己的教室里完成考试！也许是我平时工作态度还算端正，也许是我当时的语文教学成绩还算可以，也许是我的班主任工作还算突出；总之，事后领导居然没有追究我的“公然抗命”，不过，我对这种考试改革的思考却并没有停止。

那段时间我认真思考了这样的所谓“考试改革”的利弊。我觉得这种“改革”行为的背后恰恰是陈旧的观念！我认为，考试过程中也蕴含着教育因素。而这种考试方式，恰恰把考试应有的教育因素抹杀得干干净净。

苏霍姆林斯基说：“学校所做的一切都应该包含深刻的道德意义。”一般说来，学校的教育可以分为两类：一是有意识、有计划的专门德育（如班会课、团队活动以及各类德育活动），另一种是无意识的、渗透在学校工作各个方面、各个环节中的教育因素（如教育环境的影响、教师为人师表的感染、教学过程中的潜在教育等等）。而考试方法与考试过程，在客观上无疑也包含着教育因素，其表现至少有三点：

一是考试应该有利于培养真诚的师生关系。学校的常规考试，一般是每班安排一名监考教师。监考教师的职责当然有监督、防范的一面，但这只是针对可能出现的个别作弊学生而言；而对大多数学生来说，监考教师的职责则更多地体现出关心、服务的一面。在考试过程中，教师真诚的安慰、亲切的提醒以及耐心解答学生有关非考题内容方面的疑问、应付解决学生在考场上出现的突发性困难等等，这一切无不使学生感受到老师的一片真情，从而产生对老师的由衷的敬意，以强化师生间的深厚感情。而在“混班交叉”考试的过程中，虽然监考教师也有关心、服务的一面，但这种考试方法使监考教师首先意识到的是如临大敌的防范，而在学生的眼中，教师也不啻是“警察”。在这充满潜在敌意的气氛中，考试方法所产生并强化的是师生间的对立与反感。

二是考试应该使学生感到来自教育者的尊重与信任。离开了尊重与信任，就谈不上任何教育，而且这种对学生的尊重与信任应该真诚自然地体现在教育、教学的一切环节。在考试过程中，教师的尊重与信任，能使学生产生“我应该值得老师的尊重，我不应该辜负老师的信任”的思想感情，从而强化学生的自尊自爱之心。这既是教育的有利条件，也是教育的良好效果。相反，采用“混班交叉”考试的方法，让学生置身于不被信任的氛围中，学生会产生强烈的逆反心理、自卑情绪，因而作弊的念头也许会更加强烈，作弊的手段可能会更加高明（事实上，实行“混班交叉”考试后，作弊现象仍未杜绝）。更严重的是，通过教育者平时的精心教育，大多数学生已经开始形成的自尊自爱之心，也会在一次次如此充满不信任气氛的考试中被教育者自己无意而无情地摧毁！

三是考试应该成为学生自我教育的机会。真正成功的教育是自我教育，而学校考试应该也可以成为学生自我教育的机会。学生身置考场，面对试卷，也面对自己的心灵，既进行学业考试，也进行道德考试——而后者的监考人正是学生自己。他要同可能出现的“邪念”作斗争，要随时提醒自己、警告自己甚至谴责自己，以保证自己交上一份道德上获满分的试卷。当他圆满地完成这种“双重考试”时，他会由衷地感到一种人格上的道德自豪感：“我能够战胜自己！我是一个纯洁的人！”而在“混班交叉”考试中，这一切都消失了。学生不但只是单纯地在“应考”，

★这是1988年12月，《教育导报》对我报道的文章《困惑者的自述》压题照

而且在道德上也是处于受歧视的位置。学生的潜在意识不再是问心无愧，“我不会作弊，我也不应该作弊！”而是胆战心惊，“我没条件作弊！我也不敢作弊！”这样，学生自我教育的心灵搏斗和完成自我教育后形成的道德体验都被教育者剥夺了！

我从类似“考试改革”这样的教育行为背后的陈旧观念联想到更多的阻碍教育改革的观念，尤其是德育观念。批判，不仅仅是为了摧毁，更是为了建设。我在剖析德育弊端的同时，呼唤着德育加强和改进。

二、站在理论的制高点

‖穿行于人文精神的长廊

从教20余年，我可以这样说，我一直在不停地阅读，这已经成了我的生存方式之一，或者干脆说，“阅读欲”就是我的“生存欲”。这种“阅读欲”源于自身的危机感。比起朱自清那一代中学语文教师——朱自清也曾在中学任国文教员——我们这一代语文教师有许多先天不足，无论我们现在如何“知名”，我们事业的“辉煌”都是有限的。我拿朱自清作为语文教师的典范，也许有些人会觉得太遥远，而且太理想化；那么，我就说一个近在身边的人，他就是我的岳父——乐山一中语文退休教师万鲁君先生。

20世纪40年代毕业于四川大学法律系的万老先生今年84岁，解放后一直任高中语文教师，“文革”中仅仅因为大学毕业后曾在旧法院工作过几天，便被开除公职遣返回乡，饱受苦难，直到粉碎“四人帮”后才恢复名誉和工作。1982年我毕业分配到乐山一中，有幸和他成为同事；不久他便退休了，但后来我有幸成了他的女婿。他曾对我说：“年轻时我有一个梦想，要么做大作家，要么当名教授。”凭我现在对他智商、学问的了解，如果不是遇上那个可诅咒的年代，他完全可以实现这个梦想。至少，如果政治清明，他完全可以成为于漪、钱梦龙那样享誉全国的特级教师。他首先是一个非常高尚的人，在我老家，凡是知道他的人无不对他的人品钦佩不已，儒家关于修身养性的思想，已经化作他自然而然的生活方式，他的同事他的学生都把他当作身边的雷锋。他的国学功底相当深厚，二十四史是读通了的，文史哲信手拈来，好书法，擅长写古典诗词。身体之健康更是令许多人羡慕，他从38岁那年开始每天洗冷水澡，一直坚持到今天。也正是这健康的身体，使他思维至今相当敏锐活跃，现在仍然勤于阅读和反思，关心着中国的经济发展和政治体制改革，关心着中国的民主化进程，也关注着国际风云变幻。

和他相处，我既感到幸运又感到尴尬。幸运的是，20多年来，万老先生一直是我身边的一本百科全书式的“教参”，他全方位地熏染着我。如果说我今天在教育上有了一点成绩，首先归功于万老先生对我的影响。尴尬的是，我总是自觉不自觉地把万老先生当作一个“参照物”，和他一比，我真是觉得现在的语文教师远不如他们那一代的。这种不如，至少体现在三个方面：一是学问功底。万老先生在小学时便接触了大量的传统经典，而我是在“批林批孔”“评法批儒”的喧嚣声中成长起来的。由此产生的文化差距，简直天渊之别。二是为人境界。**有了古今中外人类文明精华的滋养，哪怕是一个默默无闻的普通人，其人格也自成境界。**我岳父那种善良、正直、坦荡、超然、淡泊，使我相信这个世界上的确有“纯粹的人”。三是现代意识。万老先生年轻时所处的时代，使他关于民主、科学、宪政、人权等意识非常浓厚，至今我和许多朋友聊的一些“启蒙”的“前卫观点”，在他看来都是最基本的常识。现代化、全球化、民主化……是我和他经常谈论的话题，但对话中我常常觉得自己捉襟见肘，而万老先生却游刃有余。

我当然知道，我和我岳父之间的文化差距，绝不仅仅是语文知识能力方面的差距，主要还是历史与时代造成的。虽然如此，我仍然努力在精神上接近万老先生，正是在这努力接近的过程中，我的精神境界也或多或少地有所提升。因此我并不自卑，我觉得我们这一代人也有许多引以自豪的地方。

我们这一代人，或者就说我自己吧，有着真诚的理想主义情怀和庄严的社会使命感。和现在的年轻人不同，我的启蒙读物大多是红色经典，这些红色经典已经并且还将继续影响着我的精神世界。回想我自己的中小学时代，虽然是在“文革”中，但一本本或没有封面或残缺不全的“禁书”：《红岩》、《欧阳海之歌》、《林海雪原》、《草原烽火》、《苦菜花》、《钢铁是怎样炼成的》、《红旗飘飘》等等作品曾经是那样地激动了我一颗少年的心！**随着时间的推移和时代的变迁，这些书所浸透的阶级意识、政治信仰、思想观点等等，可能会渐渐在我心中蒸发，但通过文学形象所传递并最终过滤结晶的精神内核——正义、理想、气节、忠诚、刚毅、激情……则溶入了我的血液，化作了我一生坚贞的信念。这种信念，使我将我的教育视为实现我社会理想的途径。**

说到社会理想，我得自豪地提及1979年。作为“文革”的精神受害者和“文革”后恢复高考的首批大学生，我在大学校园里，迎来了我的“精神涅槃”——从现代迷信走向思想自由。我经常对别人说：“我虽然没有赶上1919，但我有幸经历了1979！”党的十一届三中全会所带来的思想解放运动，在那一年拉开了序幕。我看到了一个刚刚从噩梦中醒来的民族正迸发出无限的生机活力，而作为这个多灾多难民族的一员，我很自然地把自己的未来同我们民族的命运紧紧地联系在了一起，直到现在。

祖国改革开放的春天，使包括我在内的每一个年轻人也迎来了自己人生和事业的春天。这是我们比老一辈语文教师幸运的地方。多年后，于漪老师曾对我说：“唉，我们这一代语文教师被耽误得太多了，那时候，谁敢研究教育啊！连写篇文章去发表都要被批判为‘白专’，更不要说著书立说了！你们真是幸运，赶上了好时代，一定要珍惜啊！”我岳父也曾对我说：“唉！我们那时连批改作文本都得看看学生是什么成分——如果是贫下中农的子弟，即使作文写得不好也不敢打低分啊，要不然……”十几年来，他多次在我面前感叹道“还是你们现在好啊，赶上了好时代，可以在事业上放手大干一场。你们现在实际上也是在圆我们当年的教育理想之梦啊！”

无论著名的于漪老师还是不著名的我的岳父，他们都把未圆之梦托付给了我们啊！记得我当时对于老师说：“我明白您的意思，在我们这一代年轻教师的肩上，承受着两代人的使命！你们当年由于时代造成的事业上的遗憾，要由我们来弥补。”

然而，“弥补”需要功底呀：学问的功底，学识的功底，于是我如饥似渴地阅读。喝“文革”狼奶长大的我，除了读过上面所说的几本禁书，我的心灵完全可以说是一片文化荒漠。我还记得大学一年级时的一个细节：我去图书馆借书，管理员问我书名，我实在不好意思说是借《家》，只是用手中的笔指点着借书卡上的书名登记。因为我旁边站着许多同学，我实在怕他们笑我，“哼！居然连巴金的《家》都没读过！”接下来的几年，是文学名著和其他人文著作的“暴饮暴食”。再后来，进入了80年代一直持续到80年代末，我阅读的视野更加开阔了。我曾在一篇文章中说过，我非常怀念80年代那“万类霜天竞自由”的人文学术氛围。正是那样一个宽松的氛围中，我读了大量的人文学术著作。这些著作的观点我不一定都能理解，或者即使理解了也不一定都赞同，但这些著作不仅开阔了我的思想视野，更主要的是，它们让我越来越明确地意识到自己的身份：“我是一名知识分子！”**从那时我就提醒自己，尽管我也许一辈子都只是一名普通的语文教师，但这不妨碍我在三尺讲台上通过语文教育传播人类文化精华，以行使一个知识分子推动社会进步的神圣使命。**

这些阅读不但赋予我独立思考的信念，而且让我从历史和文化的角度俯瞰语文教育。我越来越不愿意把自己当作文章学、修辞学、语言学、考试学的分析家甚至只是教材与教参的熟练操作者，而首先是文明的传播者、思想的启迪者、人生的导航者。这些阅读对语文教学并非没有关联，相反它能直接让语文课变得丰满而更有深度。比如《城市季风》会使我从京派文化和海派文化的角度理解中学语文教材中老舍、郁达夫、夏衍、巴金乃至叶圣陶、朱自清等人的作品；《东方诗魂——屈原与中国传统文化》使我能够比较准确地把握《涉江》中体现出来的屈原个性和屈原精神；而《青楼文学与中国文化》则让我更加全面而深刻地认识白居易《琵琶行》中的情绪蕴含和人生哲理……

应该说，参加工作后，这种语文教学以外的阅读也是受了我岳父的影响。我发现，岳父读的书多数并不是语文教学的专业书，而是文学、历史、政治等人文书籍。正是从他那里，我知道了，一个语文教师应该有着远比“语文”更宽阔的人文视野。当然，这样说并不意味着语文教学和教育本身的著作不重要，而是说教语文不能就语文论语文，要从教育的高度看语文；搞教育不能就教育谈教育，要从社会的高度看教育。应该说，我的阅读还是有盲区的，比起我岳父，我对许多国学经典至今没有涉猎；而相对于现在的年轻人，我对当代外国文学也比较陌生，还有现代民主政治的有关著作读得也很有限。不过，我至今坚持着阅读的爱好，我想视野会越来越宽的。

‖教育，不仅仅指向科学，它同时属于人文学科

当然，我还阅读了大量教育理论著作，这些阅读必然引起我对自己的教育以及当今中国教育的深入思考。我比较关注教育理论上的各种学术争鸣，这些争鸣常常引起我的思考。比如，关于“教育是否是科学”的争论，便促使我也思考这个问题。

我同意“教育不是科学”这个观点。当然，这不是我提出的观点，许多学者早就对此著书撰文论述。但是我是同意这个观点的，而且我对这个观点有着自己的一些理解。

我认为，讨论这个话题，我们至少要弄清“教育”与“科学”这两个概念，我们是在什么意义上说“教育”与“科学”？

先说“科学”。比较公认的解释是：“反映自然、社会、思维等的客观规律的分科的知识体系。”（《教育大词典》）这是在名词意义上的解释，还有一个形容词意义上的解释，就是“符合规律的”或者说“符合实际的”之类的意思。比如“教育要符合科学”“这种教育不科学”（或“很科学”）。显然，现在人们的争论点不是后者，而是前者。因此，“很科学”之类的意义我们可以排除在我们的争论之外。

再说“教育”。简单地说，教育“是传递社会生活经验并培养人的社会活动”。

作为“社会活动”的“教育”应该是一种“实践”，而“实践”怎么可

能同时又是“知识体系”呢？因此，在这个意义上说，教育不是科学。

其实，要弄清教育是否是科学，还可以从面临的对象上入手。科学要解决的是“物”的问题，即使是研究“思维”，也是从逻辑形式方面抽象地进行研究，基本上不涉及人本身的情感、价值等等因素。而教育要解决的，是“人”的问题——准确地说，是人的心灵的问题（因为医学也是解决人的问题）。

为什么我们说“教育不是科学”，有的朋友老想不通呢？这可能是把“教育”同“教育学”混淆了。在日常生活中，我们说“从事教育”“学教育”“搞教育”，这三个教育的含义是不同的。“从事教育”意思是“教育实践”；“学教育”的“教育”是指“教育学”；“搞教育”的“教育”，可能是“教育实践”也可能是“教育学研究”。

如果说“教育学是一门科学”，我是同意的，因为教育学是总结教育实践经验、概括教育实践活动的系统理论。

但是，把“教育学”、“教育研究”完全当作一门纯粹的“科学”，这是值得商榷的。

教育，这里指的是“教育学”，不仅仅指向“科学”，更指向“人文”。

人们现在一般认为，人类有三大知识体系（当然，这是相对区分的）：自然科学、社会科学和人文学科（注意：不是“人文科学”而是“人文学科”）。我同意这种说法。与自然科学和社会科学不同，人文学科构成了一种独特的知识体系，是关于人类价值和精神表现的人文主义学科。自然科学关心的是事实和规律（因果联系），社会科学（比如社会学、管理学等等）关心的是组织和效率，而人文学科则关心的是价值和意义。

那年我在陕西师范大学读书，著名学者尤西林教授给我们讲课时，我第一次听到“人文学科”这个词，感到很不解。因为我以前都说的是“人文科学”。当时我就在课堂上举手问尤西林教授，“为什么不说‘人文科学’而要说‘人文学科’呢？”我至今记得尤老师很潇洒地一挥手，斩钉截铁地说：“‘人文学科’千万不能说成‘人文科学’！这不是一个用词的问题，而是涉及我们对人文精神、人文世界、人文意义的理解。因为人文学科不是科学！”

是的，我现在越来越接受这种观点——人文学科不是科学！

作为实践层面上的“教育”，无疑不是科学。可能这不会有多大的争议。当然，具体到教育教学内容，我们会涉及科学知识（自然科学和社会科学），也会运用一些科学方法。这是毫无疑问的。但教育实践本身不是科学。因为它所涉及的对象，既不是物质也不是社会而是人的内心。但现在正是因为一些教育者不自觉地把教育实践的过程当作科学技能的施展，当成知识的传授、技能的训练，所以，师生关系成了人与物的关系。科学中的客观、冷峻、共同规律，取代了教育中应有的对情感、心灵交融和对独一无二个体心灵宇宙的关注。

作为理论层面上的“教育”稍微复杂一些。关于教育学的归属是属于自然科学、社会科学还是属于人文学科，学者们至今仍然争论不休。在教育学研究方面，几百年来，一直存在着“科学”与“人文”的两种思路和方法。

在古代，无论中国还是西方，这个问题是不存在的。因为当时“一切尽在哲学中”，教育学当然也不例外。但到了近代自然科学取得成功之后，实证主义把自然科学奉为人类知识的典范，因而在人文学科领域掀起了一股实证化的思潮，而且一切学科都必须经受“科学性”的检验，在此背景下，教育学开始向“科学”进军。

无论如何，教育学向科学进军是一种历史的进步。因为不但自然科学知识本身充实了教育的内容，将教育从单纯的道德教化扩展到爱智精神的培养，而且一些自然科学手段的引进也推动了教育研究的向前发展。这个意义或者说这个功劳，至今没有磨灭。

但从赫尔巴特开始，教育学逐渐走上了一条科学实证化的道路。它先以心理学为基础，后以社会学（调查统计）为榜样，到了现代，教育研究又开始运用社会调查、统计、测量等方法与技术，“教育心理化”的趋势越来越成为主流，并以此奠定并强化“教育是科学”的观点。到了当代，不但“信息输入、输出、反馈”之类的短语成了教学过程常见的描述用语，而且“教育技术化”成了时代口号。正如学者杜时忠所批评的那样“不仅教育过程的目的在于追求经济效率，即‘在最短的时间内灌输最大数量的知识给学生’，而且教育研究也讲究效果，即对教育实践的改进和教育研究更加实证化、科学化。”金生鈜博士也曾这样尖锐地指出“自然科学和大工业生产不仅在教育实践上引起了培养目标、培养方式、培养内容的极大变化，同时也影响到教育理论的研究。教育研究试图把自然科学的实证方法应用到研究中，把自然科学的方法论作为教育研究的方法论，试图纯粹经验地描述事实获得精确的、客观的、可检验的知识体系，把实验方法和统计方法作为活的教育理论知识的唯一可靠的来源，而把不能实证化的价值问题等排除在研究之外。20 世纪 60 年代，教育学的研究更加经验科学化，K.克劳尔、W.布瑞钦卡、L.M.阿利希和瑞斯纳等人以科学的实证研究范式，试图建立教育现象与事实的因果解释理论，把理论法则化和操作化，把教育技术化。他们试图提出说明教育现象的技术公式，并将之推用到教育实践中去。”对教育研究来说，这是一幅多么可怕的“科学”前景！

也许有人会认为，如果以“教育”（包括教育理论研究的教育学和教育教学实践）的对象是价值、精神与人性为由而将其纳入人文学科，是不妥当的，因为教育不仅仅探讨这些问题，比如学习的规律，比如有效的教学，这些是否都属于“价值、精神与人性”的范畴呢？

教学，作为以课程内容为中介的师生双方教和学的共同活动，它从属于教育，或者说是学校实现教育目的的重要途径。其特点是向学生传授系统知识、技能。当它作为一种活动时，是以一种社会现象存在的。这种活动本身的确有着一些规律性的东西。在这个意义上，教学研究带有一种科学（社会科学）的味道。但这无法抹杀教育的人文学科色彩，从宏观上讲，教育是人格引领、心灵感染、智慧启迪，的确属于“价值、精神与人性”。我始终认为，学科教学的目的是为人格培养服务的，而不是相反。以教学代替了教育，正是现在教育存在的严重问题。有人将其概括为“教育的教学化”。

正是出于对这些观点的理解和赞同，更基于我对自己教育实践的理性反思，我现在越来越坚定地认为，教育学不仅仅有科学的特点，它更有人文学科的属性。

因为它更多关注的不是因果，不是规律，不是物性，而是价值，是精神，是人性。教育学研究的教育现象，不是精确的而是模糊的。在教育实践中，教育者和被教育者的关系不是人与物的关系，而是人与人的关系。准确地说，教育者和被教育者已经融为一个整体。虽然教育学研究中不排除自然科学和社会科学的研究方法乃至容纳其研究成果，比如前面所说的心理学、社会学，还有经济学、物理学、数学和现代信息技术等等。但是，这并不意味着教育就仅仅是一门纯粹的科学，而无视其人文学科的特点。

在人们不重视教育的科学性时，我们强调教育研究的“科学性”是必要的。但今天，当教育研究正走向“唯科学”或者说“科学主义”的时候，我们强调教育学不仅仅是科学，更是属于人文学科，是有现实意义的。

“唯科学”教育思潮，试图以“科学”来解释教育学，并以自然科学的学术规范来规范教育学研究，因此，讲究“严密的体系”、“崭新的范式”以及令人眼花缭乱而又昙花一现的“学术名词”；于是，各种一线老师读不懂的教育学论著便应运而生了；而苏霍姆林斯基等人的著作则被不少“教育家”们讥为“没有体系”。而“唯科学”（不客气地说，实质上是“伪科学”）的“研究成果”总是散发着自然科学的气息：公式、图表、曲线……因为在他们看来，如果没有统计数据和调查材料，似乎就不能算学术论著。尤其要命的是，“唯科学”教育思潮，把教育实践也视为“科学的技术操作”，把学校当作“人力加工厂”，把教师当作工人，学生当作加工对象(既然如此，师生之间哪有“朋友”之说)，在教学过程中甚至在教学方法上，都追求一种规范、统一、精确、共性的程序和法则。在教学内容上，丰富多彩的教学内容被“科学之刀”精确地肢解、切碎，然后往学生脑袋里源源不断地注入……

还是那句话：在教育（包括教育学）向“科学”进军的过程中，“人”失落了！

最后我要强调的是，我们强调教育的人文性，并不排斥教育中的科学教育。换句话说，我们反对教育中的科学主义，但与此同时则大力弘扬教育中的科学精神，比如求真精神、批判精神，等等。科学精神是一种不迷信任何权威的自由精神，这与人文精神恰恰是相通的。在愚昧仍然盛行的中国，这种科学精神尤其需要。

毫无疑问，教育学应该超越科学与人文的对立而追求一种以“人文”为主同时融合“科学”的有机整合。这是一种理想境界。但在今天科学主义泛滥的时代，在“唯科学”思潮仍然在侵吞教育的时代，我不得不大声疾呼：

教育，不仅仅指向科学，它同时属于人文学科！

‖追求为了“人”的教育目的

教育目的究竟是什么？这是我那一段时间思考的问题，因为这一看似宏观的理论问题关系着我每一天微观的教育行为。

但这似乎不是个问题。“我们是共产主义接班人，继承革命先辈的光荣传统……”《中国少先队队歌》中的这两句歌词，早已以孩子的口吻说出了大人的教育目的：培养“接班人”，“继承传统”。当然，就社会主义教育的功能而言，培养“共产主义接班人”一点错都没有，而且“革命先辈的光荣传统”永远都是需要“继承”的。问题是，如果我们以“与时俱进”的眼光看，这歌词显然不能完全满足我们今天时代的需要，其表达的教育目的是不完整的。

我查阅了相关书籍资料。事实上，早在1985年5月，《中共中央关于教育体制改革的决定》就进一步明确了邓小平对新时期我国人才培养的质量要求，“所有这些人才，都应该有理想、有道德、有文化、有纪律、热爱社会主义祖国和社会主义事业，具有为国家富强和人民富裕而艰苦奋斗的献身精神，都应该不断追求新知，具有实事求是、独立思考、勇于创造的科学精神。”这一表述完整地概括了我国教育目的对所培养的人才的素质要求，是符合我国国情和青少年身心发展的特点的。其中“不断追求新知，具有实事求是、独立思考、勇于创造的科学精神”的要求比起单纯的“继承革命先辈的光荣传统”，已经是一个非常了不起的进步了。

这一培养目的更深刻的进步意义，在我看来，还在于它体现了教育目的双重性的和谐统一，亦即个人与社会的统一。

我跋涉于古今教育理论，发现从古到今在教育目的上，一直存在着“个人本位”和“社会本位”之争——有的学者将前者叫作“教育的内在目的”，将后者叫做“教育的外在目的”。

“个人本位”的教育目的观，以卢梭、康德、施莱尔、马赫、福禄倍尔等人为代表。他们的共同点是，主张教育的根本目的在于使人之为人的本性得到最充分最完善的发展，因而教育目的理应根据人的本性之需要来确定。“社会本位”的教育目的观，以涂尔干、纳托尔普等人为代表。“社会本位”教育目的观的核心，在于根据社会需要来确定教育目的，而教育目的就在于把受教育者培养成符合社会准则的公民，使受教育者社会化，保证社会生活的稳定和延续。

教育目的上这种“个人本位”与“社会本位”的二元对立，在杜威那里似乎得到某种程度的统一——儿童是教育的出发点，社会是教育的归宿点，正像两点之间形成一条直线一般，在教育出发点的儿童和教育归宿点的社会之间形成了教育历程。由此我们看到，个人与社会的统一或者说个人的生长与社会的改造的统一，正是杜威所思考并追求的教育目的。

从理论上讲，理想的教育目的应该是个人发展与社会进步的和谐统一。但这种理论上的“统一”对某一具体的历史阶段而言，很难绝对实现。“事实上，在不同的历史时期提出了大量的目的，这些目的在当时当地都具有巨大的价值。因为目的的叙述乃是一个在一定时间所强调的重点不同的问题，我们并不去强调不需要强调的东西。这就是说，有些东西已经很受重视，就无需强调。我们往往根据当时情境的缺陷和需要来制定我们的目的；凡是正确的东西或近乎正确的东西，我们都视为当然，就不必明确论述。我们根据应该进行的某些改动来制定我们的明确的目的。在一定的时期或一定的时代，在有意识的规划中，往往只强调实际上最缺乏的东西，这并不是一个需要加以解释的矛盾。”杜威这段话非常精辟地说明，无论是“社会本位”还是“个人本位”，放在具体的社会背景中都有着相对的历史合理性，因为人们总是根据所处时代所面临的当务之急而对人或社会有所侧重，进而在教育目的上呈现出不同的偏重。

我由此受到启示，**尽管教育应该既为着个人发展又为着社会进步，但从根本上看，最终还是落脚到人本身的发展与幸福，因为教育是对“人”教育，所以必须符合“人”的本质。个人发展与社会需要之间当然最好是达到“最佳平衡”，但这种“最佳平衡”事实上是不可能的，“我们往往根据当时情境的缺陷和需要来制定我们的目的”，即根据特定历史背景下教育的“缺陷”而必然在教育目的方面有所突出。在当前，我们尤其需要突出“人”！**

关于教育目的，有一本书对我的影响特别大，这就是有“国际教育文件”之称的《学会生存》一书。该书对传统的教育目的观进行了批判性的清算，指出目前的教育“为了训练的目的，一个人的理智认识方面已经被分割得支离破碎，而其他的方面不是被遗忘，就是被忽视；不是被还原到一种胚胎状态，就是随它在无政府状态下发展。为了科学研究和专门化的需要，对许多青年人原来应该进行的充分而全面的培养被弄得残缺不全。”该书认为“有多少种不同的社会、历史阶段和意识形态，在教育方面就能作出多少种选择。有多少种想象的想要的未来，就能作出多少种选择。可是，大家一致同意的意见令人信服地证明了，在人们追求的许多目标中具有一些共同倾向，这种共同倾向指明现代世界的一些主要的最终目的是一致的。”

从《学会生存》一书中，我们可以看出，联合国教科文组织国际教育发展委员会把教育的最终目的还是落脚到人自身的发展、完善和价值的实现；当然，这里的发展、完善和价值实现是放在现代民主社会生活的背景中的，因而它在避免坠入绝对“个人本位”泥潭的同时，强调了真正民主的社会是“人”发展的条件。

到了 20 世纪 90 年代，联合国教科文组织又出版了一份全球教育发展的报告——《教育——财富蕴藏其中》。面对即将到来的21世纪的挑战，报告认为“必须给教育确定新的目标，必须改变人们对教育的作用的看法。扩大了的教育新概念应该使每一个人都能发现、发挥和加强自己的创造潜力，也应有助于挖掘出隐藏在我们每个人身上的财富。这意味着要充分地重视教育的作用，就是说使人们学会生存，实现个人全面发展的作用，不再把教育单纯地看作一种手段，是达到某些目的（技能、获得各种能力、经济目的）的必经之路。”为此，报告提出，教育应该着眼于构建一个人一生的四大支柱：学会认知，学会做事，学会共同生活，学会生存。这四大支柱无疑是服务于个人发展与社会进步的和谐统一，并且伴随一个人的一生。“终身教育”最终仍然是着眼于人的“终身幸福”，为此，报告特意重申了一个基本原则：“教育应当促进每一个人的全面发展，即身心、智力、敏感性、审美意识、个人责任感、精神价值方面的发展。”并在此基础上，更进一步地强调“教育的基本作用，似乎比任何时候都更在于保证人人享有他们为充分发挥自己的才能和尽可能牢牢掌握自己的命运而需要的思想、判断、感情和想象方面的自由。”

对于中国教育而言，在追求个人发展与社会进步相统一的教育目的的同时又突出对人的尊重，尤其具有特别的现实意义。因为，长期以来中国教育的最大弊端正是目中无“人”，包括在教育目的上所缺失的也正是“人”。

因此相对照，反观中国传统教育思想，我感到中国传统文化推崇的是社会本位，缺乏对个人的尊重。从孔夫子时代起，“格物、致知、诚意、正心、修身、齐家、治国、平天下”便既是教育的人才标准，也是教育的目的，“格物、致知、诚意、正心、修身”似乎强调的是个人的修养，但这不是目的而只是手段，是“齐家、治国、平天下”的手段，最终还是落实到“平天下”。进入封建社会后，培养百依百顺的奴才和听话效忠的顺民成了专制制度下教育的唯一目的。在封建科举制度下，无论是中举的范进还是落魄的孔乙己，他们都早已经失去了自己，前者是有用的“工具”，后者是无用的“废物”。毫不夸张地说，在这样的教育制度下，成功的代价便是人性的丧失。为了达到把学生由“人”变成“物”的目的，封建传统教育在教育内容和教育方法上也颇具摧残性，正如1985年万里同志在《全国教育工作会议上的讲话》中所指出：“我国陈腐的传统教育思想和教学方法，可以说是一种封闭型的教育思想和教学方法。教育内容是固定的、僵化的，教育的任务就是灌输这些内容，不能稍加发挥，不能问个为什么，更不能怀疑，考试按固定的内容和格式照答就行，把学生引导到高分数上去。这种教育思想和教学方法培养出来的人才，只能是唯书、唯上，必然缺乏创造性和进取精神。”

新中国成立之后，党和国家在清算旧教育的基础上，先后提出并完善了与我国社会主义事业相适应的教育方针。

1957年，毛泽东同志在《关于正确处理人民内部矛盾的问题》一文中，提出了“我们的教育方针，应该使受教育者在德育、智育、体育几方面都得到发展，成为有社会主义觉悟的有文化的劳动者”。这一教育方针指明了我们应当培养什么样的人，对我国社会主义教育目的作出了规定。十一届三中全会以后，我国进入了社会主义现代化建设的新时期，邓小平同志十分重视培养社会主义新人和提高全民族的素质。1985年，他强调要“教育全国人民做到有理想、有道德、有文化、有纪律”。此后，培养“四有”新人被明确写入了有关决议之中。

正如本小节开头所引，1985年5月，《中共中央关于教育体制改革的决定》又进一步明确了邓小平对新时期我国人才培养的质量规格等方面的要求：“所有这些人才，都应该有理想、有道德、有文化、有纪律、热爱社会主义祖国和社会主义事业，具有为国家富强和人民富裕而艰苦奋斗的献身精神，都应该不断追求新知，具有实事求是、独立思考、勇于创造的科学精神。”这一表述，我认为不但至今没有过时，而且仍有着强烈的现实意义。

1995年3月，《中华人民共和国教育法》颁布执行，其中第五条即为教育方针，具体表述为“教育必须为社会主义现代化建设服务，必须与生产劳动相结合，培养德、智、体等方面全面发展的社会主义事业的建设者和接班人。”从此，我国的教育方针以法律的形式确定下来。

纵观建国以来我国教育方针，不管在表述上有什么变化，教育目的始终是“培养德、智、体等方面全面发展的社会主义事业的建设者（劳动者）和接班人”。这有两层意思：一层意思是培养“社会主义事业的建设者和接班人”，第二层意思是建设者和接班人必须是“德、智、体等方面全面发展”的。前者服从于社会进步，后者着眼于个人发展。应该说，从理论上讲，我们的教育目的体现了社会与个人的和谐统一。

但是，理论上的统一不等于实践中的完美。长期封建教育的遗毒不可能仅仅通过颁布一项新的教育方针便烟消云散。尽管几乎每一位教育者都知道社会主义教育的任务是“努力培养有理想、有道德、有文化、有纪律的献身有中国特色社会主义事业的建设者和接班人”，但在实际工作中，我们许多教师实际上实施的是“听话教育”、“共性教育”、“守旧教育”。因此，我们现在在教育目的上，有必要强调“以人为本”，突出学生的主体性，尊重学生的精神世界，特别是尊重并激发学生的创造潜力，以实现人的全面发展。

我的这些理论思考，当然不能说完全正确，但通过这些思考我逐步意识到，**教育的核心，是对“人”的尊重，因而理应以“人”的发展和幸福为其终极目的。尽管我们现在强调在教育目的中突出“人”的地位，但这丝毫不意味着我们无视社会进步对教育的要求，恰恰相反，越是尊重人性的教育，其培养的人就越能适应于尊重人性的社会；同样，越是尊重人性的社会，就越要求教育对人性予以充分的尊重。**

今天我们理应热切呼唤教育目的中的“人”，并在每一个教育行为中高扬“人”的旗帜。这也是我们正在蓬勃推进的有中国特色社会主义事业和我们共产主义的最高理想对当今中国教育的期盼。**没有人的解放，便没有整个中华民族的真正复兴，因为我们党的基本路线为我国现代化事业所确定的目标之一，是要把中国建设成为“高度民主”的社会主义国家；没有每一个具体的人的自由，便没有整个人类的自由，因为在我们所憧憬的共产主义社会，“每个人的自由发展是一切人的自由发展的条件”。**

‖对“素质教育”的思考

1995年前后，“素质教育”开始成为中国基础教育使用频率最高的短语。这当然不仅仅是一个用语的问题，而是标志着一种新的教育观念乃至教育思想逐步成为主流。

“素质教育”的提出，一下照亮了我十几年教育实践中潜在而朦胧的思想萌芽。我开始梳理多年的教育实践和思考，进而提出了我的“素质教育观”——**素质教育是“民主、科学、个性”的教育。它是“民主”的教育：把学生当成有灵性的人，而非“学习机器”；发自肺腑地爱每一位学生而不仅仅是少数“尖子生”；教师把自己视为与学生在人格、尊严和情感上平等的朋友和探求真理道路上志同道合的同志。它是“科学”的教育：严格遵循教育自身的规律，而不是硬套经济规律，以至把学校办成工厂，把学生当成商品；同时更要符合学生心理的实际和他们的认识发展规律，把教育学生的过程还原为学生自我教育的过程。它是“个性”的教育：尊重学生在性格、情感、思想等方面的独特性，特别应尊重学生的精神世界；要求教育者摈弃“应试教育”中的“一刀切”，真正做到“一把钥匙开一把锁”；尊重学生的个性，还意味着不用升学与否来衡量学生是否成才，而是尊重学生未来的发展，坚信每一个学生都会在今后的社会生活中找到自己的位置。**

以“民主、科学、个性”为主题，我写了两篇文章，《语文素质教育的思考与实践》、《教育呼唤民主、科学与个性》，分别是谈语文教学改革的和班主任工作改革的。同时，我又在四川《华西都市报》上发表了一组谈“素质教育”的系列文章。

什么是真正的素质教育？

——素质教育思考之一

“素质教育”已渐渐成为社会的一个热点话题，但究竟什么是“素质教育”，却未必人人明了。

要了解“素质教育”，须先从“应试教育”谈起。“应试教育”以升学考试为唯一目的，一切教育教学活动均围绕“应试”开展，是一种片面的淘汰式教育。因此，它主要面对少数“尖子”学生，而其他大多数学生事实上充当了“陪读”，甚至只是“陪坐”。同时，“应试教育”的内容也偏重于升学考试科目的书本知识，而忽视学生的德育、体育、美育、劳动技能教育以及多方面的创造能力。与此相对，“素质教育”以全面培养学生高尚的思想道德情操、丰富的科学文化知识、良好的身体心理素质、较强的实践动手能力和健康的个性为宗旨，面向全体，教育学生学会做人、学会求知、学会劳动、学会健体、学会审美，使学生在德智体等方面得到全面协调的发展。由此看来，“应试教育”和“素质教育”反映了两种根本不同而且截然对立的教育思想。

现在几乎人人都在谈“素质教育”，甚至有的学校明明是大搞“应试教育”，却仍标榜自己是在搞“素质教育”。按原国家教委副主任柳斌同志的观点，“素质教育”有三个要义，即“教育面向全体学生”、“学生全面发展”、“学生生动活泼地主动发展”，我们可以拿这三点来衡量一个学校是否真正在实施“素质教育”。如果某学校做到了或基本做到了这三点，不管该校是否是“重点”，都会受到社会的欢迎，因为在这样的学校，学生会受到全面的培养，得到全面的发展，最终也一定会成才的；相反，如果某学校大办“重点班”（包括打着“教改实验”的幌子），只围绕升学考试的科目开课，常常加班加点地补课……那么，我们都可以肯定地说，该校所为是典型的“应试教育”，哪怕该校的升学率很高，也不值得提倡，因为学生即使考上了大学，也不过是畸形的“人才”。

可见，“素质教育”有其特定的科学含义，并非是一张可以随便乱贴的时髦“标签”。

面对考试：“素质”与“应试”孰轻孰重？

——素质教育思考之二

有人把是否有“考试”视为“素质教育”与“应试教育”的根本分野。误以为“素质教育”就是不要考试。看来，我们有必要对两种“教育”的区别与联系作一番考察。

我认为，“素质教育”和“应试教育”的本质区别主要表现在四个方面。第一，就教育目的而言，“素质教育”着眼于学生的个性全面发展以适应未来的社会；而“应试教育”只追求学生的学习分数的提高以应付眼前的升学。第二，就教育对象而言，“素质教育”尊重学生的个性以及学生在教育过程中的主体地位，提倡民主、平等、和谐的师生关系；而“应试教育”则强调整齐划一，用分数压抑学生的个性，学生只能被动地接受教师的“塑造”。第三，就教育内容而言，“素质教育”把培养学生做人放在首位，主张德智体美劳并举，注重学生创造能力的培养，并能根据不同学生的兴趣爱好增设多样化的选修课；而“应试教育”只重视与升学考试有关的学科教学，反复培养学生的“应考技巧”，其他教育内容则居于次要地位甚至干脆被取消。第四，就教育评价而言，“素质教育”把学生综合素质的“合格”放在首位（升学成绩只是其中的一项指标），坚决反对将“升学率”与学校或教师的奖惩挂钩；“应试教育”却只看“一好遮百丑”的“升学率”，直接把升学成绩作为评定教育质量的唯一标尺。

当然，“素质教育”与“应试教育”表面上也存在着某种互相渗透的联系，“素质教育”中也有“考试”，“应试教育”中也有“素质”。作为教学过程中一个不可缺少的环节，“素质教育”不可能排除必要的考试，但这种考试是全面而科学的，并且仅仅是教育检测手段之一，绝不是教育的“指挥棒”；“应试教育”也能提高人的某些素质，但这主要是围绕“应试”的很不全面的文化素质和某些智力素质（特别是记忆力），而且这些“素质”的提高又是以限制学生整体素质提高为代价的。

因此，是“素质教育”还是“应试教育”，关键不在有无考试，而在于赋予考试的功能、地位、作用和根本方法是什么。

人只能靠人来建树！

——素质教育思考之三

“素质教育”的重要前提之一，是必须拥有足够的高素质教师。

对于高素质的教师，不同的人可能会有许多不同的标准；而我认为，高素质的教师应该是专家、思想家和心理学家。

高素质教师首先应该是某一学科领域的“专家”。他当然必须要有出色而且深受学生欢迎的教学艺术，但还不能仅止于此，他还应有教学以外与自己专业相关的一技之长：教数学的，不妨在课余研究一点数学“猜想”；教物理的，最好同时又是一个科技制作的能工巧匠；教政治的，能不时发表一些经济学小论文；教语文的，可能又是一位楚辞研究者……教学艺术和专业特长，使教师学生产生一种热爱科学、不断进取的潜移默化的感染教育作用，也使教师本人对学生保持着一种源于科学、源于知识的人格魅力。

高素质教师同时又应该是一位“思想家”。成天忙于应付补课、编资料而使自己思想视野愈来愈狭窄、思维触觉越来越麻木的“教书匠”，显然无法胜任“素质教育”的重任。作为“思想家”的教育者，在既踏踏实实地做好每一件具体教育工作的同时，还能不断关心着、思考着社会发展与学校教育的相互影响，甚至当代思想理论界的热门讨论、国际上的风云变幻都能使他想到自己的教育。坚定的政治立场和鲜明超前意识，会使他科学地把握教育的历史航向，并敏锐预见未来社会对今天教育的影响，从而主动进行一些富有创造性的工作。

高素质教师还应是一位“心理学家”。“素质教育”同时又是“个性教育”，这必然要求教师具备发现、发挥、发展学生独特个性的技巧与艺术。因此，教育者必须拥有良好的心理学修养，善于走进中学生的心灵之中，敏锐地感受学生的心理变化，与他们心心相印，息息相通——正如赞可夫所说：“对于一个有观察力的教师来说，学生的欢乐、兴奋、惊奇、疑惑、恐惧、受窘和其他内心活动的最细微的表现，都逃不过他的眼睛。一个教师如果对这些表现熟视无睹，他就很难成为学生的良师益友。”（《和教师的谈话》）并在此基础上实施科学的教育。

是的，高素质的学生呼唤高素质的教师，因为人只能靠人来建树！

"让每一个孩子抬起头来!"

——素质教育思考之四

"让每一个孩子抬起头来!"这句话选自苏联杰出的教育家苏霍姆林斯基的著作《给教师的建议》。苏氏几十年前说出的这句朴素的教育名言,可以为今天我们所说的"素质教育"中"面向全体"的含义作出形象的注释。

"应试教育"着眼于选拔,它必然要通过一次又一次的考试淘汰大多数"差生",以造就极少数"优生"。如此"教育"无疑让大多数学生还在人生的求知阶段便成了心灵自卑个性萎缩的"精神侏儒"。这实在是有悖于基础教育的全民性、普及性——孔夫子还讲"有教无类"呢!

恰恰是在这一点上,"素质教育"显示出其民主与公正。如果说"应试教育"追求的是高考"升学率"的话,那么,"素质教育"则追求的是学生成人的"合格率"。最大限度地追求受教育对象德智体美劳全面发展的"合格率",教育者必然会向所有学生平等地实施教育——那种认为划分所谓"重点学校"、"重点班",使孩子还在"人之初"便被分为三六九等的不正常现象便不会出现;而且教师必然会对每一位学生充满由衷的挚爱、真诚的信任和热切的期待!

"让每一位孩子抬起头来!"特别意味着教育者对"困难学生"(也就是被我们有的教师一提起就焦头烂额的所谓"瘟猪子")倾注更多的爱心、耐心和信心。由于智力状况、学习基础、家庭教养、个性特征等等因素的差异,学生发展很难绝对均衡同步,往往总有部分学生暂时滞后或掉队。这部分学生在"应试教育"的考场上,只能沦为屡战屡挫的失败者;而在"素质教育"的舞台上,他们却可以找到能够体现自己个性尊严的角色,从而尽情挥洒其独具魅力的创造色彩,并自由舒展其澄明自然的心灵空间。**"素质教育"培养出来的学生当然并不一定都是种种杰出的"××家",但是无论今后赫赫有名还是默默无闻,他们都将是素质全面、个性鲜明、勇于进取、乐于奉献的大写的人!从这个意义上讲,"素质教育"即"希望教育"、"个性教育"和"成功教育",其字典上永远没有"差生"二字!**

在“素质教育”的原野上，每一粒种子都能破土发芽，每一株幼苗都能茁壮成长，每一朵鲜花都能自由开放，每一个果实都能散发芬芳！

今天来看这一组文章，对素质教育的思考显然还比较肤浅，但这些思考比起我过去对教育的理解却有了明显的进步。对于“素质教育”的精髓，我觉得还不仅仅是字面意义上的“培养素质”，而是把人当作“人”的教育。也就是说，“素质教育”的大旗上，有一个大写的“人”字。它是目中有“人”的教育，是充满人性、人情和人道的教育，是为了一切人全面发展的教育！

三、集体主义教育与班级民主管理

‖集体主义教育漫话

我从1988年开始思考集体主义教育问题。

对我来说，这首先不是一个理论问题，而是一个实践问题。回顾我几年的教育经历，我感到“集体”的确成为我教育的有力“工具”。如果说第一阶段的教育有什么经验可以继承的话，那么首推我的集体主义教育。不过，过去我只是结合班主任工作，凭着感觉对学生进行集体主义教育，而现在，我应该对此进行一些梳理和总结。碰巧《河南教育》杂志向我约稿，并愿意为我开辟一个专栏《集体主义教育漫话》，于是，我便开始了对集体主义教育的漫话。

集体主义教育是针对班集体建设而言，那么，首要的问题便是：什么是“班集体”?

我曾就此与一位学生会干部闲聊。他说：“我们一般理解的班集体，就是固定在一个教室里上课的几十个学生。”这一肤浅、片面的认识颇具代表性。甚至一些教师也认为，“班集体”就是“班级”，而一个班级只要有稳定的学习秩序，无打架斗殴、吸烟酗酒等重大违纪现象，就算好的或比较好的班集体了。

新学年开学，几十个本来素不相识的学生被编在一个班学习，这种组合的确是偶然的；但经过了一段时间后，不同的班级会呈现出不同的风貌，这却是由教育者的工作所体现出来的必然性。我所理解的“班集体”，既不仅仅是教学单位，也不单纯是德育组织，而是集教育、教学和个性发展于一身的有机统一体。它以对学生的尊重和研究为出发点，以对学生的教育和发展为目的，教育与教学互相协调，知识传授与能力培养互为依存，个性的全面发展与群体的共同进步互为条件，它是德、智、体、美、劳五育和谐统一的教育组织和教育系统。在这样的集体中，大家有共同的追求、共同的荣辱、共同的精神支柱、共同的心理依托；成员之间互相友爱，互相帮助，谁也离不开谁：每一个人为集体的挫折感到真诚的难过与忧虑，集体为每一个人的成绩感到由衷的欢喜与自豪。

——一个班级，只有当它的每一个成员都充满了这样的责任感，从而使整个班级形成了强大的凝聚力时，才真正称得上是“班集体”。

我还总结了班级集体主义教育的途径——

创造良好的“第一印象”

日常人际关系中的“第一印象”是至关重要的。班集体建设也是如此。学生对新班的最初印象将直接影响以后班风的形成。因此，对班主任来说，新集体的建设早在新生入学之前就开始了———他必须苦心酝酿着使新生迅速形成“集体”的计划，精心地为“导演”集体主义“开场戏”而作各种准备，胸有成竹地迎接着新集体的诞生。创造良好的“第一印象”可采用这样一些方式：①暑假里给每位新生写一封热情洋溢的欢迎信；②精心设计教室的布置

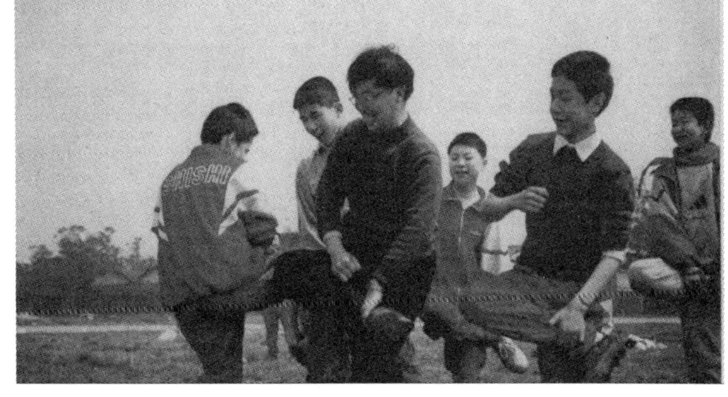

★1998年，春天的阳光下，我和学生一起“斗鸡”

（包括挑选格言、宣传画等）；③开学第一天便在学生中进行“我心目中的班集体”、“我理想的班主任”等问卷调查；④报名那天通过领新教材、搞教室卫生等事情让学生初步体会为集体服务的光荣；⑤开学第一周举行“班主任模拟记者招待会”、“我的自画像——同学自我介绍”等主题班会，使师生之间、学生之间尽可能迅速地互相了解。应特别指出的是，创造良好的“第一印象”，是不露痕迹地对学生进行集体主义的启蒙教育。**新生们被编到某个班是毫无思想准备的，但在新生进校前教师对班集体的建设却应有相当充分的思想准备。要使学生尽快对新集体产生感情和责任感，教师就必须在开学之前对未来的班集体产生感情和责任感。**

建立平等的人际关系

没有和谐的人际关系，要想建立集体主义的班集体几乎是不可能的。而人际关系和谐的基础是平等。班级内部平等的人际关系首先体现在师生关系上。有人总认为，师生关系的不平等是一种客观存在。的确，就教育与被教育、传授知识与接受知识的角度说，师生的主客体关系是显而易见的。但是我们说的师生平等，主要指的是师生在尊严上不分贵贱，人格上彼此尊重，思想上互相交流。班主任应该把自己置于集体一员的位置上，努力使自己成为与学生人格平等、心灵相通、感情交融的同志和朋友，让学生感到老师是在和他们一起建设美好的集体。学生之间平等的人际关系主要通过教育学生互相尊重来实现。要让学生真正认识到，人与人之间的智力、才能、性格等虽然存在着差别，但每个人的尊严是绝对平等的。同在蓝天下，都是大写的人！教师在提倡集体成员之间平等相处的同时，要特别关注那些所谓的“后进学生”。尽管现在的学校教育大多是使学生的尊严只体现在分数与名次上，但班主任应善于帮助那些“后进学生”，发现并发展他们自己独特的禀赋与才能，以此唤起他们内在的尊严感，使他们产生“我有着其他任何人都不可能有的智慧”的自信与自尊，从而形成真正的平等意识。

确立集体的奋斗目标

良好的“第一印象”与平等的人际关系是集体形成的感情基础，但班集体的建设仅仅靠感情是不够的。班主任要善于把学生对集体的感情转化为对集体的责任，使学生具备这样的认识，“我既然热爱我的集体，我就应该让她越来越好。”确立共同的奋斗目标，有助于学生这种责任感的形成。集体主义教育的实施，首先在于激励学生自觉地实现集体的目标。这个集体目标的确立当然离不开班主任的指导，但决不能由班主任一手包办。目标的提出应来自学生，让学生感到“这是我们的目标，而不是老师的命令”。教育者要充分相信学生，即使是看起来似乎最缺乏上进心的孩子，其心灵深处也有着“我的班集体，各方面都应该最好”的渴望。50来个学生这种共同的渴望，足以使他们怀着美好的憧憬，为自己同时也是为自己心爱的集体提出各种奋斗目标。这些集体目标可以是某一方面的（如学习、纪律、劳动、体育），也可以是某一阶段的（如学月、学期、学年）。**师生共同为实现某一目标努力时，这个目标是一面旗帜，引导着集体不断前进；当这个目标基本实现时，它是一枚奖章，鼓舞着集体的更加完善。从某种意义上说，班集体形成发展的过程，就是实现一个又一个集体目标的历程。**

组织公平的学习竞赛

抓学生的学习（如端正学习态度、整顿学习纪律等等）与集体主义教育是不矛盾的。班级的集体学习，是学生获得集体主义营养的又一渠道。班主任要善于让学生在获得知识的过程中，通过各种形式的学习活动建立起集体主义的关系——互相帮助、互相监督、互相激励。还要让学生从集体主义中取得强大的学习动力，把个人的学习态度、学习成绩与班级荣誉联系在一起。虽然升学率的压力可能会使一些学生产生自私自利、明争暗斗等个人主义品质，但是消除这些不良现象的有效方式之一，恰恰在于通过展开公平的学习竞赛，培养学生的集体主义观念。学习竞赛、评比无疑是激励学生学习的有效手段之一，我们应理直气壮地鼓励学生敢于在学习上冒尖。但是，即使是个人之间的学习竞赛，教师也应巧妙地注入集体主义精神的内容：努力创造好成绩，为班集体争光。班级内部学习竞赛形式通常有：①小组与小组之间的竞赛评比；②不同层次的学习竞赛团体之间的评比；③男女同学之间的学习竞赛评比；④个人之间的学习竞赛评比。

教师应提倡并很好地组织班级内部的各种学习竞赛、评比，使班内形成既你追我赶，又互相帮助的紧张而友好的气氛。这体现了德育与智育的和谐统一。

提供大量的创造机会

新时期的教育观要求既给学生传授知识，又培养学生的能力，其中特别强调面向未来培养学生的各种创造能力——组织能力、演说能力、社会活动能力等等。学生这些能力的形成固然与智力因素有关，但更多的还是取决于非智力因素——理想、抱负、勇气、毅力、献身精神等。而集体主义情操与各种创造能力的形成更具有密切的联系。这为学生的集体主义教育又开辟了一条途径。集体主义教育与各种能力培养的统一，主要集中体现在学生干部的工作上。学生在进行一系列创造性工作的同时，增强了对集体的责任感，而日益强化的集体责任感又驱使学生干部努力把工作做得更好，更富于主动性和创造性。所谓“提供大量的创造机会”的含义有两个方面：一是尽量让班上每一位学生都有当干部的机会。创造能力培养与集体观念教育的统一决不仅仅是针对少数学生而言，而应面向全体学生。教师应引导学生在班集体中建立起轮流“执政”的学生干部制度，让所有学生都有机会独领风骚，大展才华。二是努力创造条件让学生干部独立处理班级事务，组织各种活动。班主任应放心地把班交给学生干部，使他们真正有职有权，而不仅仅是班主任的“小助手”。因此，**学生创造能力的提高，并非只是教师“手把手”指导的结果，而主要是用集体主义精神的火花去点燃学生本身具有的创造热情；学生集体主义情操的培养也不应是纯粹的“观念”教育，而是设法使学生在创造性的工作中看到自己在班级中的位置与作用，让学生在成功的喜悦中体会到为集体奉献的幸福。**

形成健康的集体舆论

集体舆论健康与否，关键在于教师是否善于引导。而这里的“引导”绝非“说教”而是“转化”——巧妙地将教师本人对某一学生、某一事件的褒贬转化为集体舆论对之的褒贬。学生生活在班集体中，我们就应尽量使他们感受到集体对自己的关注与监督，有的教师一方面在语言上对学生强调“个人离不开集体”，另一方面在行动上却很少把自己的教育意识同学生集体舆论融合在一起。这样，学生无论受到表扬还是批评，都似乎只是老师个人对自己的评价，他感受不了集体舆论的存在，产生不了“同学们这样表扬我，我一定争取更大进步”或“我又犯错误了，真对不起集体”的思想感情，这样的学生是很难获得集体主义道德体验的。相反，**如果班主任善于创造出集体舆论，把自己对某一学生的关心、表扬、批评，转化为班集体对某一学生的关心、表扬、批评，那么，学生会真切地感到集体的存在，感到自己与集体融为一体，不可分割的联系，因为自己的一言一行都影响着集体，同时也受着集体的注视：有了进步，他会赢得全班同学鼓励的掌声；犯了错误，他会感到全班同学谴责的目光。因此，高明的教育者总是把自己的教育意愿以集体舆论的形式表达出来，通过集体去影响每位学生。**

设置班级的公有财物

集体财产与集体观念是联系在一起的。在班级内有意识地设置一部分属于大家的共同财物，交给学生自己管理与使用，这是培养学生集体主义情操的又一种行之有效的形式。由于这些财物是由师生们共同创造（以集体劳动、凑集、捐献等方式）、共同管理、共同享用的，因而它既属于集体每一个成员的，又同时是属于大家的，但谁也无权像支配私人财富一样来支配集体财物。这些公有财物可以是保温桶、小书柜、公用墨水、窗台花盆、班级报纸、互助储金等等。就班集体的日常教育而言，班上长期拥有这些集体财物，无疑为班主任提供了大量“随机教育”的可能，如每天争取往保温桶里灌开水，当开水不多时先让别人喝；尽可能多捐出图书，爱惜小书柜里的图书；课间休息时，关心一下讲桌上的公用墨水是不是该换了、窗台上花盆里的花是不是该浇浇水了……这些看起来微不足道的小事无一不反映出学生集体主义情操的高尚。公有财物不仅有助于学生形成爱护集体财产如同爱护自己眼珠一样的品质，而且把集体利益与个人利益结合在一起，在管理、使用的过程中强化了学生“我是班集体的主人”这一意识。

结交校外的友谊班级

社会对学校教育（包括班集体教育）的影响是不言而喻的，但一些教师往往只看到其中的消极影响。其实，抵御这些消极影响的办法之一，恰恰就是教育者主动地和用班集体以外的（包括社会的）一些健康力量来建设班集体。建立“友谊班”是有效方法之一。与校外的一些班集体结为“友谊班”，体现了班级集体主义教育的开放性。所结交的“友谊班”可以是同一年级的，也可以是低年级的或高年级的（包括大学生集体）。“友谊班”这种形式把班集体建设置于更广阔的社会背景之中，学生们可以通过与“友谊班”的交往，看到自己所在班级的不足，取彼之长，补己之短，使学生集体意识和班级凝聚力得以增强。同时，学生们还可以从与“友谊班”的通信中，在走访“友谊班”的过程中，扩大视野，了解社会，交流学习，培养能力。“友谊班”之间的联系方式主要有三种：一是两个班单个学生之间的书信往来。甲班的每个学生都在乙班找一位学生结成好友，并保持书信联系，互相帮助，互相勉励。二是两个“友谊班”的班委会、团支部保持联系，定期互通情况，交流干部工作、班集体建设、学习情况等信息，交换有关资料等等。三是在条件允许的情况下，“友谊班”之间群体互访，开展联谊活动。

强化最后的集体情感

临近毕业，面对巨大的升学压力，一些学生的集体主义意识可能会有所淡漠，这便要求班主任越是在班级快要解散的时候，越应有针对性地进一步增强班级凝聚力。不过，这时的“增强”，主要不是向学生重复宣讲一些大道理，而更多的是强化学生心灵中三年来对班集体油然而生的感情与荣誉感。强化方式多种多样，如班主任可以重新展示几年来班级获得的各种奖状和反映班级生活的各种照片，以唤起学生们对可爱集体的依恋之情，班主任还可引导学生比过去更认真地做课间操、搞清洁卫生，以向全校学生展示“我们班最后的风采”；种下一棵毕业纪念树，把班集体朝气蓬勃的形象永远留在母校；编一本“班级史册”把班集体温馨美好的生活永远印在心中……当然，这一阶段班级生活的主旋律是复习迎考，班主任更应该

★我为历届学生编撰的毕业纪念册

引导学生把个人之间的升学竞争变成为心爱集体的荣誉而拼搏，使班内呈现出风雨同舟、互相激励的勃勃生机。毕业前夕这种温暖而紧张的生活，对即将解散的班级来说，是三年集体主义灿烂诗篇的最后叹号；而对每一个学生而言，则是未来集体主义辉煌乐章的嘹亮序曲：他要把对班级的由衷热爱变为对社会的神圣责任，把留恋母校的真诚感情变为报效祖国的忠贞信念——这，正是班级集体主义教育的最终目的。

‖用“法治”取代“人治”

在进行集体主义教育实践和理论思考的同时，我还尝试着通过“法治”对班级实行民主管理。

我朋友常常说我这个班主任当得“很潇洒”。

的确，我常常出差。少则一两天，长则十天半月，班风良好，秩序井然。学生在我外出的情况下自己管理自己，班级各项工作和活动照常开展。其实，这样的情况，在我和我班学生看来是太平常不过了。因此，一些老师夸我班的学生“乖”，我说：“这一切都是制度决定的。”

所谓“制度”，就我班的《班规》。应该说，如果仅就管理而言，我的班主任工作目前是比较轻松的。甚至可以这样说，有了“制度”，我这个班主任似乎都是多余的了。

不然，我现在除了备课、上课，还要找学生谈心，而社会工作有这么多，常常出差、开会，还有不少阅读和写作任务。如果不是“制度”，我纵有三头六臂，也是无法承受这些“重负”的。

很多同行说我有办法，其实我的办法就是两个字——“法治”。特别要说明的是，这里所说的“法治”，只是一个比喻，实际上指的是用班级规章制度来管理班集体。

其实，刚参加工作当班主任时，我并非如此“潇洒”。同许多班主任一样，从早到晚，我几乎将班级所有大小事务包揽无余，从抓早读迟到者到观察每一个学生是否戴了校徽，从与学生一起搞大扫除到陪着学生上每一节自习课，从收电影票费到拎着缺一条腿的课桌四处找木工师傅……什么事情都“亲自抓”，自己当然很累，但内心深处也不无自豪：苦虽苦，但我班的班风总算是一流的，我也总算对得起自己的学生啊！的确，无论是“未来班”还是后来的班级，都获得了包括“市级优秀班集体”称号在内的各种荣誉。

但有时学生却不“理解”我。我记得1985年，我班上一个叫彭艳阳的女生曾对我说：“我们班好是好，可这一切都是您一个人在支撑着啊！如果离开了您，这个班就会散架的。”

正是来自学生的批评，使不堪重负的我开始反思我的班级管理模式。通过学习和思考，我逐渐认识到，我过去的班级管理模式实际上是“人治”。而且不只是我，长期以来，中学的班级管理模式也基本上都是这种靠班主任“一元化领导”的“人治”。这种管理方式不仅落后低效，而且往往产生一些教育负效应。

因为“人治”，教师很累。上至贯彻落实各级领导的教育意图，下到布置督促检查每天的清洁扫除，班主任日理万机，事无巨细，可谓“事必躬亲”，“呕心沥血”。

因为“人治”，学生很苦。一切听命于班主任，创造精神受到束缚，主人意识受到制约，自觉性越来越弱，而依赖性却越来越强。

因为“人治”，教育不可避免地表现出较大的随意性。对学生的批评、表扬往往因教师当时的情绪或对学生潜在的主观印象而表现出程度的差异或方式的不同，这也使教育的威信在学生心目中降低。

因为“人治”，班级成了班主任的影子。班风的好坏主要取决于班主任个人素质的高低，而教育者所期望的学生的参与精神、主体意识、民主观念等等渐渐淡化以至泯灭。

因为“人治”，师生关系成了“君臣关系”。教师和学生之间只是绝对的教育与被教育、管理与被管理，教育出现了失误也难以及时纠正，这样，我们多年来提倡的师生平等互助的新型关系则成为一句空话。

于是，从 1987 年 9 月乐山一中高 90 级一班进校开始，我尝试着一种崭新的班级管理模式——“法治”管理。具体操作步骤是——

引导思想：对三个问题的讨论

新生进校，我便向大家提出三个问题：第一，你们是否希望这个班最终成为一个好的集体？第二，若要让我们班成为好集体，需不需要每个人都克服自身的弱点？第三，为了保证同学们因集体的利益而克服自身的弱点，需不需要制定一个《班规》？

读到这里，我担心有的同志会产生一个认识上的误区，即认为我是在发动学生找缺点，而不是像有的优秀班主任一样，引导学生发现自己的“闪光点”；我这样做，是不是违背了尊重学生、信任学生的教育原则。对此，我是这样看的，我们固然应该引导学生增强道德自信心和自豪感，但同时也要让学生有“人总是有弱点的”清醒认识——无论对自己还是对他人，具备这个认识非常重要。（其实，迄今为止，所有体现人类文明与进步的法律无不是建立在对“人性的弱点”的理性认识之上的。）因此，我这里的着眼点是引导学生集体预测在创建美好班级的过程中可能会出现哪些障碍，进而提出防患措施，而不是让学生一个一个地检讨，暴露自己不光彩的过去。何况，启发学生自省与鼓励学生自信并不矛盾，在自信的前提下，全面地自省；在自省的基础上，科学地自信。在引导学生认识代表着希望与成功的另一个“我”的同时，又引导学生正视自己的缺点与弱点，这才是全面科学的引导。

好，接着谈我对新生的引导。经过讨论，学生们对这三个问题都能作出肯定的回答。这也在我的意料之中，因为我坚信，即使十分散漫的学生也真诚地希望自己能生活在一个班风良好的集体之中。而全班同学都“希望班集体好”，这正是“法治”管理赖以实行的最根本的思想基础。因此，这第一步引导虽然容易，但非常重要，不可忽视。

统一认识：《班规》与《中学生守则》不尽一样

一说到《班规》，有学生提出疑问“国家已经制定了《中学生守则》、《中学生日常行为规范》，学校也有各种规章制度，我们再搞《班规》是否多余呢?”还有学生说“在小学和初中，我们班也订过不少‘班规’之类的东西，但很少坚持执行。我们现在制定《班规》会不会也流于形式呢?”

我这样给大家解释：“《守则》、《规范》当然不错，但毕竟不可能具体包括一个班级的各种情况，而我们即将搞的《班规》，正是《守则》、《规范》中有关纪律要求的具体化。另外，《守则》等条令虽然对中学生提出了合理的规定，但这些条令本身并不带强制性，在执行过程中，人们一般认为这只是提倡、而非强迫，学生违反了《守则》、《规范》也无相应的惩罚措施，久而久之，本来合理的规章制度最终便成了一纸空文。因此，我们制定的《班规》不应仅仅是道德提倡，而应是行为强制，应具有法律般的约束力，使之真正切实可行。”

实际上，《班规》的产生过程与《守则》等条令的产生过程也有区别。由于种种主客观原因，《守则》、《规范》等往往不可能先由每一个学生自下而上地反复讨论制定，而主要是由教育者一手制定（当然也征求了各方面意见，并力图切合学生实际），这样便容易让学生产生逆反心理，总认为各种规定是上面强加给自己的“条条框框”，执行起来自然很被动勉强。而《班规》一开始就要让每一个学生参与制定，使学生觉得“这不是老师在约束我们，而是自己对自己的约束”。

确定原则：可行性、广泛性、互制性

《班规》当然不是法律，但它必须具有“法治”精神，比如上面所说的“是行为强制而非道德提倡”、其产生过程是自下而上由守法人自己制定等等，都体现了“法治”精神。但这些还远远不够，在具体的《班规》内容上，其“法治”精神还应具体表现在三个方面：“可行性”、“广泛性”和“互制性”。

所谓“可行性”，含义有两个方面：一是提的要求、规定应符合实际，便于监督检查，不能提一些虽然合理但难以做到的要求；二是不仅仅提出纪律要求，还应同时有相应的强制措施，明确“违反了又怎么办?”否则，班级法规很可能又成为一纸空文，无所谓“可行性”。

所谓“广泛性”，是说《班规》应尽可能地包容班级一切可能出现的违纪情况，以后凡是班内出现了违纪现象，老师同学都可以从中找到相应的惩罚措施，做到有“法”可依。

这里，又涉及一个极易引起误解的问题：教育中的惩罚。我认为，在学校，任何形式的体罚都必须根绝，因为离开了对学生的爱与尊重，就谈不上任何教育。同时，科学而成功的教育又不能没有惩罚。但是，教育惩罚不是体罚。我理解的“教育惩罚”，是对不良行为的一种强制性纠正。这既可以体现在精神上，也可以体现在行为上。前者如扣操行分或纪律处分(警告、记过等等)，后者是某些过失补偿性行为（比如做卫生不认真而罚其重做等等)。这些惩罚与尊重学生并不矛盾，正如著名教育家马卡连柯所说“确定整个惩罚制度的基本原则，就是要尽可能多地尊重一个人，也要尽可能多地要求他。”

所谓“互制性”，即法规既应体现出学生之间的互相制约，更应体现出师生之间的互相制约，特别是学生对班主任的合理制约。也就是说，《班规》不仅仅是对学生的管理，同时对班主任也具有责任监督、权力限制（这点，是我主动向学生提出来的)，而且应把这个监督权、限制权交给学生。

我要特别强调学生监督老师的意义。我让学生监督我，绝不是以“严于律己”的“高尚品德”来博取学生的“崇拜”，或“以身作则”使《班规》能够顺利实施；而是给学生树立一个观念：任何人都是有弱点的，因此任何人都需要制约。一切把班主任神圣化的认识都是危险的。所谓“总统是靠不住的”，那么，班主任同样是“靠不住”的。

起草《班规》：让每一个人都成为“立法者”

学生的认识基本统一后，我又问学生：“这个《班规》，应由谁来起草?”大多数学生都说：“当然是李老师啦!”也有少数学生说：“由班干部!”竟没有一个人说“应由我们自己!”

我又开始引导学生：“这个班不只是李老师的而是每一个同学的，要求这个班好也是每一个人的希望，制定班规同样是你们每一个人的意愿，那么，这个班规理所应当由班上每一个人起草。”我之所以要让学生自己订而不由我拟个初稿交学生讨论，是因为我希望学生从一开始就意识到，《班规》是我自己制定的，而不是老师强加给我的。更重要的是，学生自己草拟班规，使他们一开始就不知不觉地进入了自我教育、自我管理的角色。

当学生每人都交上一份《高90级一班班规（草案)》后，我布置学生干部进行归纳、整理、加工，形成初稿，然后交给全班同学反复讨论、修改。由于大家都认识到《班规》正式形成后的权威性，所以大家讨论极为认真，他们根据“可行性、广泛性、互制性”的原则对初稿进行字斟句酌地推敲。

比如，对“惩罚办法”的确定，最开始有人提出罚款，但多数人不同意。又有人提出罚站、罚作业等，仍未得到多数同学的认可。经反复讨论，大多数同学决定根据不同情况，不同程度的违纪现象采用这几种惩罚办法：为同学们唱一支歌（适用于较轻的违纪)、做值日生（违反课堂纪律影响同学学习，以此来为集体服务，表达歉意)、扫教室（影响了环境卫生，自然应该用自己的劳动弥补过失)、跑步（主要适用于不认真锻炼身体或违反体育课纪律的同学）等。又如，对于迟到的惩罚，最初规定“凡迟到一次，便当值日生一天。”但多数人觉得绝对不迟到难以做到，于是便改为“全期迟到不超过6次，否则，超过一次便当一次值日生。”这看起来似乎放松了对学生的要求，但实际上避免了绝对化、“一刀切”，而使《班规》更符合实际、易于执行。这些都充分体现了《班规》的“可行性”。

整个《班规》包括“学习纪律”、“寝室纪律”、“清洁卫生”、“体育锻炼”、“值日生”、“班干部”、“班主任”、“其他”共八个部分40条，每一部分中又有若干具体细则，基本上覆盖了班级管理的各个方面、各个环节，这便充分体现了《班规》的“广泛性。”《班规》的每一条都写明了执行者，并对执“法”不严者也有明确的惩罚规定，如“在教室里随地吐痰、扔纸屑脏物者，一经发现，罚其扫教室。此项由生活班委监督执行。如生活班委监督执行不严，罚其扫教室。”这就防止了班干部有“法”不依、执“法”不严。同时，在我的主动要求下《班规》专门设了“班主任”

一项，并对我有如此规定“每月出现下列情况中任何一种，均罚款两元或罚扫教室一次：①对学生发火超过一次；②上课拖堂两分钟以上；③错批评同学一次；④用不文明语言侮辱同学的人格；⑤未经同学允许占用自习课上语文；⑥执行本《班规》不严。对班主任的惩罚，由班长执行，全班同学监督。”《班规》还特别规定“全班同学每月以无记名形式对班主任工作投一次信任票，信任票未获半数，罚独自扫教室一次；连续两次未获半数，由班委向校长写投诉信。”这充分体现了《班规》的“互制性”。

执行《班规》：“班规面前，人人平等！”

经过两周时间的反复讨论、修改，最后由全班同学以无记名投票方式通过了《高 90 级一班班规》。《班规》一旦正式生效，便成了班级“法律”。在它面前，班上任何人（包括班主任）既是守“法”者，又是执“法”人。不管是我，还是学生干部，或是普通学生，平时的班内管理，便是共同全力保证《班规》的严格执行。面对《班规》，人人都有权利，同时人人都没有特权。对班主任来说，维护《班规》的权威，便是维护自己的权威；对学生来说，维护《班规》的尊严，便是维护自己的尊严，而教师的权威和学生的尊严都已通过《班规》转化为集体的意志。

以后三年的事实证明，《班规》的产生的确推动了良好班风的形成。而从高 90 级一班开始，我每带一个班无不实行“法治”管理。

必须声明的是，这里的“人治”、“法治”只是为了便于说明两种不同的班级管理思想而采取的一种类比说法，而非真正意义上的“人治”“法治”，因为对于一个班级来说无所谓“立法”，而且班级与国家毕竟也是不可同日而语的。

‖ “法治”管理的意义

引导学生制定出某种科学民主严明可行的《班规》并以此管理班级，其意义并非只是“被动管束”学生，而是使我们的班级管理更加科学、更加民主——

班级“法治”管理，使我由“学生保姆”还原为“心灵的引导者”

我曾在北京《班主任》杂志发表过一篇题为《解放班主任》的文章，提出应让班主任真正成为“灵魂工程师”而不是“学生保姆”。但在“人治”管理的模式下，班主任成天被琐事缠身，很难获得“解放”。自从我对班级采取“法治”管理后，我把所有班级事务（日常的学习纪律、清洁扫除、课间操纪律、运动会以及大型文娱活动等等）都交给了学生，我只“宏观调控”或在特殊情况下亲自出面解决有关问题。事实证明，学生自我管理的能力是足以让教师放心的。平时，我很少守着学生上自习、搞卫生，甚至平时考试我也不用监考，在大多数情况下，学生的表现是非常不错的。我外出开会、讲学等社会活动较多，每当外出，班长就成了代理班主任，全权负责班级事务，从未出现过大的纪律问题。我曾经同时担任两个班的语文教师和班主任（两个班学生共131人），但我靠“法治”管理，两个班仍然情况良好。有一次我去长沙出席中国教育学会年会，两个班各方面都井然有序，而且在此期间学校举行田径运动会，这两个班在班主任不在的情况下分别获得年级第一名和第三名的好成绩。了解我班主任工作特点的人都说，“李镇西的班主任当得真潇洒！”

但是，我从繁重的班级事务中获得解放后，并不是无事可做，而是将自己的精力投向更有价值的教育领域：研究学生，真正走进学生心灵。我结合自己的教育实际和学生的具体情况，搞了大量有关学生教育的调查、分析、研究，并尽可能深入学生心灵。多年来，我坚持每天至少找一位学生谈心；常常在星期天约学生出去游玩，自然而然地把握学生的思想情感脉搏；我根据学生心灵发展特点，先后给学生写了十多万字的心理咨询通信，帮助学生正确把握自己的人生航向。另外，我还先后承担了学校和市里的多项教育科研课题，发表了近百万字的教育教学文章和专著……我想，如果我不改革班级管理模式，继续沿用传统的“人治”方式，那么，我不可能取得这些成绩。

班级“法治”管理，有利于培养每一位学生的能力

在原来的班级管理模式中，学生干部永远是少数人，而班干部工作质量的高低，主要取决于班委们的道德素质和工作能力。而班级“法治”管

理，让每一位学生都有了大显身手的机会，而且他一旦当上班干部，“制度”（即《班规》）就会迫使他非当好不可。多年来，我班的班干部都是由全班学生无记名投票选举，并当场唱票产生。如果我要表示意见，也只能投一票。但是，可以这样说，每次学生们选出的班委干部无不是我所中意的，因为在平时我通过良好班风的营造，就已经为民主选举创设了健康的舆论基础。另外，《班规》规定，每一届班委只能任期一学期，班长任期也不超过一学年，因而使尽可能多的学生有机会当学生干部。除班委外，班上还设立了许多班级事务分工的职位，使每一位学生都不会空闲。这样，便保证了所有学生都能够参与班级管理。

在“法治”管理中，班干部们决不仅仅是班主任的助手，《班规》赋予他们具体的责任和权力。他们必须独立地有创造性地开展工作，每期全班学生都要对班委投信任票并进行民主评议，声誉较差者必须调整。同时，班委干部还代表学生集体监督我这个班主任的工作，如果我的工作有所失误甚至失职，他们会依照《班规》中有关规定对我进行惩罚。学生干部的日常工作也不仅仅是靠其自觉性，而是随时置于全班学生的监督之下，如有“玩忽职守”或“舞弊徇私”，便会立即受到专门负责监督班委的同学依据《班规》代表全班对其进行惩罚。在我班，班委干部的工作态度，已不仅仅取决于他们的个人品德，而首先是“制度”使然。这是就是“法治”。

班级“法治”管理，是对学生进行民主精神启蒙的实践教育

党的基本路线提出，要把我国最终建成高度富强、高度民主、高度文明的社会主义现代化强国。作为21世纪的一代新人，平等意识、法治观念、独立人格等民主精神是必不可少的。学生的民主精神怎样培养？**我认为，必须在民主的环境中培养民主精神，必须在民主的机制中培养民主精神，必须在民主的实践中培养民主精神。当然，我这里所说的“环境”、“机制”和“实践”，仅仅是指我们教育者所能提供的班级民主管理。**在我的班上，平等意识深入人心，学生们的确很尊敬我，但决不会对我顶礼膜拜，更不会把我的每一句话当作“绝对真理”；相反，他们常常同我争论，而且不少时候是他们的正确意见说服了我。我班的班委干部绝没有高人一

等的“官念”，相反，由于他们是同学投票选举而不是我“委任”的，因此他们深知自己的权力是同学赋予的，也只能用于为同学服务；而且定期投信任票，也使他们实实在在地感到自己的一言一行无不接受着同学们的监督，自己的“位置”是否“稳当”也完全由同学们决定，因而唯有真诚勤恳当好同学的“公仆”方能受到同学们的拥戴。在这样的民主机制中，班主任和学生具有同等的义务，学生和班主任拥有同等的权利。在我们的集体中，谁都有义不容辞的一份责任，但谁都没有《班规》以外的特权。

‖一场有意义的争论

我的班级“法治”管理的尝试，引起了一些教育报刊的注意。《中国青年报》以几乎整版的篇幅报道了我的这一探索，《天津教育》也发表了我的文章《权威转化：学生自理的良策》。没想到，我的做法引起了争鸣。

连续半年，《天津教育》围绕我的做法发表了各种不同观点的争鸣文章。当然不是所有批评意见我都赞同，但无论反对的还是赞成的，这些文章都扩展了我的思维，促进了我的思考。天津一位名叫“李荼晶”的老师发表了《立足“建设”，还是“破字当头”》的文章，对我表示质疑。

我的班级“法治”管理本身就是很不成熟的探索，因此，我真诚欢迎来自各方面的批评指正。我虽然不太同意李荼晶老师这篇文章的基本观点——我觉得他误解了我进行班级“法治”管理的真正用意，但是李老师的这篇文章却促使我进一步思考班级管理的问题。

思考的结果，是我写了一篇反批评的文章《让班级管理更加科学、民主——再论“权威转化”兼答李荼晶同志》，并同样发表在《天津教育》上。

在这篇文章中，我首先真诚感谢李荼晶老师对我《权威转化：学生自理的良策》（以下简称《权》文）提出了不同的看法，使我对有关班级管理的问题进行了更全面、深入的思考。然后，我着重分析了《班规》的作用——

《班规》不是万能的，但没有《班规》则是万万不能的

我把思想教育与常规管理比作集体赖以腾飞的两只翅膀。常规管理着重面对集体，规范行为；思想教育着重面对个性，塑造心灵。二者缺一不可且相辅相成。没有科学民主的常规管理，班主任会陷入各种班级琐事而难以集中精力去塑造心灵；没有符合学生个性的思想教育，常规管理则会被学生视为“管卡压”而难以心悦诚服。

《立》文中说“并不是不要纪律和约束。”但《立》文所认为的“纪律和约束”是什么呢？作者写道“而是在扬起自强的风帆中，互相友爱，展现每个人的长处，从而更自觉地提高要求自己的标准，战胜自我。”很遗憾，这并不是“纪律和约束，”而是思想教育的艺术和目的。的确，教育离不开“鼓励”、“信任”、“感化”，但仅此是不够的。在深入细致的思想教育的同时，订立班级管理的一系列《班规》不仅应该而且必须。《班规》不是万能的，但没有《班规》则是万万不能的。我与《立》文作者一样非常赞赏“成功教育”，但“成功教育”中的“鼓励性评价”与严格的班级常规管理恰好是班级建设两个方面（并非“恰好相反”）；我相信楼老师也有符合她班情、体现她教育个性与风格的班级管理方法与制度。

我也心悦诚服地赞成《立》文中关于“挖掘学生闪光点”、“依靠‘新我’战胜‘旧我’的一系列精彩论述。”因为我在引导学生依靠《班规》治班的同时，也正是这样做的（参见《河南教育》1990年第1期~第11期本人拙作《学生集体主义情操教育漫谈》）。《权》文只是就教育的一个侧面（班级管理）谈看法与做法，我不理解《立》文作者何以仅凭我谈班级管理的短文，就断定我的“带班方法”是“破字当头”、“单靠禁令”呢？

针对李荼晶老师对“权威”一词的理解和解释，我谈了我对这个词的认识——

《中国大百科全书》把“权威”界定为“在社会生活中靠人们所公认的威望和影响而形成的支配力量”。我在《权》文中所提出的“把教师的权威转化为集体的意志”，就是指把在一些人看来是属于教师个人对学生的威望、权力等“支配力量”，转化为班集体对每一位集体成员的感召力、凝聚力、影响力等“支配力量”。这种“支配力量”既表现为集体的健康舆论，也表现为班级的规章制度。《权》文着重谈的是后者。

“权威转化”的过程绝非如《立》文所误解的是“发动学生找缺点”、“发动学生去‘谴责制约’、‘被动管束’”、“发动学生搞‘下马威’”那么简单粗暴。恰恰相反，它自始至终充满了教育者对学生的高度信任与尊重。不错，我在对新生提的三个问题之一是“为了实现这个愿望，每个人应不应该努力克服自身的缺点呢?”但这里的着眼点是引导学生集体预测在创建美好班级的过程中可能会出现哪些障碍，进而提出防范措施，而不是让学生一个一个地检讨，暴露自己不光彩的过去。何况，启发学生自省与鼓励学生自信并不矛盾：在自信的前提下，全面地自省；在自省的基础上，科学地自信。在引导学生认识代表着希望与成功的另一个“我”的同时，又引导学生正视自己的缺点与弱点，这才是全面科学的引导。

我和我的学生并不认为“把为集体服务的劳动当成惩罚手段，这样做有伤‘劳动光荣’的宗旨”。学生们并不认为依“法”认罚（包括做值日、扫教室）是一种耻辱，因为至少绝大多数学生已逐步形成这样的观念：既然我为我的集体造成了某种损失，那么，我现在应当以自己的劳动来向同学们表达歉意，为集体增添欢乐、温暖和荣誉。

还需特别强调说明的是“权威转化”并不是放弃班主任的教育导向和管理权力而一味地去迎合迁就学生，因为“班级法规”里面无疑包含有某些教育者个人的意图。但是，这些教育意图与学生集体希望达到（虽然可能在行动上还暂时难以做到）的目标是一致的，而且这种意图通过班主任的引导已变成了学生的内在要求，因此，教师权威的转化，其实质是引导学生自我教育，是苏霍姆林斯基所提倡的一种教育艺术和理想境界：“教师的聪明才智在于，使学生不感觉到他事无巨细都在管束着他们和形式主义地监督他们，使孩子们把教师的意图当作自己的意图提出来并加以实行。一个真正的教育能手永远不会使孩子感到自己是一个发号施令的人。”

因此，“权威转化”的目的是引导学生自我教育。

文章的最后，我这样写道——

当然，“权威转化”，以“法”治班的具体做法和某些提法，都还有待在进一步探索中不断完善。但是，我所遵循的基本精神——让班级管理更加科学更加民主，却不仅仅意味着一种管理方式的改进，而关键是一种教育观念的更新；也不仅仅是班主任个人工作艺术的偶然体现，更是让我们的教育适应社会发展、顺应时代潮流的必然趋势。

四、追随大师，追随名师

‖站在陶行知和苏霍姆林斯基的肩上

可以这么说，我成长的历程也是我追随教育大师、追随名师的过程；或者说，是与大师和名师同行的过程。而一提起“教育大师”，我首先想到两个令我景仰的名字陶行知和苏霍姆林斯基。在我从事教育事业的这么多年中，这两位卓越的教育家一直是飘扬在我心中的两面旗帜。

最早接触陶行知先生的著作是刚参加工作的一九八二年。当时，我在书店偶然买到了《陶行知教育文选》。虽然只是“文选”，但先生那一篇篇朴素而深刻的文章，让我感受到了一位教育家的伟大人格。当时，我更多的是从陶行知著作中汲取“爱”的精神养料，先生有一段话特别震撼我的心灵：

“要想完成乡村教育的使命，属于什么计划方法都是次要的，那超过一切的条件是同志们肯不肯把整个的

★陶行知纪念馆里，凝望青年陶行知（2001年）

心献给乡村人民和儿童。真教育是心心相印的活动。唯独从心里发出来的，才能打到心的深处。”

读着这段话，我很自然地想到了自己的教育。说到“教育”，不少教育者往往更多的是把眼光投向教学内容、教学方法、教学设备、考试制度等等的改革，这些当然是必要的，但是我认为，教育决不仅仅是教育技术层面的事，而首先是一种充满情感的精神交流，是“心心相印的活动”。离开了情感，一切教育都无从谈起。

80年代，我摘抄了许多陶行知著作中的话，作为对自己的勉励——

“乡村教育之能改造，最要紧的是要问我们肯不肯把整个的心献给乡村儿童。……倘使我们肯把整个的心捧出来献给乡村儿童，那么，无论如何困难，必有达到目的一日。否则天天背诵教学做合一，也是空的。我今天要代表乡村继而投向全国小学教师及师范生上一个总请愿：‘不要你的金，不要你的银，只要你的心。’”

“您不可轻视小孩子的情感！他给您一块糖吃，是有汽车大王捐助一万万元的慷慨。他做了一个纸鸢飞不上去，是有齐柏林飞船造不成功一样的踌躇。他失手打破了一个泥娃娃，是有一个寡妇死了独生子那么悲哀。他没有打着他所讨厌的人，便好像是罗斯福讨不着机会带兵去打德国一般的怄气。他受了你盛怒之下的鞭挞，连在梦里也觉得有法国革命模样的恐怖。他写字想得双圈没得着，仿佛是候选总统落了选一样的失意。他想你抱他一忽儿而你偏去抱了别的孩子，好比是一个爱人被夺去一般的伤心。”

“您若变成小孩子，便有惊人的奇迹出现：师生立刻成为朋友，学校立刻成为乐园；您立刻觉得是和小孩子一般儿大，一块儿玩，一处儿做工，谁也不觉得您是先生，您便成了真正的先生。”

……

一个伟大的教育者，对儿童的心灵世界竟有如此细腻的感受和深刻的理解，我只能说，陶行知先生的一颗真诚博大的爱心同时又是一颗纯洁无瑕的童心。

正是陶行知先生这颗童心，感染了我的童心，使我的教育也充满了爱。

我无法用语言来表达我重读陶行知时所受到的心灵震撼，但我可以告诉读者，重读陶行知，使我真正走进了陶行知，并且坚定了我对充满人性的教育的追求。

伴随我教育历程的教育家，除了陶行知，还有苏霍姆林斯基——我把他视为“苏联的陶行知”。

第一次听说苏霍姆林斯基，是我刚参加工作那一年。有一次，我因打学生而被学校领导批评。在反思的那段日子里，我第一次认真读了苏霍姆林斯基的《要相信孩子》。可能是因为几个月的教育实践使我有一些切身体会了，也可能是因为当时苦闷迷茫中的我在潜意识里有着寻求理论帮助的渴望，总之，这本定价 0.36 元的薄薄的小册子很快吸引了我，而且，现在想起来，当时这本书的意义远远不只是有助于我对自己所犯错误的反省，而是为我开启了一扇教育思想的大门。随后，我不但重新借阅了《给教师的一百条建议》，而且还阅读了我所能买到或借到的所有苏霍姆林斯基的著作：《给教师的建议》（上、下）、《巴甫雷什中学》、《关于人的思考》、《让少年一代健康成长》、《怎样培养真正的人》、《少年的教育和自我教育》、《论劳动教育》、《爱情的教育》、《家长教育学》……我曾在《爱心与教育》的引言中写道：“可以说，苏霍姆林斯基的思想，是在我教育生涯的早晨投下的第一缕金色的霞光。”

苏霍姆林斯基以他真诚的人文关怀和富有魅力的思想以及充满韵味的语言征服了我。可以毫不夸张地说，从 80 年代初期开始一直到现在，我真正成了苏霍姆林斯基的“追星族”的一员。

是的，我不否认我的确是在用整个心灵迷恋苏霍姆林斯基，因为在我的眼里，苏霍姆林斯基的魅力是无法抗拒的。我曾经在三峡旅游的轮船上进入苏霍姆林斯基的《巴甫雷什中学》，心中激起的感情潮水随长江的波涛一起翻滚；我曾经坐在医院的病房里，一边守候病中的妻子一边和苏霍姆林斯基一起进行《关于人的思考》——夜深人静的午夜时分，整个宇宙似乎只有我和苏霍姆林斯基在倾心交谈……这种体验不知有过多少次了，但每一次都让我感到说不出的惬意：当我打开他的书，一股亲切而温馨的气息便扑面而来，耳畔似乎响起了一位慈爱长者诚恳的忠告和叮咛；而当我合上书，思想的晴空万里无云，我的思维的翅膀会继续沿着苏霍姆林斯基所照亮的航程自由自在地飞翔……多少次我甚至痴痴地幻想：如果能亲赴巴甫雷什中学见一见我所崇敬的这位教育导师，那将是多么幸福的事啊！1991年，当苏联解体的消息传来，仅仅是因为苏霍姆林斯基的原因，我就喟叹了好几天——那是苏霍姆林斯基的国度啊！在我接触苏霍姆林斯基著作之初，我就有意识地学习他，学习他对学生的挚爱，学习他对教育的执著，包括学习他坚持不懈地写《教育手记》；甚至我后来出版的《爱心与教育》在行文风格上也打上了苏霍姆林斯基深深的印记……

和一般的教育家不同，苏霍姆林斯基不是以“学者”或“研究家”的身份去冷峻、“客观”、孤立地研究教育，而是充满真诚的人道主义情怀，把自己的一腔激情洒向他的每一位学生。他的深情的目光首先对准的是一个个人的心灵而不只是具体的教学环节或手段，他一生所关注的始终是每一个学生的个性的发展。这就使他的教育境界远远超过了一般侧重于研究教育技术的教育家，而使教育真正进入了人的心灵的宇宙。而且，苏霍姆林斯基在表达他那些充满人情味的教育观点时，所用的语言也是既充满坚定信念又亲切温馨甚至不乏诗意的语言：“每个儿童就是一个完整的世界。”“我们的工作对象是正在形成中的个性最细腻的精神生活领域，即智慧、情感、意志、信念、自我意识。这些领域也只能用同样的东西，即智慧、情感、意志、信念、自我意识去施加影响。”“思想应该像高大的橡树一样坚强，像出弦的箭一样有力，像烈火一样鲜明。真理的坚定性，真相的鲜明性和思想的不可动摇性，是从同一个名叫困难的源泉中涌出的泉水。”“亲爱的朋友，请记住，学生的自尊心是一种非常脆弱的东西。对待它要极为小心，要小心得像对待一朵玫瑰花上颤动欲坠的露珠，因为在要摘掉这朵花时，不可抖掉那闪耀着小太阳的透明露珠。”……

在读苏霍姆林斯基著作的同时，我也读了一些其他世界著名教育家的书。应该说，所有教育家的思想或多或少对我都有启迪。但通过比较，我感到苏霍姆林斯基的思想最富有个性特色，而且最容易在中国这块土地上

★和苏霍姆林斯基的女儿在长城（1998年11月）

生根发芽。首先，苏霍姆林斯基的政治信仰、价值观念与我国的主流意识形态是完全一致的，我们最根本的教育指导思想都是马克思列宁主义。培养具有集体主义思想、爱国主义情操、社会主义信念的共产主义新人，是苏霍姆林斯基也是我们最终的教育目标。其次，与中国长期占主导地位的教育传统观念有所不同的是，苏霍姆林斯基更注重教育在适应社会发展的同时还应有利于人个性的发展。他十分注重在教育中注入尽可能多的人情、人道和人性，而这恰恰是长期以来的中国教育所最缺乏的。所以，读苏霍姆林斯基的书很容易感受到一种情感的力量，感到一种对心灵的抚慰。另外，苏霍姆林斯基的教育实践是一种始终面向基层、面向社会、面向普通学生的开放性教育实验，而不是在实验室里对少数学生的封闭式研究甚至经院式研究。对中国广大的中小学教育者来说，无疑更有着可资借鉴的操作性。最后，与其他经典教育著作相比，苏霍姆林斯基可以说开创了一种崭新的教育著作文体：将理论溶注于一个个生动感人的教育故事之中，或者在夹叙夹议中娓娓诉说自己的教育个例，并自然而然地以极其精辟凝练的语言表达着自己的教育见解，既给读者以形象的感染，又给读者以思想的冲撞。比起许多充斥着晦涩生僻术语的理论著作，苏霍姆林斯基的书当然会拥有更多的中国读者。

他的感情真挚而充沛，他的思想朴素而深刻，他的语言平易而精彩，“要培养真正的人！”让每一个从他身边走出去的人都能幸福地度过自己的一生，这就是苏霍姆林斯基的教育追求。仅仅凭这一点，他教育胸襟的博大和教育理想的崇高就远远超出了同时代许多的教育家。（虽然以今天的眼光看，他的思想理论可能有着这样那样的不足和一些不可避免的历史的局限。）

多年来，不少朋友善意地和我开玩笑，说我是“苏霍姆林斯基的狂热信徒”，而我从来都毫不讳言自己立志做苏霍姆林斯基的忠实追随者。回想参加教育工作以来的经历，他对我的影响的确是巨大的。正是苏霍姆林斯基，使我开始意识到应把自己的学生当作富有个性的“人”，而不是考试的机器、分数的符号，并且将发展学生的个性同自己工作的乐趣联系在一起：“如果你感觉到每个儿童都有个性，如果每个儿童的喜悦和苦恼都敲打着你的心，引起你的思考、关怀和担心，那你就勇敢地选择崇高的教师工作作为自己的职业吧，你在其中能找到创造的喜悦。”正是苏霍姆林斯基，让我意识到了自己身边的教育弊端：“不要让上课、评分成为人的精神生活的唯一的、吞没一切的活动领域。如果一个人只是在分数上表现自己，那么就可以毫不夸张地说，他等于根本没有表现自己，而我们的教育者，在人的这种片面性表现的情况下，就根本算不得是教育者——我们只看到一片花瓣，而没有看到整个花朵。”正是苏霍姆林斯基向我指出了教师本人素质的重要性，“能力只能由能力来培养，志向只能由志向来培养，才干也只能由才干来培养。”正是苏霍姆林斯基，交给了我一个重要的教育工具，这就是“集体”。“教师的聪明才智在于，使孩子们把教师的意图当作自己的意图提出来并加以实行。一个真正的教育能手永远也不会使孩子感到自己是一个发号施令的人。”正是苏霍姆林斯基告诉我应该怎样对待学习困难的儿童，“教学和教育的技巧和艺术就在于，要使每一个儿童的力量和可能性发挥出来，使他享受到脑力劳动中的成功的乐趣。……如果教师善于把学生引进一种力所能及的、向他们预示着并且使他们得到成功的脑力劳动中去，就连那些调皮捣蛋的学生也能多么勤奋、专心致志地学习啊！”……

因此，到了90年代中期，当我以极大的热情研究素质教育时，我自然想到了苏联的陶行知——苏霍姆林斯基。在我国实施素质教育的呼声日渐高涨之际，苏霍姆林斯基的思想再一次显示出真理的光芒。“所谓和谐的教育，就是如何把人的活动的两种职能配合起来，使两者得到平衡：一种职能就是认识和理解客观世界，另一种职能就是人的自我表现，自己的内在本质的表现，自己的世界观、观点、信念、意志力、性格在积极的劳动中和创造中，以及在集体成员的相互关系中的表现和显示。正是在这一点上，即在人的表现上，应当加以深刻的思考，并且朝着这个方向改革教育工作。”甚至在我看来，半个世纪以前苏霍姆林斯基在他的家乡乌克兰所创办的巴甫雷什中学，实在是堪称素质教育的典范！

历史证明了苏霍姆林斯基教育思想的不朽。现在，他那充满人性的教育理论成了全人类的教育遗产，也成了我实践民主教育的理论基石之一。

‖聆听于漪老师的教诲

虽然第一次见到于漪老师是在1999年，但早在我参加工作之初，便从她的文章中汲取了许多语文教育的思想养料，并自觉地在精神上追随她。

于漪老师始终把“教书”与“育人”有机地融合在一起，她认为语言文字与思想感情本身就是不可分割的，没有脱离思想感情的“语文”，也没有离开“语文”的思想感情。她说：“如果语文能力的培养是纯技术性、纯技巧性的，那只要反复操练就可取得显著效果。然而，语言文字毕竟不是僵死的符号，它负载着人的思想、情感、意识。心灵，是活生生的、有灵魂、有生命力的。语言、思想、情感是同时发生的，语言不仅仅是载体，实质上它就是意识、思维、心灵、人格的组成部分——一个认识水平低下、孤陋寡闻、缺少文化教养的人，不可能具备很强的语文能力，很高的语文水平。”这个思想直接影响到我语文教育的实践，并提出了变“语文教学”为“语文教育”的观点。于漪老师特别强调课堂语文教学与窗外世界的联系，她主张要把课堂、生活、社会打通，这点也直接影响了我的“生活语文”观。

特别让我佩服的，是于漪老师那种一以贯之的反思精神和超越勇气。我想，至少在我国中学语文界，没有人能够否认于漪老师为中国语文教育所做出的卓越贡献。特别是改革开放20年来，于漪老师以其高尚的人格风范、精湛的教育艺术和不息的探索精神，在语文教育方面锐意改革、大胆开拓并取得了累累硕果，堪称语文素质教育的领军人物。但是，恰恰是她，对现在的语文教育弊端提出了最尖锐的批评，对素质教育发出了最真诚的呼唤，对走向21世纪的中国语文教育寄予了最热切的期待——

“语文教育的现状极不令人满意。”“学语文就是学做人。伴随语言文字读、写、听、说训练，渗透着认知教育、情感教育和人格教育。语言文字不是单纯的符号系统，而是一个民族认识世界、阐释世界的意义体系和价值体系，它与深厚的民族文化联系在一起。不认识语文的学科性质，只片面强调语文的工具性，用解剖刀对文章肢解，留在学生脑海里的，只能是鸡零狗碎的符号。这样做只会给学生和教师带来许多危害。从学生这一面来看，它把学生的思维捆绑住了，把活生生的学生变成‘机器人’。学生的思维能力、想象能力、创造能力、个性、灵气都给打掉了。学语文，讲究语感，讲究灵气。灵气对一个学生来说非常重要。所谓灵气，就是思维敏捷，视野开阔，想象丰富，富有创见。一个孩子只有一个青春。青春对任何人都是很宝贵的，一旦青春浪费就不会再来。倘若语文教学再不改革，我们对不起学生，对不起家长，也愧对民族、愧对祖国，要负历史的责任。”“语文学科是最开放、最有创造性的。……现在统统变成一个模式，把语文教学搞得一潭死水，学生的创造性、灵气都被磨掉了！……我们整个教育到底是培养人，还是仅仅培养知识和技能？我觉得我们教育的终极目标淡化了。”

我经常用于漪老师的这些振聋发聩的话来审视自己的教育并拷问自己的心灵：怎样才算是一个真正对孩子们负责的优秀教育者？

有一年，我完成了一部反映自己语文教育实践的小书。出版社考虑请人写篇序言，我几乎是不假思索地就想到了我非常敬重的于漪老师。虽然在这之前，我和于漪老师并没有任何私人交往（我想她也根本不认识我），但是我有一种直感：相信于漪老师一定会为我这个无名之辈的书写序的。这份信任，源于我多次阅读于漪老师文章时所感受到的她的那种对年轻人的真诚关怀之情。

可是，当责任编辑郭老师与于漪老师电话联系时，才得知于老师的两只眼睛刚刚动过手术，还缠着纱布，而且她的心脏也很不好。于老师在电话里表示深深的歉意，她说如果不是因为眼睛不好的话，她非常乐意写这篇序。听了郭老师的转述，我很感动：虽然她不能为我写序，但她对年轻人的爱心我已经感觉到了。

几个月以后的一天晚上，郭老师来到我家，送来了于老师写的序言。她对我寄予了很热情的鼓励——

李镇西同志十数年如一日在这个领域辛勤耕耘，积极探索，大胆改革，积累了不少行之有效的经验。尤其难能可贵的是：1.他目中有人，始终把对学生的培养、塑造放在教学工作的首位。尊重学生，充分调动学生学习的主动性、积极性，发扬教学民主，让学生个性得到发展，这是现代教育培养造就人必须具备的教育理念和教育方法。然而，要真正做到，绝非易事。在教学实践中，一叶障目，只见学科的某些具体要求，有意无意地忽略人的培养屡见不鲜。因此，在教学中坚持把育人放在首位，便是值得称道的了。2.善于思考，不人云亦云。语文教学如不执著追求，不以一定的理论为指导，容易产生随意性。教育是有目的有计划地培养、塑造人，随意性越大，教学效果就越不理想。作为一名语文教师，独立思考，善于思考，就显得十分重要了。李镇西同志在这方面很努力。他在所有的教学活动中，无论是课堂教学，还是语文课外活动，都用心研究，反反复复探讨，穷根究底，寻求有效的教学方法和良好的教学效果。善于思考不等于固执于一己之见，而是能放开眼光，博采众长。既有自己的见解，又能广为吸取别人有价值的看法与做法，以丰富自己的教学思想、教学实践。3.勤于笔耕，不断总结经验教训。语文教师应该有支生花的笔，要教会学生纯熟地运用祖国的语言文字表达情意，自己就必须勤动笔，深体味。没有“下水”的甘苦而指导学生，不是照搬现成的写作术语，就是隔靴搔痒，说不到点子上。再说，笔是练出来的，不勤练，笔秃思想钝，教学中就难以有活水流淌。教育是细水长流，积涓滴成小溪，成小河，成江，成海，把点滴闪光的思想、有效的做法汇集起来就可领悟到许多道理，就能产生智慧。否则，再好的看法，再应引以为戒的做法，都会随着时间的消逝而付诸东流，不留半点痕迹。因而作为一名青年教师，一步一跌一回顾很有必要。这是成长的足迹，也是成才的必要条件。

同时，也对我提出了真诚的忠告，希望我千万不要像有的人那样，“稍有成绩，稍露头角之时，炒作四起，在名噪一时的情况下，失去冷静，……于是多少年如一日，裹足不前”。

最后于漪老师颇有感触地写道“我们这一代教师由于历史曲折等等原因，不可能也难以静下心来研究教学，从事较长时间的教改实验，生命中相当多的时间是在哄闹声中浪费的，留下了许多遗憾。……现在的青年同志生逢科教兴国的盛世，学习、实践、研究，社会为他们创造了广阔的空间，只要不懈地努力，前程无量。”

殷殷期望，情透纸背！我觉得于老师仿佛正站在我的面前亲切地注视着我——这是老一辈语文教育工作者对我，也是对所有新一代语文教师信任的目光啊！

我当晚便给于老师打了电话，向她表示由衷的感谢，不仅仅是感谢她抱病为我写序，更感谢她对我的鼓励和提醒。随即，我耳边又响起了于老师那温和慈祥的声音：“我真是希望你们这一代人比我们做得更好！中国应该有自己的教育家，而不仅仅是做外国教育家的追随者，成为人家理论的‘论据’。……唉，我们这一代语文教师被耽误得太多了，那时候，谁敢研究教育啊！连写篇文章去发表都要被批判为‘白专’，更不要说著书立说了！你们真是幸运，赶上了好时代，一定要珍惜啊！永远保持清醒的头脑和勤勉的精神，扎扎实实地在第一线耕耘，你一定会取得更大的成绩！”

我在电话里对于老师说：“我明白您的意思，在我们这一

★在于漪老师家里（1999年8月）

代年轻教师的肩上，承受着两代人的使命！你们当年由于时代造成的事业上的遗憾，要由我们来弥补。于老师，我一定记住您的忠告。”后来，我多次见到于漪老师，亲耳聆听她的教诲。

如果说，以前我的探索多少还有点凭兴趣和激情的话，那么现在，我有了更为自觉而理性的使命感了。未来的探索之路上，肯定还会有挫折和失误，但我会肩负着“两代人的使命”不懈地奋力攀登。

‖学习魏书生　不做魏书生

我第一次见到“魏书生”这三个字，是刚刚参加工作不久的1983年。我在一个刊物上读到了介绍魏书生的文字后，真是激动万分。那时我正沉迷于苏霍姆林斯基，所以我很自然地把魏书生与苏霍姆林斯基相比较，他们两人都是自学成才，都在农村中学任教，都把自己的心融入了学生的心……于是，我得出的结论是：魏书生就是中国的苏霍姆林斯基！我决心做一个像魏书生那样的老师，不仅仅是决心，我真的开始了自己的行动。魏书生老师要他的学生办班级日报，我在自己的班上也开办了班级日报；魏书生老师要他的学生写日记，我要我的学生也写；魏书生老师让学生画“语文知识树”，我也让我的学生画……说魏书生影响了整整一代语文老师，可能有点夸张，但说他影响了年轻时的李镇西，是一点儿也不夸张的。

第一次见魏书生老师是1995年夏天，我回老家乐山看望母亲，正碰上魏老师来乐山讲学。魏老师讲的题目是《自强　育人　教书》，他站在宇宙的高度看待社会、人生和教育，把我的心也引到了一个澄明的境界。下午听报告之前，我在去剧院的路上碰到了魏老师，烈日下，他也步行前往剧院。怀着崇敬和激动的心情，我追上去和他打招呼，并和他一起走到剧院。一路上我们聊了些什么我已经忘记，但他的平和从容给我留下了很深的印象。当天报告完了以后，我买了一本他的著作《班主任工作漫谈》，然后请他题词，他写了四个字：“解放自我！”

那个暑假我一口气看完了《班主任工作漫谈》，心灵的原野阳光灿烂，同时身上有一种飞翔的冲动。合上最后一页，我作出了一个庄严的决定：

要求学校给我两个班，我要进行真正的教育科研实验！后来的几年里，我同时担任“优生班”和“差生班”的班主任和语文老师，我把主要精力用在“后进生”的研究上，做课题、写随笔，正是那几年艰辛的教育教学探索，孕育了我后来那本《爱心与教育》。

后来，我又先后三次在不同的场合与魏书生老师有过近距离接触和交谈，但都没有比较深入的交流。不仅仅是没有时间，而是我的自卑，使我觉得除了仰视，我没有资格与魏书生老师进行平等的对话。随着我教育思考和实践的深入，我开始反思自己也研究包括苏霍姆林斯基、魏书生、叶圣陶等等教育大师的教育，我开始从单纯的感情崇拜转向相对成熟的理性审视。我开始意识到，正如苏霍姆林斯基的思想并不能取代我的实践一样，魏书生的具体做法也不能取代我富有个性的创造。在《给青年校长的谈话》中，苏霍姆林斯基有几句话说得非常精辟：“某一教育真理，用在这种情况下是正确的，而用在另一种情况下就可能不起作用，用在第三种情况下甚至会是荒谬的。”

于是，我在包括魏书生等人的影响下，开始走自己的教育探索。渐渐地，我取得了一些教育成果，并开始引人注目了——我的“事迹”出现在一些报刊上。特别是随着我“影响”的逐渐扩大，我所在的城市有人把我称为又一个“魏书生”，在网上也常常有人这样评价我。面对这些赞誉，我总是很认真地说：“请不要把我同魏书生老师相提并论。”

这绝不是一般意义上的“谦虚”，而是基于这样的认识：**任何一个人都是独一无二的个体，人与人之间是不可比的。对于魏书生老师，我一直都认为他是我学习的榜样；我没有想过成为他，也不可能成为他。我就想做一个最好的自己。**

著名教育专家查有梁教授在为拙著《爱心与教育》写的“跋”里有这样一句话：“作者的思想源于苏霍姆林斯基，又超越了苏霍姆林斯基。”这话显然有些过头，但我把它看作是查老师对我的鼓励或者说为我指出的一个奋斗方向。后来，《爱心与教育》出版后，有些读者朋友也爱把我的名字同苏霍姆林斯基联系在一起；甚至有一位好心的青年学者在写《爱心与教育》的评论文章时，标题竟然就是《超越苏霍姆林斯基》。对此，我是万万不能接受的。这绝不是出于谦虚或者世故，而是我觉得现在的我哪里有资格侈谈“超越”？这些说法实在让我有一种无地自容的羞愧！

不是说苏霍姆林斯基不能超越——尽管我非常敬仰他，可我从不认为他作为科学而不是宗教的思想理论就没有历史的局限或其他的不足；但是，就我目前的情况看，我不过是一名刚刚起步的苏霍姆林斯基的追随者而已，离“超越”何止十万八千里！

而且，即使从发展的眼光看，我为什么一定要“超越”苏霍姆林斯基呢？苏霍姆林斯基属于他的民族和他所处的时代，也属于他自己的独一无二的精神个性。我们可以学习他，借鉴他，但不可能也没有必要去“超越”他。不同时代、不同民族或同时代、同一民族的杰出教育家之间并不是人们通常所说的非要“发展”与“超越”不可，而是互相借鉴融会、交相辉映而又保持自己的思想个性、时代特色、民族气派。——中国的孔夫子、陶行知还有外国的卢梭、苏霍姆林斯基，你能说谁“超越”谁呢？

对苏霍姆林斯基是如此，对魏书生也是如此。

2003年国庆，我去北京参加“全国著名中青年特级教师课堂教学艺术展示活动”，又一次见到了魏书生老师。尽管我和他以前就见过几次面，也算老朋友了，但我仍然在他面前“放肆”不起来——同样是面对名师，我和程红兵、韩军、程翔等人却可以很随便地调侃。其实，魏书生老师是非常平易平和的，和我聊天也很随便，但我心中始终把魏书生当作我的老师来尊敬。

在去会场的车上，我对魏老师说：“80年代前期，我就开始学你的具体做法，但越学越不像；后来我只取你的思想，然后结合我的实际走自己的路，我便找回了自己。”魏老师说：“每个人都有自己的特点，我有的你没有，你有的我也没有。”我说我曾读魏老师的书，问他现在又出了什么新著，他说现在因为忙写得少了，然后又说：“我读过你的文章，你的文章很有文采与思想。”我知道魏老师是在鼓励我，但我还是为自己的文章能够被魏老师读到而高兴。

上午听魏老师上课，讲《人生的境界》。实话实说，我不太喜欢这样的上法，如果我来上我不会这样上，但这是魏书生式的上法，别人想学也学不来的。上完课，魏老师又做了一个报告，他没有就语文讲语文，甚至没有就教育谈教育，而是从做人谈起，从改造自己谈起。魏老师的许多话我已经在他的著作中读到过，但今天亲耳聆听，仍然引起我强烈的共鸣："要改造别人，先改造自己。""过年过节的日子很快乐，这容易做到；但要把平常的日子也活出滋味来，那才是一种境界！""不提口号，不搞运动，该怎么做就怎么做。用平常心做平常事！"……他谈到任何一件事都有一百种做法，举到刚才的语文课："同样一堂课，我有我的上法，李镇西

★和魏书生在一起（2004年1月）

有李镇西的上法，上出个性来就是最好的课。"讲台上的魏老师谈吐从容优雅，语言平和朴实而不乏幽默。他把我们的精神引向崇高的境界，又让我们的心回到平凡的世界。他用最朴实的大白话娓娓诉说着人生的哲学，让我们在感受他博大胸襟的同时，也禁不住审视着自己的灵魂。

中午在饭桌上，我和魏老师闲聊，我说："魏老师，我会继续向你学习，但我不会做你，我要做最好的自己！"他直说"好好"，然后强调说："不要老是和别人比，要和自己比，活出自己来！"

‖同龄人的激励与我同行

除了向于漪老师、魏书生老师学习，我还向同龄人中的佼佼者学习。

从80年代末90年代初开始，我注意到一些中青年教师的名字：程红兵、程翔、陈军、李海林、韩军、高万祥，黄玉峰、黄厚江、翟小宁……他们多数和我同属一个年龄段，我知道自己无论在哪方面都和他们有差距——论学识我不如红兵，论思辨我不如韩军，论教学我不如程翔，论学术我不如海林，论大气我不如万祥，论才华我不如玉峰……但我愿以他们作为我事业冲刺的标杆。

“我把做人和做学问分开。做人要真诚，以人为善，尊重他人；但做学问，我却从不讲情面，勇于怀疑，敢于批评，只认真理，不看任何人的脸色！”这是著名语文特级教师、上海建平中学校长程红兵对我说过的话，也是我从他身上学到的最可贵的品质。

★和程红兵在西安古城墙上（2000年4月）

我第一次知道“程红兵”这个名字，是和一篇文章联系在一起的——《语文教学“科学化”刍议——与魏书生同志商榷》。在这篇文章中，程红兵站在人性的高度，对魏书生老师关于“人人有事干，事事有人干，时时有事干，事事有吋干”等一整套“语文教学的科学管理”提出了质疑：“……十分的严谨，十分的有序，十分的细致，十分的规范，用于生产可以出标准的器件，用于育人，则并不妥当，千篇一律，标准规范的器件是好器件，千篇一律的标准化文章绝不是好文章，而用于一个模子塑造出统一的标准化的人，那只是对人性的扼杀，绝不是教育。”可以毫不夸张地说，读到这里，我当时的确是为程红兵的质疑精神拍案叫绝的。

当时我没有想到，几年后，已经成了我的朋友的程红兵会对我也说“不”——

在1999年5月6日，成都市教科所为我组织了一个“李镇西语文素质教育观摩会”，程红兵特意从上海赶到成都。那天上午，我上了两节作文评讲课和一节阅读教学课（讲《拿来主义》），受到了老师们的好评。

但是下午的研讨中，红兵在对我的课予以高度评价的同时，又直率而诚恳地提出了一些不同看法。好像是为了让与会的几百名教师理解他或者说适应他的话语风格，他首先申明：“我是喜欢抬杠的，但是，我从来都是找高手抬杠，比如魏书生，比如钱梦龙。”接下来，他在对我的课进行了积极的评价之后，开始“但是”了——

“李老师给学生布置的作文题目是《愧疚》，我想这有侵犯学生隐私之嫌。教育在任何时候都应该体现出对学生心灵的尊重。还有，在讨论《拿来主义》时，学生对李老师的意见提出质疑，这正是这堂课精彩的地方，遗憾的是，李老师没能以充分的时间让学生展开争论，而是很快亮出了自己的观点，便匆匆结束了这场争论。为什么不索性让学生畅所欲言呢？可能李老师是担心下一个教学环节时间不够，但既然学生的思想火炬已经燃烧起来，就干脆让它燃烧嘛！”

他这样“上纲上线”地总结道：“从这堂课来看，李镇西老师是一个革命者，但还不是一个彻底的革命者！”

我当然并不完全同意他的看法，但他有的观点确实击中了我这几节公开课的某些要害，而且我特别钦佩他公开质疑的勇气。于是，在他走下讲坛后，我即兴作了一个简短的发言：“程红兵老师的直言，这本身就说明了我与他的关系达到了一种境界。我欢迎有更多的老师对我说‘不’！”

是的，思想的碰撞，使我们互相都为拥有对方的真诚而自豪！因为我

们都认为，只有能够与自己真诚碰撞思想的人，才是真正的朋友。

后来我陪红兵在成都玩了两天：在都江堰，我们冒着濛濛细雨站在宝瓶口，望着一江春水向东流而思绪万千；在杜甫草堂，我们漫步在曲折的小径上，阳光透过竹林斑斑点点地洒在我们的脸上、肩上和心上……那真是一段值得回味的时光！心灵的翅膀在心灵的晴空自由自在地飞翔，思想的清泉在思想的绿野无拘无束地流淌：人生、事业、使命感、批判性、知识分子、人文精神、语文教育、人的解放……或者是共同的话题把两双探寻的目光引向广阔的社会乃至遥远的将来；或者是不同的观点使两块思考的燧石碰撞出灿烂的火花；或者是漫无边际的语言挥洒，收获的却是感情滋润心田的惬意；或者是默默无语的小径漫步，两支思考的火炬却在无声中汇聚……

科学的精神，怀疑的意识，批判的勇气……这是程红兵对我影响最大的一点。

说到批判精神，我还得感谢著名青年学者李海林一本书对我的影响。

我曾撰文批评现在某些“教育科研”：迷信权威，亦步亦趋；眼睛向上，追赶时髦；“课题”崇拜，华而不实；故作“特色”，“模式”泛滥；论著晦涩，不知所云；职称论文，虚假写作；虚张声势，热衷炒作；“科研”牟利，以饱私囊……并把这些现象不客气地斥之为“伪科学”。然而，我对于真正的教研科研，从来都充满真诚的敬意。比如李海林便无愧于是一位真正的教育科研者。他曾送我一本他写的书《言语教学论》，我从本书中感到的真正的科学精神——批判的勇气和严谨的态度。

科学研究是一项创造性活动，所以教育科研的理论工作者应该通过对教育规律新的探索给我们提供新的思想、新的观念、新的策略、新的方法等等。而一切人云亦云的“理论”或仅仅是为别人的思想“作注”的“体会”都不是真正的教育科研。李海林先生在本书中表现出了创新的勇气，其实这同时也是批判的勇气。面对语文教育领域的种种传统理论的浩大阵势和人们对这些权威不容置疑的仰视，李海林以“语言”概念为核心，层层铺演，逐步推进，构建了一个全新的语文教育理论体系。他在书的后记中写道“当我沿波探源，逐层推进达于理论的核心，我发现我站在一个巨大的挑战面前。对我来说，批判已是一个无可回避的选择。言语教学论的理论构建于我，可以说是一种学术研究，也可以说是一种信念，一种使命。”李海林先生令我钦佩的科学精神正在于此。这是一种批判的创造，创造的批判。

但真正的批判并不只是语言上的“激烈”和“震撼人心”，而是理论本身所具有的逻辑性。李海林先生以极为严谨的态度，对经典且流行的种种“理论”和自己所构建的学术体系进行了披荆斩棘而又小心谨慎、高屋建瓴而又不厌其烦的辨析与考据、定义与演绎、驳难与论证等一系列精细的思考和细密的推衍。作者行文冷静甚至温和，没有一句情绪化的激愤之辞；但冷静不等于冷漠，温和更不是温顺，正是在一步步不动声色而且看似琐碎的学术推演中，作者那框架宏大、逻辑严密的崭新理论体系瓜熟蒂落，并对传统语文教育权威理论产生了兵临城下般的批判力量，这种批判力量不是外在的剑拔弩张而是内敛的学理逻辑，然而它因此可能是颠覆性的！可以说，其理论批判性（同时也是创造性）的支点，正是李海林先生深邃、周密、严肃的科学精神。

就学术而言，我个人认为李海林先生的理论还有值得商榷的地方——比如，其言语教学论的观点是否会导致（至少会给人这样的误解）语文教育纯技术化的倾向？但他那种甘于长期寂寞孤独地跋涉于理论崎岖山路并以此为乐的探索精神、研究方式乃至生活状态，实在让我感动不已。也正是从李海林那里，我看到了自己的不足，并开始努力弥补。

还有一位同龄人我不能不提到，他就是著名特级教师、北大附中副校长程翔老师，因为程老师对我的帮助也挺大。比如，关于“学问”，我记得程翔对我说了这样的话：“我认为，作为中学语文教师，所谓的‘学问’不是最重要的，重要的是我们怎么面对学生的需要，把他们真正教好。如何尊重学生，如何了解学生的心理特点，如何教育学生做一个真正的人，如何教育学生热爱祖国的语言文字，这才是最最要紧的学问！关在书斋里的那种学问，我是不愿意做的。我更多的是考虑我的学生需要什么，我应该怎样满足他们的需要。”说实话，我当时还不能完全同意他的观点，但细细一想，我理解他了：抛开那些虚无缥缈的空洞“学问”而做一个真正受学生欢迎的语文老师，这就是他给自己定的位。也许不“崇高”，但是很实在。又如在待人接物方面，程翔对谁都是彬彬有礼，而且他的发言从来都没有什么我们期待的“锋芒”。但我感到他对人的热情是由衷的而不是纯礼节性的，包括他的发言，更多的是考虑如何才能尊重别人而不伤害别人。对此，他曾对我说：“‘世事洞明皆学问，人情练达即文章’。人生在世，只懂得专业学问远远不够，还必须懂社会，必须懂人际关系，这也是学问，而且是重要的学问。谁不懂得这些学问，他的人生就不完整。我不愿做书呆子。”其实，我不止一次看见程翔非常直率（换句话说就是非常不“世故”）地向朋友提出尖锐的批评。当时，我看见他对朋友发怒的样子，我真不能相信这是程翔，但这的确是程翔。无论他的微笑还是愤怒，对他来说都是真实的，对朋友来说都是真诚的。而当他听到朋友对他的批评时，他又是那样“沉得住气”，甚至听到他认为是对自己的误解的批评，他也表现出罕见的冷静与宽容。这就是程翔的胸襟，这就是程翔的气度！坦率地说，我不敢说我也具备了这种胸襟与气度。

我永远忘不了，那年在天津开会时我和程翔共同度过的最后一个晚上。他来到我的房间，和我一起聊天，他说他也曾经历过曲折、磨炼和“摔打”。我很奇怪地问：“我们都以为你一帆风顺，会有什么‘摔打’呀？”他叹息道：“我要当好校长，就必须为我的教师们做实事，而要做实事，有时往往会得罪一些人啊！”他又说，“我是一个很有个性的人。当校长后，我要求自己不能因为个性而影响学校的利益。于是，为了学校，为了全体师生，我有时不得不改变自己，尽管这种改变是痛苦的。但我看到受益的是我的师生，是我的学校，我也就感到这是值得的。我嘲笑那些口头上大喊‘忧思’而实际上一毛不拔的人。我庆幸自己做了校长后懂得了要做实事、不虚张声势的为人之道。”程翔三十出头就当上了校长，他上任后给全校教职工说的第一句话是：“我向老师们郑重承诺，我决不当整人的校长。如果在我当校长期间，我整了任何人，我死了以后，灵魂也绝对进不了天堂!”他上任做的第一件事，是为学校老师安装了住宅电话。为了老师们的正当利益，一向温柔和蔼的程翔却不怕得罪任何人。有一次，为了替学校多争取一个高级职称的名额，程翔甚至和上级领导顶撞起来，最后领导终于答应了程翔的合理要求。程翔在和我说这件事的时候很激动，他完全沉浸在对往事的回忆之中，仿佛坐在他对面的我，就是那位领导。我真不敢相信平时温文尔雅的程翔也会有金刚怒目的时候。我想，这也是他个性的表现。

“有一天晚上，一个老师满面愁容地找到我的家请我帮他一个忙——他刚大学毕业的孩子想到某校工作，希望我去找这位校长说说。我当时正带着刚满三岁的孩子，走不开身。可面对这位老师充满信任的恳求的目光，我二话没说，当即就带着我的孩子乘车朝那个校长家奔去。到了那个校长的宿舍楼下，我看孩子睡着了，便把孩子交给司机看着；我一人上楼，叩开了校长的门。在那位校长的家里，我说了很多好话，他终于答应一定解决。当我来到楼下，我的孩子正哭着找爸爸！原来，孩子醒后没见到爸爸，以为爸爸把他丢了！看到孩子满脸泪痕，我……我的……眼泪也……忍不住了……”说到这里，程翔的眼泪已经流了下来。

过了一会儿，他又情不自禁地谈起了他和他的学生们的故事：

“我也很爱我的学生，我每次出差都要给我的学生买一些糖果呀什么的，因为我的学生对我太好了。记得有一次，我要出差，可放心不下班里的孩子。这时，班长对我说：‘程老师，您去吧，班里有我呢！我一定把咱们班管好，您放心吧!’结果，我出差回到学校，校长见到我第一句话就说：‘你出差这一段时间，你班的学生表现特别好!’我当时非常感动！李老师，您说……这么好的学生……我，我……能不教好……他们吗?”说最后一句话的时候，程翔已经泪如泉涌，到后来他实在无法控制自己，他弯下腰，双手蒙着脸，呜呜地哭了起来，整个身子在不停地抽搐。

此刻，已经深夜，四周一片寂静。在这寂静中，我的房间里回荡着程翔的哭声，这声音不算大，但格外扣人心弦，动人心魄，因为这是至圣至美的纯真感情。我的眼睛也湿润了。他诉说的故事连同他抑制不住的真情的泪水，流进了我的心田，使我和他的心灵真正相通了。在一般人的眼中，程翔也许更多的是一位课堂教学艺术精湛的优秀语文特级教师，但在我心中，程翔首先是一位富有纯真爱心的老师！

对我成长影响很大的同龄人还有很多很多，包括我身边的许多老师。我先后在四所中学工作过——四川乐山一中、成都玉林中学、成都石室中学和成都盐道街中学外语学校，无论在哪一所学校，我都感到自己生活在一个优秀的教师群体中。这为我处处拜师、时时求学提供了可能。

最后，说到学习优秀教师的经验，我还想重复强调一个观点。**我认为，任何一个杰出的教育专家或优秀教师，其教育模式、风格乃至具体的方法技巧都深深地打着他的个性烙印。也就是说，他们的生活阅历、智力类型、知识结构、性格气质、兴趣爱好以及所处的环境文化、所面对的学生实际等等因素，就决定了任何一个教育专家都是唯一的、不可重复的。这就是为什么不少人苦苦"学习"于漪、魏书生却老也成不了第二个于漪、第二个魏书生的原因，也是为什么许多优秀教师的先进经验难以大面积推广的重要原因。我这样说，当然不是反对向优秀教师学习，而是给青年教师一个提醒：向优秀教师学习主要是学习其教育思想，而不是机械地照搬其方法；而且，其先进的教育思想也必须与自己的教育实际和教育个性相结合，只有这样才能将别人的精华融进自己的血肉。**因此，我非常赞同程翔老师的观点："我们必须以自身为基础来吸取消化别人的先进经验。我们学习于漪老师，并非把自己变成于漪老师；我们学习魏书生老师，也并非把自己变成魏书生老师。其实，即使你想变成于漪、魏书生也是不可能的。他们所达到的高度是属于他们自己的高峰，别人是不可企及的；你只能重新创造一座属于自己的高峰。这个高峰就是结合的产物。"

理性而艰难的探索：回应时代呼唤

——第二阶段总结

从 1987 年秋开始剖析宁晓燕之死，到 1995 年我班高考取得辉煌的成绩，这8年的时间不长不短，却是我教育历程中很重要的一个阶段，我把它概括为我的“教育现实主义”阶段。所谓“教育现实主义”，是针对过去我的过于“浪漫”与“梦幻”的教育而言，它注重面向生活与社会，直抵学生的心灵，根据社会的需要和学生心灵的呼唤调整教育实践，强调的是教育实践与社会发展同步。

对我来说，这一阶段的思想主题是“反思”。

第一阶段（1987年以前）我也有反思，但那更多的是对我自己具体教育行为的检讨反省。在这一阶段，我继续对自己的教育进行反思，不过，这种反思已经不仅仅停留在行为上，而是深入解剖我的教育观念。通过反思，**我逐步形成了这样的认识，教育有两个指向：社会生活与人的心灵。教育不能不关注窗外的风云，教育也不能不走进学生的心灵。脱离现实的“纯正统教育”，虽然“美好”，却因为缥缈而终究会像美丽的肥皂泡一样破灭。作为真诚的教育者，我应该时时问自己两个问题：社会对教育提出了什么要求？我每天面对的学生需要我提供怎样的心灵帮助？**

另一方面，我的反思的眼光渐渐由自己扩展到整个中国的教育，我开始尝试着解剖中国的教育特别是中学教育。这一时期，我发表了一系列教育反思的文章：《商品经济的德育思考》、《中学德育危机原因初探》、《德育观念的十大碰撞》、《从理想的天空到现实的大地》、《正视历史的进步》、《回答学生关心的问题》、《德育的困惑》、《关于改进爱国主义教育的思考》……

以现在的眼光看，发表于1987年到1990年期间的这一系列的文章，观点也许偏激，认识也许片面，论述也许肤浅，但是，其中对教育现状的忧虑是真诚的，对教育弊端的思考是严肃的，对教育改革的期待是热切的。

当然不仅仅是忧虑、思考和期待，我也在实践中改进我的教育方法并更新教育内容——

我将学生青春期心理辅导纳入教育内容，系统地开展了学生青春期心理教育。通过专题讲座、个别谈心、书信交流等形式，真正走进学生心灵，对他们进行富有个性的引导和培养。

我继续进行班级集体主义教育的研究和实践。与过去不同的是，我在注重发挥“集体”对个人的教育功能的同时，更注重集体中个性的正常发展，使“集体”成为个性发展的健康摇篮，成为学生进行自我教育的有效载体。同时，我还对集体主义教育中压抑个性、依赖教师、追求虚荣等“假集体主义倾向”进行了研究和剖析。在班级管理上，我进行了“用‘法治’取代‘人治’”的探索。我大胆破除传统班级管理中的“人治”思想，采用体现民主观念和法治精神的《班级“法规”》对班级实行“法治”管理。

在语文教学方面，我更加大胆地进行“大语文”教学的尝试，用丰富多彩的社会生活拓展语文教学内容，让语文养料真正进入学生的精神世界，让语文成为学生做人的工具和改造社会的工具。

请读者别产生这样的误解，以为我完全放弃了纯正而崇高的教育追求，仅仅把教育当成一种世故的“处世哲学”的传授。不，**教育的崇高我一刻也没有忘记，革命传统教育和革命英雄主义教育，我更没有彻底否定。只是我们的教育眼光在回眸过去时还应该看看今天，在遥望远方时还应该看看当下**。比如，同样是在语文课上给学生读书，我除了仍然给学生读反映当代社会生活并蕴含崇高精神的小说、报告文学。还要让我的学生随时倾听祖国改革大业那惊涛裂岸的潮声，感受中华民族昂然崛起的强劲脉搏。

我取得了一些成功，除了频频发表教育论文，我开始被邀请到省内各地各学校讲学，后来又应邀到天津、河南、安徽、湖北、江西等省市汇报交流我的教育改革体会。我在宣传自己教育主张的同时，又得到了许多教育同行及专家的指导。

决不人云亦云，做一个勇于独立思考的教育者；决不因循守旧，做一个善于创新的教育者——是我那一时期教育的自觉追求。

但我也有过严重的挫折。1990 年 7 月，我所带的 1990 级文科班参加高考遭遇“滑铁卢”——全班 62 个学生仅有 16 人高考上线。

我本来似乎也有理由原谅自己，比如那年又不是我一个班考差了，整个乐山市的高考都一片萧条，当时的说法是“全面滑坡”，虽然我没有取得人们所期待李镇西应该取得的“辉煌成绩”，但我所教的班级在市里仍然名列前茅。

但我没有这样原谅自己。分数线下来后的那几天，我的心如刀绞，因为教育良知使我感到我愧对我的那些落榜学生，尤其是我想到我的许多来自农村的学生从此断绝了“跳龙门”的希望，深感对不起他们。

整个暑假，我都是在痛苦的反思中度过的。我并不简单地否定我的教育改革——让教育面对社会并走进心灵，绝对没有错！我把课堂搬到菜市场或岷江边，也没有错！问题在于，如何处理好教育改革与促进高考的关系（用后来的话说，就是“处理好素质教育和应试教育的关系”）？这的确是今后摆在我面前的重要课题。这样一想，我甚至觉得在那些风言风语里面也不乏合理的批评：是呀，在培养学生的问题上，我们既要着眼于学生的长远发展，也应该满足学生的近期需要——也就是升学的需要，这二者是不矛盾的。如果我们的学生就业都成问题，又哪里谈得上拥有幸福的未来呢？

我特别感动的是，在那最困难的时候，我感受到了来自各方面的安慰和帮助。十多年过去了，今天我写到这里，我都还感到一种温馨。当时的乐山市教育局局长赵加骥找我谈心，充分肯定我的教育改革，并鼓励我继续探索。多年来指导我从事语文教学改革的乐山市教科所副所长唐建新老师对我说：“不要因为这次高考失利，便停止你的教改探索！”还有当时乐山一中的罗永昌校长，他并没有因为高考成绩而责怪过我一句，相反他充分肯定我几年来的教育改革；当然，他也诚恳地和我一起分析了高考失利的多方面的原因，然后要我振作起来，继续自己的事业。他特别强调：“你对学生的爱心没有错！要坚持！”

罗校长与我的谈话，让我特别感动，因为过去我和他曾发生过一些思想上的冲突，曾经埋怨他不理解我。现在，面对我的困境，他不但没有更加严厉地批评我——作为一校之长，毕业班的高考没有考好，他是非常难受的，如果他严厉地批评我，我会理解的——反而鼓励我继续改革。由此我开始重新审视教改背景下我和领导的关系。如果说过去我更多的是埋怨领导不理解自己的话，那么现在我则更多的是想我是否站在领导的角度思考问题。往往有这种情况，我们在教改过程中，明明自己是对的，却得不到领导的理解和支持，反而还受到指责与批评。这种情形最容易使我们感到委屈因而垂头丧气。每当此时，我们应该通过理解领导来赢得领导的理解。所谓“理解领导”，就是站在领导的角度纵观全局，这样，我们就会看到某一项符合本班实际或本学科教学的改革，却不一定符合全校的实际；或者某一举措虽然在理论上无懈可击，可是具体实践的条件却还不太成熟；或者某一做法尽管代表了教育改革的方向，但若猝然“一刀切”地大面积推广，却只会适得其反……所以，我们与领导的“分歧”，未必是“改革与保守”之争，而往往是局部和整体、设想和操作、渐进和突变等方面的暂时错位。这样一想，我们便会以建设性的积极态度听取领导的意见，进而赢得领导对我们责任心的信任和事业心的理解，并允许或者至少是默认我们在服从大局的前提下所进行的有益探索。当我们的改革实验确有成效的时候，领导的支持便是自然而然的了。

正是从那次不成功的高考开始，我真正尝到了教育改革的艰难，感受到了什么叫“戴着镣铐跳舞”；但我必须继续改革，尽管“戴着镣铐”我还得“跳舞”。面对别人的非议，为了“争口气”而必须付出别人更多的心血“拼命”也要把学生的成绩搞上去。但是，在“拼命”的过程中还绝不能像有些教师那样不择手段地摧残学生，于是，我付出的脑力和体力便数倍于同行！我开始寻求教改与高考的“平衡”，当然这种寻求的过程很艰难，有时候还很无奈很违心，但我必须面对现实！最初我的所谓“平衡”通俗地说就是“一边搞素质教育，一边搞应试教育。”我知道这很无奈，但我也没办法。

后来我意识到，“拼命”抓升学是对的，但这绝不意味着放弃教育改革更不是放弃教育爱心，一味地“蛮干”，而应该继续走教育科研的路子，把爱心融入科学与民主的教育。当年，在我的爱心遭来非议而十分苦闷的时候，是陶行知和苏霍姆林斯基给了我以巨大的鼓励。读他们的书，我得到一个朴素的启示：对孩子的爱绝对没有错，而建立在教育科学与教育民主基础之上的爱心一定会取得教育的成功。应该说，陶行知和苏霍姆林斯基给我的这一教育信念，正是我结合自己的教育实践从事教育科研的最初的动力。当然，也可以说，是爱心“受挫”促使我搞教育科研。比如，既要严格要求又不能损害学生的自尊心，这“度”在何处？经过探索实践，我在班上建立并逐步完善了体现“法治”精神的民主管理制度，通过这种法治管理，将爱心建立在民主与科学的理性精神之上。这样，班级的各项指标都基本达到了学校的要求，非议也就渐渐少了。又如，在语文教育方面，既要应付高考，又要培养能力，这些尝试都取得了显著的成果。

五年后的1995年，我已经调到成都。那一年我的又一批高三学生即将步入考场。我为他们编撰了一本班级风采录《恰同学少年》，在前言中我这样若有所指地写道——

常说“不以成败论英雄”，但这话在中国似乎从来就未真正做到过。就目前中学教育而言，“成”的标志，从理论上讲，是学生德智体的全面发展；但事实上，“成”的唯一标志只是学生们的升学分数以及学校的升学率。这使许多有志于教育改革的人，虽然胸怀教育科学与教育民主的顽强信念，却不得不在“升学教育”的铁索桥上冒着“学生考不上大学一切都是白搭”的舆论“弹雨”，艰难而又执著地前行。

这是一种很不正常的教育评价：假如某位班主任的工作富有特色（比如班级管理尽可能交给学生，平时尽可能开展各种有益于学生全面发展的活动等等），尽管在当时就可以判断出这些做法是符合教育规律的，但周围舆论仍然会自然而然地把目光投向几年后的高考。“工作倒是蛮有新意的，可万一高考滑坡怎么办？”“哼！就会搞一些花花哨哨的东西，到时候高考可有好戏看了！”……几年后，假若学生高考成绩不错，人们会齐声喝彩，“你看，人家的班级管理那么放手，而且又搞了那么多的班级教育活动，高考成绩仍然这么好，他确实有两下子！”相反，若高考成绩不理想或低于人们的期望值，同样的人也许会说“班级管理那么松散，还搞了那么多与高考无关的活动，高考当然会砸锅——我早就料到了！”

于是，在当代中国，几乎任何一位“优秀教师”“优秀事迹”的辉煌大厦，都必须以其班级大大高于所在年级、所在地区平均水平的“升学率”作为支撑的主要栋梁，否则，他的一切教育思考、探索与创新都等于零！

不能简单说这种社会评价舆论完全不合理。因为在中国这个人口压力极大的国度，升学是人们今后就业竞争乃至生存竞争的最重要也最关键的途径；而且，使学生具有较高的科学文化素质，也是教育的重要目标之一，但是，这毕竟不是唯一的目标！特别是在“升学教育”压倒一切时，不但“做人第一”、“全面发展”、“发展个性”等教育要义成了点缀的口号，而取得较高升学率所付出的代价，往往是学生个性精神的丧失！没有个性的教育必然培养出没有个性的学生——缺乏心灵自由，丧失主体人格，不会独立思考，毫无创造精神！长此下去，我们的民族是很难真正屹立于世界强盛民族之林的。

马克思常用“人的解放”来说明共产主义革命的最终目的。时代发展到今天，我们有理由这样认为，从某种意义上讲，没有“教育的解放”，就谈不上“人的解放”。正在告别20世纪走向新世纪、渴望现代化、渴望在世界上彻底扬眉吐气的社会主义中国，尤其呼唤这种“解放”。

当我写这段文字时，心里还笼罩着5年前高考失利的阴影，所以我是有感而发。如果老师们知道以上这段文字是我在高考前夕写下的，就更能理解我当时惴惴不安，不，应该说是惶恐不安的心情——谁知道等待我的又是怎样的结果？因为无论对学生还是对教师，高考实在是一场赌博。

所幸这次我赌赢了。我所教的班级高考成绩极为辉煌，全班51人，除一个上中专外，其余学生全部考上大学。但回头仔细一想，无论是90级高考还是95级高考（需要说明的是：我是“大循环”，所以教了90级后我调到成都，便接了一个初二，然后一直教到高三），在教育思想、教学方法等方面我没有多大的不同。但由于高考成绩的不同，人们对我同样的做法却产生了截然不同的评价。

分数至上，高考才是硬道理。——这就是现实！这就是我作为一线普通教师至今不能解下的精神镣铐。

即使在我最绝望的时候，我也用马克思夫人燕妮所喜爱的一句话（这句话我也经常给我的学生说）激励自己——“永不绝望！”我可以很坦然甚至很勇敢地说：“我是有教育理想的。”**每当我充满热情的探索一次次在现实的岩石上碰得血肉飞溅时，每当我感到个人的力量的确是那么孱弱那么微不足道时，每当我被一些丑恶的教育现实压得喘不过气来时，我总是一遍又一遍地问自己“我是不是做到我可以做到的一切？”**

1995年高考的成功，让我一下子在成都“小有名气”了。其实，不但当时而且现在我都不认为这个班辉煌的高考成绩是我一个人的功劳，该班是理科班，学生素质远远高于我原来在乐山一中教过的高90级文科班；而且我的科任老师的功劳更是不可磨灭。但我毕竟是班主任，因此，人们赞许的目光都一下子聚焦到我的脸上。成都市教科所请我去作报告，成都玉林中学在招收新生时把我作为一个“牌子”打出来吸引优秀学生。后来这些优秀学生被编成一个“实验班”，由我做班主任并教语文。

终于“熬出头”了！我似乎可以喘口气了。但是，我天生就是不愿坐享其成的人，不断地向前探索是我的教育品格。难道我辉煌的高考成绩就是我教育的最终目的吗？

实际上，在80年代末90年代初，我的班主任工作和语文教学实践已经出现了民主教育的萌芽。**随着我对教育的认识不断深化，我朦朦胧胧地感觉到，教育恐怕还不能仅仅是与社会发展同步，而必须有一种超越，因为我们是为未来培养人。也就是说，理想的教育既应该面对现实还应该指向未来；既应该走进心灵还应该引领人格！**

我第一次读到《中国教育改革和发展纲要》中“中小学要由应试教育转到全面提高国民素质的轨道上来”时，当我听到李岚清副总理提出“基础教育要由应试教育转向素质教育”时，猛然感到我的教育探索有了新的方向——我的事业之舟驶入了“教育理想主义”的辽阔海域！

第三章

教育理想主义的信念

一、从“爱心”到“民主”

‖有了爱，不等于就有了教育

1997年的暑假，我从成都玉林中学调到成都石室中学，在搬家的过程中，我无意中又看到了那一捆尘封的教育手记。翻开19年来的一本本教育手记，我自己都禁不住被自己感动了：那一页页发黄的文字，化作一张张老照片在我眼前变得清晰起来，分别多年的学生们正跑着跳着向我拥来，他们调皮的笑声萦绕在我的耳畔……正是在那怦然心动的一刻，我做出了一个庄严的决定：我一定要把我和学生的故事写出来，让更多的人和我一起分享这教育的幸福与美！

那年秋天的一个晚上，我打开电脑，拉出键盘，敲出了第一行字，《爱心与教育——素质教育探索手记》。我完全没有写书的感觉，只觉得十几年来教育在我心中积蓄的思想感情的潮水一下喷涌而出，在键盘上恣肆奔涌；敲键盘的手指禁不住也微微颤抖。

整整三个月，我的业余时间都是这样在阳台的电脑前度过的。也许在旁人看来，如此不停地敲击键盘是何等地乏味而枯燥；但我却感到这是一件多么幸福的事啊！在深夜或凌晨，周围没有一丁点儿声音，只有我的键盘在“嗒嗒”地敲着——这是世界上最美的乐声。我觉得不是在敲电脑，而是在弹钢琴，是在演奏来自教育来自学生心灵的最美的乐章。眼前的电脑屏幕上是一页页很纯洁很动情的文字，而这些文字又很自然地幻化为一幅幅很美丽很鲜活的画面，那是宁玮善良而坚韧的面容，杨嵩纯真而调皮的微笑，岷江之滨的熊熊篝火、峨眉山雪地上的灿烂阳光……于是，我的整个身心又沉浸在和学生一起度过的被青春染绿的日子里。

《爱心与教育》出版后引起的强烈反响，超出了我的预料。我收到近千封读者的来信和许多读者含泪打来的电话。1999 年《爱心与教育》同时获得中共中央宣传部“五个一工程”大奖、冰心图书大奖和中国教育学会“东方杯”科研成果一等奖。

★《爱心与教育》签名售书（1999 年）

这以后，教育与文学共进，思想与激情同飞。我又陆续出版了《走进心灵——民主教育手记》、《从批判走向建设——语文教育手记》、《教育是心灵的艺术——李镇西教育论文选》、《花开的声音——我班的故事》、《风中芦苇在思索——李镇西随笔选》等著作。手捧散发着油墨芬芳的《李镇西教育文丛》，我有一种丰收的喜悦：教育和文学给了我双重的回报——文学为我的教育事业插上了翅膀，同时，教育正在圆我的文学梦。

然而，《爱心与教育》也给我带了一些我不愿得到的东西，比如，我从此被不少好心的人称作“爱心教育”的“专家”。应该说，我的教育实践的确充满了对学生的爱，但我并不认为我的教育能够用“爱心教育”来概括。当我们给某一种教育思想教育实践命名时，往往突出的是这种教育的特点，即这种教育与其他教育不同的地方——比如“成功教育”“赏识教育”等等。而爱心是所有教育的共性，换句话说，任何一种成功的教育，无一不包含着并体现出爱心——难道“成功教育”没有爱心吗？难道“赏识教育”没有爱心吗？因此，我认为用爱心来概括教育的特点是不太妥当的。当然，汉语有一词多义的特点，如果“爱心教育”指的是“对学生进行爱心的教育”（即“关于爱心的教育”），这个提法是站得住脚的。

我不接受甚至反对“爱心教育”的提法，就是不希望人们把爱心当成一种模式，一种手段，一种技巧。教育的爱，不是为了达到某种教育目的而做出来的一种姿态；它是一种思想，一种情感，一种氛围……它自然而然地贯穿于教育的每一个环节，也不声不响地体现在教育的每一个细节，更潜移默化地浸润着每一个学生的心灵。

更让我忧虑的是，“爱心”这个词的泛滥，使一些教师对“爱心”也产生了误解。比如在我的周围，也有老师这样议论：“讲爱心当然好，但是也不应该过分强调爱心，应该有限度。因为一味强调爱心，学生就不好管了！”

首先要说明的是，关于教育中的爱心，无论怎样强调都是不过分的。但关键是如何理解这个“爱心”。有读者在给我的信中写道：“我觉得我是一个有爱心的老师，但是工作中仍然力不从心；尤其让我伤心的是，我那么爱学生，可学生仍然不理解我，也不爱我。问题出在哪里呢？”还有老师当面与我探讨：“爱心教育好是好，但有的学生实在太调皮，根本管不住呀！教育不能只有爱心，还得有严格要求和严肃的纪律呀！”

这显然是我所说的“爱心”的误解，他们以为教育有了爱就有了一切，或者以为教育之爱就是迁就学生，就是放弃“严格要求和严肃的纪律”。**我认为，教育中真正的爱，意味着对学生的成长以至未来一生的负责，因此**

这种爱必然包含着对学生的严格要求，乃至必要的合理惩罚。因为教育，不仅意味着提高人的道德水平和知识能力水平，同时意味着按文明社会与他人交往的准则规范人的行为，即通常所说的“养成教育”。这种“养成教育”，带有某种强制性——这种养成良好文明习惯的“强制性”与我们现在反对的思想专制不是一回事。作为社会人，不遵循起码的公共规则与秩序是很难与人交往的。同时，在一个集体中，一个人违纪必然妨碍其他更多的人学习。这样，为了尊重多数人学习的权利，有时不得不给违纪者以必要的惩罚。凡是离开了严格要求，迁就和纵容学生的“爱”，绝不是我们所提倡的真爱。

说到对教育爱心的误解，其实，在教育实践中，还有另外一种表现，就是在“爱”的过程中，却不知不觉侵犯着学生的权利。我把这种爱称作“扭曲的爱”——甚至是“专制的爱”。

我想到了 1998 年底在成都发生的一件事：成都某小学一年级的十几名学生因为上课说话，竟然被老师用胶布封上了嘴巴！当时的舆论也是一致谴责那个狠毒得“富有创造性”的年轻教师，谴责他侵犯了儿童的身体，谴责他伤害了儿童的自尊心，谴责他违背了职业道德，谴责他违反了教育法！但是，我却感到，比这些更令人忧虑更令我心痛的是，这样的教育已经使孩子幼小心灵蒙上了阴影。因为我注意到记者在对此事跟踪采访时与一名被封嘴巴的小男孩的对话——

“你被老师用不干胶封过嘴巴吗?”“封过。”“他为什么要封你的嘴?”“因为我上课不专心。”“要封多久呢?”“封到下课。”“老师这样做对不对?”“对，因为我上课说话，老师就该封住我的嘴巴!”孩子天真地仰起小脸。

看，这位年轻教师的违法侵权行为，竟让天真可爱的受害者孩子真诚地说出了“老师做得对”的话！这足以说明，如此“教育”对孩子心灵的扭曲已经远远胜过对他们身体的伤害。天哪，这些孩子可就是我们“完成中华民族的伟大复兴”所寄予厚望的“跨世纪接班人”啊！可爱的孩子如果继续被如此“奴化”下去，对我们的民族来说，后果真是不堪设想。

教育是心灵的艺术。如果我们承认教育的对象是活生生的人，那么教育过程便决不仅仅是一种技巧的施展，而应该充满人情味；教育的每一个环节都应该充满着对人的理解、尊重和感染，应该体现出民主与平等的现代意识。虽然就学科知识、专业能力、认识水平来说，教师远在学生之上，但就人格而言，师生之间是天然平等的；教师和学生不但是在人格上、感情上平等的朋友，而且也是在求知道路上共同探索前进的平等的志同道合者。今天我们提倡的爱心，应该体现出民主精神。

也正是在这个意义上，近几年来，我思考的比较多的，不是所谓“爱心教育”，而是民主教育。爱心不一定包含着民主，而真正的民主必然蕴含着爱心。我认为，民主教育应该是当今中国教育的时代主题。

那么，什么是我理解的民主教育呢？

先说“民主”，这首先是一种政治制度，通俗地说，是一种管理国家的方式；但是，民主也是一种生活方式。这个观点最早是杜威提出的。也许是受老师的影响，陶行知也曾指出：“民主的时代已经来到。民主是一种新的生活方式，我们对于民主的生活还不习惯。但春天已来，我们必须脱去棉衣，穿上春装。我们必须在民主的新生活中学习民主。”

这是对民主更为深刻的理解。**将民主看作一种个人的生活方式，即认为民主不只是一种形式或者说外在的东西，而是一种内在的修养。这种内在的修养体现于日常生活和与人交往的过程中：相信人性的潜能；相信每个人不分种族、肤色、性别、家庭背景、经济水平，其天性中都蕴含着发展的无限可能性；相信日常生活与工作中，人与人之间是能够和睦相处能够真诚合作的。民主的生活方式，意味着自由、平等、尊重、多元、宽容、妥协、协商、和平等观念浸透于社会的每一个角落，体现于生活的每一个细节。**

要指出的是，作为一种生活方式的民主和作为政治制度的民主不是割裂的，更不是对立的，而是互为因果、相辅相成的。民主的政治制度需要社会土壤，这“土壤”便是民主的生活方式；同样，民主的生活方式需要制度保障，这个保障制度便是民主的政治制度。

如何在民主生活中提高国民的民主素质，进而为民主制度的建立奠定坚实的社会道德基础？这正是民主教育应该解决的问题。

正如“民主”可以在不同意义上作出不同的解释一样，“民主教育”同样可以从不同的角度作出多种解释。那么，我所理解的“民主教育”，其内涵是什么呢？

我所理解的“民主教育”，是用“民主”去更新“教育”的内涵，即把专制的、不民主的或者说不充分民主的教育，改造成为适合现代民主社会需求的民主的教育。在具体的教育过程中，它除了指教育者应该具备的民主思想以及在教育过程中应该体现出的民主精神外，更多的还是指教育者在教育过程中对学生所进行的一系列有关民主精神价值的教育——平等精神的教育、自由精神的教育、法治精神的教育、宽容精神的教育、妥协精神的教育以及权利与义务的教育、纪律与法制的教育等公民意识教育。

如果说“民主政治”意味着“尊重”——对公民权利的尊重的话，那么“民主教育”的核心，仍然意味着“尊重”——尊重学生的人格、尊重学生的情感、尊重学生的思想、尊重学生的个性、尊重学生的差异、尊重学生的人权、尊重学生的创造力……当然，与此同时，教会学生尊重他人。

民主教育是学生的主体性和教育的民主性二者的和谐统一：它把受教育权利还给每一个学生，同时把教育过程变成一种民主的生活方式，尊重学生的主体地位，使学生得以生动活泼、自由地发展，消除一切不平等地对待学生的现象，尊重学生的人格与权利，解放学生的主体性和创造性，为提高学生的民主意识和参与能力，发挥学生的主体作用，创造最好的教育条件和教育环境；更重要的是，在教育内容上渗透民主意识，在教育过程中培养学生民主思想、民主精神，以民主的教育造就富于主体性的一代新人。

陶行知曾对民主教育如此定义：“民主教育一方面是教人争取民主，一方面是教人发展民主。在反民主的时代或是民主不够的时代，民主教育的任务是教人争取民主；到了政治走上了民主之路，民主教育的任务是配合整个国家之创造计划，教人依着民主的原则，发挥个人及集体的创造力，以为全民造幸福。”

应该说，先生 1945 年为民主教育规定的任务，至今没有过时。我们今天的时代，算得上“到了政治走上了民主之路”，那么，“民主教育的任务是配合整个国家之创造计划，教人依着民主的原则，发挥个人及集体的创造力，以为全民造幸福”。

简言之，“民主教育”即“关于民主”的教育——是充满民主气息的教育，是对学生进行民主精神的教育，是为民主社会培养公民的教育。

‖在平等中培养平等

课间休息，一女生来到办公室，“李老师，我想借个杯子喝水服感冒药。”我坐在椅子上，用手指了指角落的书柜，“喏，第二个抽屉里有，自己拿吧！”学生找到杯子，自己倒开水服了药，说：“谢谢李老师！”然后走了。

上课了，是作文课。学生在下面写作文，我在讲台上批改作业。这时，手中的红色圆珠笔没油了。于是，我轻声地问前排学生，“谁有红色圆珠笔，借来用用？”虽然是轻声，但许多学生都听见了。于是，坐在前几排的学生都争先恐后地从书包里拿出文具盒，然后以最快速度打开，找出圆珠笔，他们纷纷把握着笔的手伸向我：“李老师，用我的笔吧！”“李老师，用我的！用我的！”每一双眼睛都充满了真诚的渴望。还是那位课间向我借杯子的女生反应敏捷，坐在第三排的她几乎是小跑着上前，把笔递到我的手中——在递到我手中之前，她还细心地将笔芯旋转了一下，把原来的蓝色旋转成红色。

这是许多年前的一幕，当然是很普通的事，但至今历历在目。

尽管不一定每一个学生都向老师借过杯子，但我相信几乎所有老师都曾向学生借过笔，并享受过学生争先恐后递笔的热情。

我由这件小事往深处思考的是，为什么学生向我借杯子，我想都没有想过亲自把杯子递给她呢？而我向学生借笔时，为什么学生没有对我说“喏，文具盒里有，自己拿吧！”

我当然不是说，我向学生借笔时学生叫我自己拿，才是正常的；不，我认为学生把笔递给我是对人起码的尊重。问题是，学生向我借水杯时，我为什么没有亲自把水杯递给她呢？说实话，当时我连想都没想过这样做！

因为在我的潜意识里，学生毕恭毕敬地把笔递给我，是理所应当的，因为他们是学生；而如果我把水杯毕恭毕敬地递给学生，则是有失体统的，因为我是老师！

可是，为什么会这样呢？以前我没有这样问过，现在我却要问我自己。

而且这样的“为什么”还可以问许多：为什么校园里师生相逢，往往是学生先招呼老师，而不是老师先招呼学生（而且有时学生招呼老师，老师还爱理不理的）？为什么上课前学生毕恭毕敬地向老师鞠躬，“老师好！”而老师往往只是敷衍地说声“同学们好”甚至只是“嗯”一声？为什么学生到医院看望老师不过是“应有礼貌”，而如果老师到医院看望病中的学生就成了难能可贵的“事迹”？为什么老师去家访时，学生总会为老师搬来椅子，而学生来到办公室很少享受“请坐”的“待遇”？为什么学生违反了校纪被处分是“理所当然”，而老师犯了错误接受班规惩罚就成了“品德高尚”……

一切都源于根深蒂固的潜意识——师生是不平等的。

师生平等与否，往往通过一些司空见惯的细节表现出来，而且这些细节都是不经意的，但也许恰恰通过许多“不经意”的“细节”，我们就正在为未来培养着公民或顺民。

既然民主同时也是一种生活态度，那么这种态度在日常生活中，更多的表现为人与人之间的平等。让学生从小在心灵深处确立平等观念并在日常生活中表现出这种“平等”，这是我们教育的分内之事。我们要让学生认识到，现代社会生活要求人与人之间拥有人格上的独立与平等。还要使学生了解社会主义公民之间权利与义务的平等性以及在法纪面前的一视同仁，懂得尊重、维护自身与他人权利的道理。努力使学生具备尊重自己，同时又尊重他人，善于交往，善于与人合作，重视各种横向联系的生活态度。

基础教育界近来流行一句话“蹲下来和孩子说话。”这对于过去教师伟岸地站在讲台上俯视学生无疑是一个进步。但我理解这句话中“蹲下来”的本意主要不是指“肢体的蹲下”而是“心灵的蹲下”，即教师要在心灵深处平视学生。这里需要说明的是，所谓“蹲下去和孩子说话”不应该被视为一种“更高境界的师德”——如果“蹲下去”纯粹成了一种姿态，那说明教师的心并没有“蹲下去”，所谓肢体的“蹲下去”不过是居高临下的“平易近人”而已，骨子里还是把自己看得比学生高。

我这样说，是想特别强调这样一个观点：师生之间的平等关系，不仅仅由教师的所谓“师德”决定，也是教师职业特点所蕴含的必然要求。教师在从事教育或教学时绝不可能是单向的，因为他面对的是同样有着思想感情精神世界的“人”，因此，教育的实施必然是师生双向互动。教师必须有赖于学生多方面合作——即使是一种被动合作，才可能完成其教育任务。如果学生不配合，教师的教育任务不可能完成。换句话说，教师的教育教学是一种授受一体的关系，是双向互利性的，而不是一种单向施与。

作为肩负教育使命和引领责任的教师，当然应该在思想上比学生更成熟、学识上比学生更渊博；但这不妨碍我们拥有一颗孩子般的童心，童心与童心的相遇，才是真正自然而然的平等。

对教育者来说，培养学生的平等观念，与其说是煞费苦心的“教育”不如说是潜移默化的“感染”，即通过教师本人心灵深处平等意识的自然流露，给学生以“润物细无声”的影响。教师走进课堂，学生起立齐声说：“老师好！”教师应该真诚地鞠躬回应：“同学们好！”需要帮助的学生被叫到办公室，教师首先请他坐下；校园师生相逢，教师主动招呼学生，或者面对学生的问好，教师也真诚问学生好；课余，教师和学生不妨一起嬉戏娱乐……这都是自然而然地体现出师生尊严上的平等。

在营造班级人际平等氛围的过程中，教师还应注意唤起一些后进生内在的尊严感。往往有这种情况，对于自卑感很重的学生来说，无论同学们怎样对他友好，他都表现出一种孤傲和冷漠。在这种情况下，同学们的热情成了礼貌，而他的勉强应酬则成了客套。这不是真正的平等精神。因此，唤起部分差生的尊严，是使他们具有平等意识的关键。尽管现在的学校教育大多是使学生的尊严只体现在分数与名次上，但是，我们班主任应该善于帮助学生发现并发展他自己独特的禀赋与才能，使他们产生“我有着其他任何人都不可能有的智慧”的自信与自尊。我愿意再次重复苏霍姆林斯基的这段话，“共产主义教育的英明和真正的人道精神就在于：要在每一个人（毫无例外地每一个人）的身上发现他那独一无二的创造性劳动的源泉，帮助每一个人打开眼界看到自己，使他看见、理解和感觉到自己身上的人类自豪感的火花，从而成为一个精神上坚强的人，成为维护自己尊严的不可战胜的战士。”而唯有使每个学生都成为这样的“战士”，平等意识才会真正深入他们的心灵，成为理性的认识，而不仅仅是一种礼貌甚至只是一种敷衍。

“平等”首先意味着人们在社会上处于同等的地位，在政治、经济、文化等各方面享有同等的权利。这个权利当然包括受教育的权利。所谓“受教育的权利”应体现在两个方面：入学的权利和在学校接受人格引导、知识传授和能力培养的权利。对前者，人们一般都比较关注（比如对“普九”的重视）；而对后者，人们却往往忽视。在不少人的心目中，只要学生进了学校，他受教育的权利就已经得到了保障和尊重。但事实上并非如此。如果说，适龄儿童入学权利的保障，更多的是取决于当地的经济发展水平和政府对教育的重视程度的话；那么，在校学生是否真正享受平等的受教育权利，在很大程度上取决于教师是否真正平等地尊重每一个学生。然而，这方面的“侵权”现象经常不知不觉地发生着。有一年我去某地讲学时，应某中学要求上一堂语文公开课。上课前走进教室我发现只有40名学生，我开始还以为他们当地的教学班就这么多学生。后来经了解才得知，因为怕“效果不好”，便把20来个成绩不好的学生“淘汰”了。我当即表示，把另外的学生全部叫齐，“一个都不能少”！否则我罢教。后来所有学生都坐在教室里了，我才开始上课。下来后，许多人都说我“很正直”，即使上公开课也不弄虚作假。我说：“不，这首先不是我是否弄虚作假的问题，而是我是否尊重这个班的每一个学生的问题。这样的公开课，哪怕缺一个学生，对这个学生来说，他的权利都受到了侵犯，他的尊严都受到了伤害!”

要让我们的学生意识到：同在蓝天下，都是大写的人！人与人之间的智力、才能、学习成绩、性格特点、家庭经济情况等等存在着客观差别，但每个人的尊严和权利都是绝对相等的。平等只能在平等中培养——今天的教师如何对待学生，明天的学生就会如何去对待他人。

‖从做学生的“灵魂工程师”到“向学生学习”

“人类灵魂工程师”据说原是斯大林对作家的称呼（参见陈桂生《“教育学视界”辨析“教师是人类灵魂工程师”辨》），后来人们将其移用于教师身上，于是，至少在中国，“人类灵魂工程师”便成了教师特定的称谓。

在很长一段时间里，我为自己是“人类灵魂工程师”而自豪。我甚至觉得，“人类”“灵魂”“工程师”，由这三个词语组成的称呼是多么气势恢宏而富有诗意啊！青年时代的我，曾多次在写有关教育的文章时，使用这个短语：“无愧于人类灵魂工程师的崇高使命”“人类灵魂工程师不能没有自己的灵魂”等等，那时候，只要一提起这个短语，一种真诚的庄严感便会油然而生。

然而现在，我对这个称呼产生了怀疑。

在我看来，“教师是人类灵魂工程师”这个命题至少包含三点谬误：第一，教师的灵魂肯定是比学生高尚。（否则怎么可能当“灵魂工程师”呢？）第二，学生的灵魂肯定不如教师。（否则干嘛还需要“灵魂工程师”呢？）第三，学生的“灵魂”是可以被“工程师”随心所欲地“塑造”的。

教师的灵魂真的就比学生高尚？传统教育习惯于把教师奉为道德圣人，但教师又不可能是道德圣人，就知识、能力、阅历等等而言，教师显然在学生之上；但就道德而言，却很难说学生不如教师。须知“人之初，性本善”，从某种意义上说，教育的过程并不是给学生外加“美好道德”而是让学生尽可能保持童心的过程。儿童的心灵比成人纯洁，这是不争的事实，无论是《皇帝的新装》中的小男孩还是我们每天面对的学生（包括有缺点的学生），都已无可辩驳地证明了这一点。

至于学生的灵魂可不可以“塑造”，我想，在我们的教育越来越走向民主与科学的今天，什么都是可以塑造的，唯有人的灵魂——即人的精神和个性是不能“塑造”的！“塑造”的前提是要有模式的，根据模式塑造是否还属于学生自己的灵魂？这个灵魂是否还有真正的生命？那段并不遥远的“八亿人民只有一个脑袋”的历史，已经对此作出了回答。

我们承认教师不是完人，承认教师在许多方面不如我们的学生，这并不是降低了教育者对自己的人格要求，恰恰相反，只有教育者随时随地意识到自己的不足，才真正有利于教师的不断完善。同样，我们承认学生在许多方面——首先在道德方面在我们教师之上，这并不意味着教师就放弃了对学生的教育责任。学生童心的保持，个性的发展，思想的成熟，能力的培养……都离不开教育。但这种教育，不应该是教师的居高临下与学生的俯首帖耳，而应该是教师与学生的共同成长。再明确一点说，就是民主的教育，就是教师在向学生学习的过程中教育学生。

从做学生的“灵魂工程师”到“向学生学习”，毫不夸张地说，这是教育走向民主所不可缺少的思想革命。这场革命早在半个多世纪以前，就被陶行知先生呼唤过，“我们希望今后办教育的人要打破侦探的技术，丢开判官的面具。他们应当与学生共生活、共甘苦，做他们的朋友，帮助学生在积极活动上行走。”“人只晓得先生感化学生锻炼学生，而不知学生彼此感化锻炼和感化锻炼先生力量之大。”“谁也不觉得您是先生，您便成了真正的先生。”苏霍姆林斯基也曾这样告诫青年教师“只有当教师在共同活动中做孩子们的朋友、志同道合者和同志时，才会产生真正的精神上的一致性。……不要去强制人的灵魂，要去细心关注每个孩子的自然发展规律，关注他们的特性、意向和需求。”

向学生学习，就是还教师以真实，给教育以诚实。当我们在学生面前不再是神而还原为质朴、真诚但不乏缺点的人时，学生更会把我们当做可以信任可以亲近的朋友，而朋友般平等的感情，无疑是教育成功的前提。所谓“还教育以诚实”，就是面对现实中弥漫的教育虚假，教育者以自身的诚实一方面消解着虚假教育的负面影响，同时又以诚实培养着诚实。言行一致，表里如一，自己不相信的绝不教给学生，勇于向学生承认自己的过失，这应当成为教育工作者起码的职业道德。向学生学习，即使从教育的角度看也是对学生最有效的教育。学生从教师身上，看到什么叫“人无完人”，什么叫“知错就改”，什么叫“见贤思齐焉”……教育者对自己错误的真诚追悔和对高尚人格的不懈追求，将感染着激励着学生在人生的路上不断战胜自我，一步步走向卓越。

我不同意“教师是人类灵魂工程师”的说法，并不意味着我反对教育者应有崇高的使命感，而是主张将我们的心灵融进学生的心灵。从某种意义上讲，教育是师生心灵和谐共振，互相感染、互相影响、互相欣赏的精神创造过程。它是心灵对心灵的感受，心灵对心灵的理解，心灵对心灵的耕耘，心灵对心灵的创造。

1994年9月开学不久，便迎来了又一个教师节，学校要求各班利用班会课举行庆祝活动。这天，我吩咐班干部在教室黑板上写了一行大字：“教师节——献给老师的礼物！”

班会开始时，我笑着对大家说：“今天是我的节日，所以，我想向同学们索取‘礼物’。”学生们顿时笑了起来，显然是不相信我的话。可我却认真地继续说：“在过去的高二学年里，由于李老师修养不好，再加上工作繁重，所以，我的工作越来越简单急躁，在各方面都存在许多问题。今天，我诚心诚意请同学们对我的工作提出意见。这对我来说，的确是最好不过的礼物啊！”

接着，我又拿出事先买好的钢笔、圆珠笔和铅笔：“为了鼓励和感谢同学们，今天我来个‘有奖征谏’——同学们可不要坐失良机啊！”

同学们又是一阵大笑，气氛开始活跃了。他们见我十分真诚，便也认真思考起来……

开头炮的是黄金涛：“李老师，我们都记得，高一时您和我们没有师生界限，我们甚至可以对您直呼其名；可是到了高二，您越来越爱对我们发脾气，师生之间有了明显的心理距离。希望李老师能恢复高一时亲切的笑容！”

我走下讲台，来到黄金涛的面前，双手递给他一支钢笔：“谢谢你的批评！”班长吴冬妮站了起来：“李老师，上学期班上的运动会的会徽设计，您没有征求同学们的意见！”

我略略回忆了那件事的经过，说：“好吧，我接受班长的批评，今后班里的事儿多和大家商量。”说完，我送给她一支圆珠笔。

平时常挨我批评的郭坤仑也发言了：“李老师有时太爱冲动。那次林川用脚狠狠踢教室门当然该挨批评，但您当时拍着桌子厉声斥责他，写了检讨又请家长，使林川事过很久还感到抬不起头。”

我同时拿起两支圆珠笔，一支递给郭坤仑：“谢谢你的直率！”一支递给林川：“请原谅李老师！”。

提意见的学生越来越多了……

下课铃响了，我总结道：“永远感谢同学们！愿在新的一学年，我们高95级一班的全体同学和我这个班主任精诚团结，同舟共济，以共同创造明年7月的辉煌！”

回答我的，是一片雷鸣般的掌声！

一年后，学生们果然以出色的高考成绩为我班的历史画上了一个完美的叹号。离校之际，学生们来向我告别，他们送我一张同学们签名的尊师卡，我打开一看，里面有黄金涛代表全班写的一句话——

“镇西兄：血脉虽不相连，心灵永远沟通！”

后来，我在这个班编辑《恰同学少年》一书时，特意写了一篇文章《我从同学们身上学到了什么？》。我这样写道——

又一批相处了三年的学生要离我而去了！平时我表扬过也批评过你们，爱过也“恨”过你们……但是到现在，我更多的是要感谢你们！因为三年来，我从同学们身上学到了很多很多。现在让我按学号顺序，谈谈每一位同学对我的教益。

龚晓冬：一颗永远善良助人的心，告诉我怎样处理好人际关系。

张剑：朴实而又坚韧。衣着整洁而文质彬彬，让我这个不太修边幅的人脸红。下次相见，一定让张剑惊讶：“呀！李老师也讲究衣着了！”

孙任重：一手漂亮的行书（胡乱涂抹时除外），让我这个教语文的老师无地自容。

兰丁：高一第一天进校时，质朴的他直叹气："唉，分到李镇西班上来了！"三年来，这声叹息一直在我耳边响着，时时提醒我，要以自己的工作使每一位到我班上来的同学们都有一种幸运感。

唐国瑞：不停地挨批评，却不断地为班集体出力并一点儿都不怨恨我。如果我处在他的位置，也能做到这一点吗？

谢晓龙：英俊而爱独立思考的小伙子。"英俊"我无法学，但"独立思考"却应该做到。我曾批评他"对人没礼貌"，但高考最后一天我在烈日下送学生入考场时，他特意走过来："李老师，辛苦了！"至今我心中还充满暖意。

李海华：在他身上，有一种在今天看来极为难能可贵的奉献精神。在我工作有所懈怠的时候，眼前常闪现他为同学服务的身影，因此便告诫自己："不要连学生都不如！"

陈峥：学习拔尖，品德优秀；乐任班长，甘当平民；重于学业，淡于名利。给这样的学生当老师，既占便宜（白捡了一个优生）又胆战心惊（怕一不留神，境界就比人家差一大截）。我正是在这"胆战心惊"中有所进步的。

吴冬妮：我非常欣赏她思想的独特性和思维的批判性。虽然有偏激，但探索中的片面比盲从时的全面可贵一百倍！我从她身上学会了用自己的眼睛看世界。

陈蓓：作文中简洁的语言表达出富有哲理的思考，让我这个语文老师借鉴写作技巧。

……

我在写这些的时候，心里的确是充满真诚的感激的。因为正是一届又一届学生的帮助，我才改正了不少缺点。

征求学生的帮助，不一定是直截了当地让学生给自己提意见。有时候，我还叫学生以“我有什么优点值得李老师学习”为主题给我写信，让他们谈自己的优点。学生在写这封信的时候，其意义已经不仅仅是“帮助李老师”，还在于积极地认识自我。

记得我最开始叫学生写这封信的时候，相当一部分学生一个字也写不出来，因为他们觉得“我没有什么优点值得李老师学习”。是啊，在传统教育中，相当一部分学生早已形成这样的观念：老师都是道德完人，学生是道德病人，学生怎么可能居然还有优点值得老师学习呢？

但是我对学生说：“正如没有缺点的人不存在一样，没有优点的人也是不存在的。作为学生，也许在知识上暂时不如老师，但在道德上，决不比老师差，在许多方面你们甚至远在老师之上，因为你们有一颗童心啊！”

于是，学生们纷纷交来了写有他们的“优点”的信。这里，我摘引部分我现在班上的学生在上学期给我写的《我值得李老师学习的优点》——

“我的优点是能够对同学宽容，不斤斤计较。”（骆娜）

“我对集体的热情值得李老师学习，我对同学的公正也值得李老师学习。”（蔡峰）

“我觉得我很幽默，在遇到突发事件时能够静下心来处理。”（解晓斌）

“我对同学从不记仇，这值得李老师学习。我和同学闹了矛盾，三分钟后一样和他一起玩。李老师也应该这样，头天批评了某位同学，第二天也应该从另一个角度去发现这位同学的优点。”（于若玲）

“我觉得我很少生气这点值得李老师学习。”（林媛）

“我觉得我最大的优点是做事比较认真，从不马虎。这点值得李老师学习。”（杨璐）

“我有八个优点值得李老师学习：1.不迷信权威。2.严于律己，宽以待人。3.有创新精神，富于思考。4.高远的追求，使我把目光放得更高更远。5.尊重同学，孝敬长辈。6.时时有不服输的精神，欲与强者分个雌雄。7.敢于并能向任何人不耻下问。8.惜时如金。”（叶诚）

“我能在任何时候控制住自己！”（崔涛）

“我的普通话说得比李老师好。”（黄易浩）

“我希望李老师向以前的我学习，因为那时候我不贪学所以晚上睡得很早。听说李老师晚上睡得很晚，应该像以前的我那样早点睡。现在，我爱学习了，要把知识上欠的债追回来，晚上也睡得很晚，李老师不要向现在的我学习。”（郭锐）

“说真的，我也不知道我最值得李老师学习的一点是什么，不是因为我没有优点，而是因为我不知道李老师哪方面还不足。想来想去，还是只有善良这点来跟李老师相比。当然我并不是说李老师不善良，只是觉得，我比李老师还善良。我们有时说李老师心太软。其实，如果我们换一下位置，到时候说不定我比李老师还心软。李老师很善良，这是每个同学都认可的。但某些时候就不善良。比如批评同学的时候，虽然常常是语重心长，但偶尔也会大发雷霆。每当这时候都很可怕。即使我们非常理解你为什么会生那么大的气，但是理解归理解，我们毕竟只有十多岁，这种大发雷霆往往在我们心里留下不好的印象。因为你要知道，在我们遇到李老师以前，不是每个老师都像你一样关心和尊重学生的，曾被老师辱骂过的同学，心灵上往往会留下对老师不好的印象。过于严厉的批评，只是让这些曾经受到过伤害的同学误以为天下的老师都是‘同一货色’，这样便破坏了你在我们心目中的形象。当然这种严厉批评同学的情况李老师并不是时常都有，甚至我也记不起您是否有过。我只是想真心提醒李老师。这段文字写得实在有些跑题，与其说是告诉李老师应该向我学习的优点，不如说是给李老师的一点建议，请李老师参考。”（尹萍）

……

一封信就是一面镜子，我从中看到自己的不足，也看到学生对我的希望。真的，我真是太感谢我的学生了！虽然，我可能不能完全做到他们所期望的那样，但我会尽力不让他们失望。比如，自从我读了尹萍给我写的建议后，我再也没有在班上“大发雷霆”过一次。通过这样的活动，学生也看到了自己人格的某些可能以前被忽略了的亮点，他们因此而增强了自信和自豪。先生和学生，正是这样在人格上互相为师，共同进步。

‖转化“后进生”——最好的教育科研

1995年8月底，我刚刚送走一届高三毕业班。高考成绩的辉煌，让我一下子引人注目起来。但我在兴奋的同时也在思考，我事业新的“增长点”在什么地方？

我把眼光投向了“后进生”。

我认为，既然民主教育充满了对人的尊重，那么这里的“尊重”首先体现于对“后进生”的尊重。我认为，**民主教育如果离开了对“后进生”的研究与关注，是不可思议的。民主教育要求我们面对所有学生，或者说不能放弃任何一个学生，这就意味着，只要有哪怕极少数的“后进学生”在我们教育者的视野之外，那么，我们所标榜的“民主教育”便谈不上真正的“民主”。**

这就是我决定关注“后进生”的原因。

当时我所在的学校是一所普通中学，生源不是特别好，尤其是高一生源很不理想，即使本校初中毕业生中的优秀学生，也有相当一部分不愿报考本校高中而选择市内一流重点中学。在应试教育的背景下，不理想的生源意味着学校生存竞争的危机。为了改变这种不利状况，学校领导决定培养自己的高一优质生源——从初一新生进校开始，开办关于素质教育的“六年一贯制实验班”。

其实，所谓“六年一贯制实验班”，就是“优生班”，当然，这里的“优生”更多的是指成绩拔尖的学生。学校是这样操作的，初一学生刚进校便参加全年级统一的分班考试，然后将考试分数最靠前几十名学生编在一个班，“六年一贯制实验班”便建成了。所谓“六年一贯制实验”的“六年”，指的是从初一到高三的整个中学阶段。学生一进入这个班，便意味着他初中毕业时无需参加中考，便可以直接升入本校高中。当然，由于学生没有中考成绩，他也不可能进入其他高中就读而只能留在本校。按道理，学生初中毕业时有权选择新的高中，是否留在本校应该完全取决于学生本人的自愿。但是，学校在组建“六年一贯制实验班”时，便和每一个入选的尖子生签订“自愿协议”，这个“协议”表明，学生在“自愿”选择进入“六年一贯制实验班”的同时，也“自愿”放弃了三年后初中毕业时选择就读其他高中的权利，而“自愿”留在本校高中就读。也就是说从表面上看，每一个进入“六年一贯制实验班”的学生都是“自愿的”。

学生为什么会“自愿”呢？这里面有一个关键的因素：学校承诺将选派最优秀的教师担任“六年一贯制实验班”的班主任和科任老师，对学生进行全面的素质教育。这意味着，如果一个“优生”不“自愿”进入“六年一贯制实验班”，将意味着他初中三年失去享受优秀教师教育的机会。“尖子生”及其家长面对着学校的承诺，当然要选择“自愿”加入“六年一贯制实验班”。

所谓“六年一贯制实验”，真正的目的是留住优秀生源，保证学校的高考升学率。我这里无意批评编“六年一贯制实验班”的想法和做法，相反我非常理解学校领导的这一举措。在严酷的竞争面前，学校领导不得不首先考虑学校的生存和学校老师们的切身利益。说实话，如果我是校长，我可能也会这样做的。

我只是在想，抛开升学率的考虑，如果真的要搞素质教育方面的“实验”，是不是把成绩最差的学生集中编在一个班，更有价值一些呢？

我有一个在别人看来很偏激的观点，把优秀生拿来做“素质教育实验”不是真正的“教育实验”。**我始终认为，所谓“优生”决不单单是老师教出来的。“优生”之所以能够考上大学，除了学校教育，还有两点非常重要——家庭教育背景和学生本人的状况（天赋、基础、态度等等）。如果从“应试教育”的角度看，这样的学生实在没有什么“实验”价值，因为他们不“实验”一样能够考上大学，还用得着“实验”吗？而如果从素质教育的角度看，单单把优秀学生拿出来“实验”更是很荒唐的。难道素质教育仅仅是针对成绩优异的学生吗？难道只有成绩优异的学生才配享受素质教育吗？难道素质教育的第一要义不是“面向全体学生”吗？**

所以，当1995年8月，学校决定继续在新的初一年级开办“六年一贯制实验班”并决定让我担任该班班主任和语文教师时，我给学校领导提出了一个大胆的建议：能否将同一次分班考试中的最后几十名学生，也就是俗称的“后进生”编成一个班，搞真正的素质教育实验。

刚开始，学校领导表现出了某些担心，比如将“后进生”编在一个班是否能够保证良好的课堂教学秩序，编一个“后进生班”会不会让社会认为学校打着“教改实验”的幌子而实际上是不管这些“后进生”了，等等。我对学校领导说，消除这些担心的最好办法，是选派最好的老师到这个班去任教，而且，我明确表示，我愿意担任这个班的班主任和语文老师。

经过反复论证，学校领导终于支持我的想法，决定先按入学分班考试把全年级400多学生中的最后27名学生编入我班，然后再以“抓阄”的方式确定了我班的另外30多名非尖子生。这样，一个特殊同时也是真正意义上的“实验班”便成立了。我也如愿以偿地当上了这个班的班主任和语文老师。

可是，学校也舍不得放弃“六年一贯制实验班”，因为毕竟升学压力实在太大。这好办，两个实验班同时存在，同时推进教育实验。而我则同时担任两个班的班主任工作和语文教学——两个班的学生总数131人。

我的这一做法，自然众说纷纭，要么说我“标新立异”“好出风头”“逞能”，要么夸我“高尚”、“无私”“乐于奉献”“勇挑重担”……面对种种说法，我都淡淡一笑：“走自己的路，让人说去。”

其实，即使是真心夸我的人，也没有真正理解我。记得当时有一位年轻教师在向我表达敬佩的同时也问我为什么要“自讨苦吃”，我是这样半开玩笑半认真地回答她的：“纯属个人爱好，既与‘逞能’无关，也与‘高尚’无关。因为我的爱好就是研究‘后进生’。”

这是我的心里话。人们常说，“名师出高徒”，其实不是，在应试教育背景下，更多的时候是“高徒出名师”。如果一个老师教一个优生班，他的学生考上大学的当然更多，他自然也“有名”了；如果这位老师能够在转化“后进生”方面也取得卓越的成绩——这里的“卓越成绩”不一定是指将“后进生”都送进大学，而更多的是指让每一个“后进生”都在原来的基础上有较大的提高——那么，他才是真正的“名师”。

而我愿意成为这样的“名师”。

需要特别说明的是，我不反对对优秀学生进行真正的教育实验，我只是反对以“素质教育实验”为招牌进行应试教育，虽然我刚才说了，我能够理解领导的苦衷。实际上，在超常儿童教育、英才教育方面，也有许多有价值的教育科研。如果以后有机会，我也愿意专门教教优秀学生，以进行相关的教育实验。但在当时，我更愿意研究“后进生”。

因为在我看来，转化“后进生”是最好的教育科研。一般说到教育科研，有的老师总是想到向“上面”要“课题”，而且课题的级别（市级、省级、国家级）越高越好，其实这种认识是片面的。能够拿到“上面”下达的课题当然很好，但没有机会参与这些课题一样可以搞科研。有人会问：“没有人给我课题，我怎么搞科研呢？”我说：**“对于一线的老师来说，最好的课题就是带着一颗思考的大脑从事每天平凡的工作，我们遇到的每一个难题就是最好的科研课题！”**是的，**“把难题当课题”，多年来我正是这样做的。**而对于每一个老师来说，教育教学中最最头疼的莫过于“后进生”转化了，因此，研究并转化“后进生”便成了最有价值的教育科研。只要想想，关于“后进生”还有那么多未知数等待我们去解开——“后进生”产生的原因、他们的精神世界、他们的学习心理及习惯、他们的兴趣爱好以及转化“后进生”的种种对策……我们就会感到一种来自教育的诱惑，任何一个有事业心的教育者都难以抵挡这种诱惑！——面对一个个“后进生”，我们将可以进行多少教育思考并从事多少教育实验呀，又可以写出多少源于实践的教

★20多年来，我跟踪记录了许多后进生成长的过程。

育论文乃至教育专著呀。我也正是用这种“诱惑”去打动说服其他优秀的科任老师来和我一起教“后进生”的——我对他们说：“我们一起搞教育科研吧。”他们便欣然地和我走到了一起。

后来的事实证明，因为担任这个特殊的“实验班”教学，因为我们天天都和“后进生”打交道，我们的确在教育科研上取得了丰硕的成果——三年后，不但这个班的学生在总体上取得了很好的成绩，而且我们自己也发表了有关“后进生”转化的教育论文。这篇文章的思考当然还很肤浅，其理论含量也谈不上多么厚重，但这是我从实践——转化“后进生”的科研实践中得来的。虽然肤浅，但对我来说，格外真诚而珍贵，因为这样根植于自身实践的理论，有血有肉。

二、语文——请给学生以心灵的自由

‖语文创造能力的培养首先是解放学生的心灵

我不讳言，围绕我的语文教学，一直存在着争议。其中争议最大的一点，便是我语文教学的“自由”。这的确是我的追求。我甚至曾公开提出一个被认为很“偏激”的观点：“语文，请给学生以心灵的自由。”

其实，我曾经对“创新教育”有过认识上的误区。最早一提起“创新教育”，我首先想到的往往只是思维品质和具体思维方法的培养，比如思维的“深刻性”、“批判性”或“逆向思维”、“发散思维”、“求异思维”等等。应该说，针对学生长期以来在“应试教育”背景下所形成的僵化思维模式，这些引导和训练当然是很有必要的。但我的语文教学实践告诉我，这种训练对于我们所期待的创新能力，是远远不够的。学习了一系列的教育理论和其他优秀教师的教改经验，我逐步认识到（后来我也是这样实践的），对学生创新精神的培养首先是要点燃学生熊熊燃烧的思想火炬，让学生拥有自由飞翔的心灵。我们坚信，每一位学生都有着创造的潜在能力；所以，教师要做的首先不是从零开始的“培养”，而是提供机会让学生心灵的泉水无拘无束地奔涌，说通俗一点儿，就是要让学生“敢想”。**创造，意**

味着思想解放，而学生一旦获得了思想解放，他们所迸发出来的创造力往往远远超出我们的意料。

学生创造性思维的产生，有赖于教师创设民主、宽容的教学气氛。我们应使每个学生都具有心理上的安全感，从而在没有外界压力的气氛中充分展开认识活动，所以说，师生之间互相尊重、互相信任、互相学习的平等和谐关系，是发展（注意：我这里说的是“发展”而不是“培养”）学生创造性思维的重要前提。然而，恰恰是在这一点上，我们过去的语文教育却有意无意地剥夺了学生的精神自由：毋庸讳言，由于种种原因，中国封建文化的残余至今还阻碍着我们的教育走向民主与科学。在师生关系上，一些善良的教师往往不知不觉甚至是“好心”地损害着学生的尊严和感情；在某些语文课堂上，不但没有师生平等交流，共同研讨的民主气氛，反而存在着唯师是从的思想专制——学《孔乙己》，学生只能理解这是鲁迅对封建科举制度的批判；学《荷塘月色》，学生只能理解这是朱自清对“4·12”大屠杀的无声抗议；学《项链》，学生只能把路瓦栽夫人理解为小资产阶级虚荣心的典型；写《我最敬佩的一个人》，学生往往会习惯性地写老师，而且多半会把老师比作蜡烛或春蚕；写《在升旗仪式上》，学生往往会先写“朝霞满天，红日初升”，然后是对革命先烈的联想和对今天幸福生活的赞美最后想到的是自己的“神圣使命”；写景，只能是借景抒情；写物，只能是托物咏志；写事，只能写有“意义”的事；写人，只能写“心灵美”的人……在如此“崇高”、“庄严”的“语文教育”下，学生谈不上任何真正意义上的创造。

也许这种“奇怪”的现象不是个别的：有的学生不喜欢上语文课，但在课外却对文学作品情有独钟甚至如痴如醉；有的学生写命题作文一筹莫展或套话连篇，但私下写的日记或随笔却灵气飞扬……这说明了什么？我认为，**这说明人的心灵一旦冲破牢笼，必将成为自由飞翔的思想雄鹰或纵横驰骋的感情骏马。因此，所谓语文教育中创造精神的培养，首先是给学生以心灵的自由。**

给学生以心灵的自由，就要帮助学生破除迷信。这里所说的“迷信”主要是指学生长期以来形成的对教师的迷信、对名家的迷信、对“权威”

的迷信和对“多数人”的迷信。我经常对学生说：“世界上不存在万能的‘圣人’；老师也好，名家也好，‘权威’也好，都不可能句句是真理；我们所学的课文，即使是千古名篇，也不可能绝对完美无瑕；虚心听取别人的意见是应该的，但这些‘意见’只能供我们独立思考时参考，而对某个问题的认识，对某篇文章的看法，我们只能忠实于自己的心灵，不能盲目从众。决不能用别人的思想代替自己的思想。”讲《烈日和暴雨下》，我问学生喜不喜欢这篇课文，绝大多数学生都说喜欢，唯独一个学生说他不喜欢，他还说出了不喜欢的理由。尽管他的理由在我看来是多么的“幼稚”，但当绝大多数人说“是”时，他敢于说“不”，而且是对一位文学大师的作品说“不”——作为教师，我不同意他的观点，但我赞赏他不迷信不盲从的勇气。我当即表扬了他这种勇气，号召其他学生向他学习。

给学生以心灵的自由，就要让学生在课堂上畅所欲言。特别是在阅读教学的课堂上，教师应该为学生提供一个思想自由的论坛：面对课文，教师和学生之间、学生和学生之间、教师、学生和作者之间应该平等对话；在平等的基础上，交流各自的理解甚至展开思想碰撞。教师当然应该有自己的见解，但这种“见解”只能是一家之言，而不能成为强加给学生强加给作品的绝对真理。教师可以说《荔枝蜜》以“做梦变成小蜜蜂”结尾是多么的“含蓄”而“巧妙”，学生也有权利说：这太做作，读起来别扭。教师可以说《分马》中郭全海动员积极分子将自己所分的牲口都拿去让王老太太挑选是说明了郭全海的“崇高”“无私”，学生也有权利说：郭全海不应该这样做，这不是迁就自私的王老太太吗？少年的眸子往往比大人的目光更明澈，没有太多世故的心灵往往对课文有着比教师更独特更深刻的理解——多次听着学生评论名家名篇时的“惊人之语”，我常常不由得发出这样的感慨。

给学生以心灵自由，就应允许学生写他们自己的文章。**文章应该是思想感情的自然体现，写文章应该是心灵泉水的自然流淌**。如果学生不敢在文章里说真话、写真事、抒真情，其文章必然充满新八股的气息，而八股文绝无任何创造性可言。我对学生的作文要求是八个字：真情实感，随心所欲。只要真实、健康，学生想写什么就写什么而且想怎么写就怎么写——可以写真诚的崇高情怀，也可以写有趣的平凡生活；可以写现实的眼前景物，也可以写幻想的未来世界；可以与老师商榷，可以与大师对话；可以评论经典，也可以改写名篇；可以“大江东去”，也可以“小桥流水”；可以鄙薄蜜蜂，也可以赞美老鼠……总之，**学生的文字应该是掠过晴空的云彩，它美丽多姿而又呈现出个性的色彩。被解放的心灵有着无穷的想象力**，如“大海是无边无际的草原，雪白的浪花就是那数不清的羊群”；“月亮哭了，泪水化作了星星”；“雨，是出走的孩子，它终于回到母亲的怀抱，诉说着天上的故事”……读者能相信这些诗句是我班成绩并不太好的学生写的吗？其实，我并没有给他们讲诗要如何如何写，只是让他们自由想象，于是，属于他们年龄的诗句便流出了他们的心灵。

给学生以心灵的自由，就是给学生以思想的自由，感情的自由，创造的自由——当我们无视学生的潜在能力，把他们当作“低能儿”进行“培养”的时候，学生的表现也许让我们不甚满意甚至失望；但是，如果我们充分信任学生，给他们提供机会并积极鼓励、激发、诱导其展示自己的智能时，学生所迸发出的创造性思维火花常常令我们惊喜。

‖思想创新呼唤教育个性

当人类第一次用一块石头去打制另外一块石头时，这就标志着人把自己同一般的动物区别开来了。这个创新当然是原始的，但它昭示了人的本质。

今天我们提创新，的确是时代发展的必然。在农业经济时期，生产的资料是土地，知识形态是经验，生产力是人力、畜力和直接的自然力。在工业经济时期，生产的资料是大厂矿及其机器系统，知识形态是技术，生产力是通过转化的自然能量（比如蒸汽机）。而知识经济区别于农业经济和工业经济最重要的一点，在于知识在生产过程、经济运行中所占的比重、含量的大大增加（不只是量的增加，更是质的增加），这些“知识”不但起主导作用，而且是经济增长的源泉。因为知识具有共享性，传播速度很快，所以知识创新的周期非常短，因而知识必须不断创新。与传统的创新不同，知识经济时代的创新，是主动的、自觉的。

然而，现在人们提到“创新”，往往只是想到技术创新，具体到教育上，更多的是技巧创新。比如“一题多解”呀，作文的“构思新颖”呀，或者是小发明、小制作等等。技术（包括技巧）的创新当然是需要的，但比技术创新更重要的，是思想创新。

一说到“思想创新”，有人便认为是“异端”，是脱离了马克思主义的“思想轨道”。然而纵观整个马克思主义的发展史，它恰恰是一部思想创新史。马克思主义的标志是《资本论》；列宁主义的标志是《帝国主义论》；列宁对马克思主义的创新是，马克思认为社会主义革命不能首先在一国成功，而列宁则提出了社会主义革命只能首先在一国成功并实践证明了这一点。毛泽东对列宁主义的发展是提出革命可以通过农村包围城市的方式取得成功。邓小平的贡献在于社会主义可以搞市场经济……我们看，这不都是思想创新吗？从人类历史长河看，思想创新显然比技术创新更重要，因为它是宏观的，是影响整个社会发展的。

如果我们承认思想创新的如此巨大意义，那么，我们不妨再继续追问：思想创新的权利只是少数巨人独有呢，还是每一个普通人都应该享有？从理论上讲，思想创新的权利当然是人人拥有。但是，在两千多年的封建统治中，“思想”是统治者的专利；即使到了新中国成立后的相当长一段时间里，由于封建残余的惯性和极左路线的肆虐，一般老百姓是没有思考的权利的，更别说思想创新的权利了。无论是马寅初、顾准，还是遇罗克、张志新，他们因独立思考而付出的代价已经说明了这一点。而中国千千万万的普通人逐渐丧失了思想继而彻底放弃了思想创新的权利，正是中国在某些方面至今落后的根本原因。

我从来认为，真正的教师同时又是真正的知识分子，语文教师当然也应该具备现代知识分子所拥有的天然的使命感和批判精神。因此，语文教育应该成为思想创新的启蒙教育，这是理所应当的。那么，如何对学生进行创新教育？我认为，首先是教师本人要有思想创新的意识、能力和胆略，其中最关键的是要有独立思考的勇气。如果习惯于在权威面前关闭自己思考的大脑，就谈不上任何创新。即使是对公认的大师级的语文教育家，我们也不能搞“两个凡是”。这里我斗胆以我十分尊敬的“三老”（叶圣陶、吕叔湘、张志公）为例。“三老”的思想无疑是当代语文教育界的理论高峰，他们的许多精辟的思想至今仍是我们语文教改的理论养料；但人的生命有限，而时代发展却无穷，在绝对真理的长河中，任何人都只能拥有相对真理。如果语文教师在实践过程中，只会言必称“三老”，甚至以“三老”只言片语之“履”来削当今语文教育实际之“足”，这只能窒息语文教育事业的发展。须知我们尊敬的“三老”之所以能够称为“高峰”，恰恰就在于他们的思想不断随着时代的发展而创新。**不能苛求每一位教师都是思想家，但每一位语文教师至少应该是一个独立思考者，并珍视自己的思想创新的权利。否则，让一个没有思想创新意识和能力的人去搞语文创新教育，岂非缘木求鱼？**

其次，语文教师要尊重学生思想创新的权利。在相当长的一段时期里，语文教育（当然，不仅仅是语文教育）并没有注意学生思想创新的过程。久而久之，学生的思想也麻木了，他们除了迷信教师、迷信书本之外，已经意识不到自己也有思考的权利。共和国50多年来之所以没有诞生过诺贝尔奖获得者，这至少是其中一个重要的原因。现在，一些教师开始重视对学生进行创新教育，但说来说去，还只是停留在“技巧”（包括思维技巧）上。必须声明，我一点儿也不反对“技巧”的培养乃至训练，因为所谓“观念”、“意识”都不应该是空洞的，而必须通过操作来体现。问题是，在进行技巧训练的同时，不要忘了创新教育中更重要的一点，这就是开启学生思想的闸门，让他们的心灵获得自由。比如在阅读教学中，与其煞费苦心地“引导”学生找这个“关键词”寻那个“关键句”，不如让学生畅抒己见；宁肯让阅读课成为学生精神交流的论坛，也不要让它成为教师传授阅读心得的讲座。又如作文教学，与其仅仅让“训练”学生如何在“怎样写”上下功夫，不如放开让学生在“写什么”上多动脑筋。总之，衡量一堂语文课成功的标志，不在于学生与教师有多少“一致”，而在于学生与教师、学生与学生之间有多少“不一致”。从某种意义上说，宽容学生的“异端”就是对学生创造精神和创新权利的尊重。

中国所有教师的思想创新和学生的思想创新，是让社会主义现代化中国真正跻身世界强盛民族之林的希望所在。

但思想创新离不开创造者的个性——具体在教育上便是学生的个性和教师的个性，而学生是否具有个性，取决于教师是否有个性。

关于个性的重要性，我曾在一次学术会议上，听顾明远先生说过这样的话："个性的核心是创造性。"虽然这话当时就引起了争议，但我想至少个性与创造性是直接相关的，压抑个性发展就会抑制创造性欲望和创造性人才的成长。因此，让教育充满个性，这应该是教育改革的方向。

所谓"让教育充满个性"，对学生而言，是指重视学生的需要、兴趣、创造和自由，尊重人的尊严、潜能与价值，反对一切非人性的教育措施，培养完美的人格，促进学生生理的、社会的、认识的、情感的、道德的及美感的整体成长，成为健全的社会公民；对教育者而言，我们应该具备科学与民主的教育思想以及富有创造性的教育方式、方法与手段。**特别要说明的是，我们这里所说的"个性教育"，不仅仅是指"因材施教"之类的教学方法，更主要的是宽容学生的"与众不同"，尊重学生的心灵自由和精神世界的独特性，同时鼓励学生思考的批判性、思维的独特性和思想的创造性。**

语文教育，本来应该是最具个性的教育。因为第一，语文教育所借助的载体——文章是人类精神的结晶，任何一篇我们所感受到的都是一个独一无二的精神宇宙；第二，感受这些精神宇宙的心灵，也是独一无二的精神宇宙；第三，担任"心灵导航"的语文教师，对语文内容的感受、领悟、解读等等，也深深打上了其精神世界独一无二的烙印。因此，有个性的语文教育应该是理所当然的，而没有个性的语文教育倒是不可思议的。但是，现在的语文恰恰成了最公式化的学科：以前的教学程序是告诉学生"时代背景"、"作者介绍"、"段落大意"等等，现在的教学技巧是教会学生选择A、B、C、D。这当然不能一味指责教师"素质低"——在教材统一、教参统一、备课统一、练习统一、考试统一的背景下，教师本身的个性空间都受到严重的挤压，谈何发展学生的个性？

语文教育的个性，当然是通过阅读教学、作文教学等具体的教学过程乃至教学技巧体现出来，但从根本上说，教学个性绝不仅仅指某一项教学技艺的“别出心裁”，而是指一位教师整个的教学风格：同是老一辈的特级教师，于漪和宁鸿彬的风格不一样；同样是年轻的特级教师，程红兵和黄厚江的风格不一样；同样是上海的老一辈特级教师，陈钟梁和钱梦龙风格不一样；同样崛起于山东的年轻特级教师，程翔和韩军风格不一样……既然“一千个读者就有一千个哈姆雷特”，那么，一千个教师完全应该有一千种风格。这富有个性的风格的形成，需要我们在多方面进行努力，比如实践积累，比如博览群书，比如善于采名家之长，等等。但其中最关键的一点是，善于思考，要有思想。

风格的背后是思想。一提起真正的大家名家，我首先想到的不是他们的哪一堂课，而是他们所提出的教育（教学）思想或观点——于漪的“人文教育观”，钱梦龙的“主体·主导·主线”，张孝纯的“大语文教育”，魏书生的“民主加科学”，程红兵的“语文人格教育”，韩军的“新语文教育”……也许他们的这些思想观点至今仍有争议，但这不妨碍我把他们的个性首先看成是思想的个性。思想源于思考。同样是教了10年书，有的老师可能相当于只教了一年，因为他不断地重复自己，只有实践而没有思考；而有的老师则真是教了10年，因为他在不断思考中，每一年乃至每一天都不简单重复走过的路。思考，积累成思想；而思想，形成教育者的教学个性。

我始终认为，作为“知识分子”的教师应该是一个思想触觉十分灵敏的人；追求真理，崇尚科学，独立思考，应该是每一个教育者坚定的人生信念。作为思想者的教师，在踏踏实实地做好每一件具体教育工作的同时，我们还应该让思考的火炬照亮我们实践的每一个环节：备课的时候，能不能先抛开教参用自己的心灵直接与作者对话？阅读教学的课堂上，能不能在讲清楚“考试重点”之后，与学生谈谈自己独到的见解？作文教学，能不能在作文的命题和批改等方面除了研究高考作文动态，也多琢磨学生的写作心理？面对无法避开的题海，能不能动一番脑筋进行筛选和提炼？每上完一堂课，能不能通过写教学手记对其得失进行一下反思？面对每一个学生，能不能在关注他们表面上的学习态度、学习方法和学习成绩的同时，更研究一下他们的心灵？此外，我们在认真上好每一堂课的同时，能不能关注一下语文界、教育界、整个社会乃至天下的风云变幻？我们在尊重并继承古今中外一切优秀教育理论与传统的同时，能不能以追求科学、坚持真理的胆识，辨析其中可能存在的错误之处？甚至对一些似乎已有定论的教育结论，我们能不能根据新的实际情况、新的理论予以重新的认识与研究？……

教师拥有个性与学习其他优秀老师是不矛盾的。我过去、现在乃至将来，都一直学习于漪、钱梦龙和魏书生，学同龄人程红兵、高万祥，学比我年轻的许多后起之秀，但我不会把他们的具体做法当成“葫芦”来“画瓢”了，而是通过他们的教学方法而感受他们的灵魂，从他们的思想中汲取养料滋润我的思想，以形成我的教育个性。因为我越来越感觉到：教育个性当然不仅仅体现于思想，但没有思想绝对就没有个性。

‖让课堂成为思维的王国

“您喜爱的座右铭？”“思考一切。”——一百多年前马克思和女儿的一次对话，反映了作为思想家、科学家和革命家的马克思一贯的性格，那就是“独立思考”。

作为一名中学教师，我很自然地想到了我们的基础教育。**我们当然不能要求我们培养的学生个个都是马克思，但如果我们所教育出来的大多数学生能够真正具备思考的勇气、习惯和方法，那将是教育对中华民族素质的提高所作出的最大贡献**。作为一名语文教师，我进而更想到了，被顾黄初先生视为“提高全民族素质的奠基工程”的语文教育，在这方面应该是大有可为的。

然而，目前至少相当多的语文课堂教学现状却并不十分令人乐观：“满堂灌”的陈旧教学模式自不必说，即使在一些所谓“启发式”的课堂里，学生也不过是教师思想的俘虏而已——崇拜师长，迷信权威，不善发问，更不敢怀疑；如果说有“思考”的话，那不过是根据揣测老师的“标准答案”而回答老师的提问；至于说像顾颉刚先生所说的“怀疑、思索、辨别”，并提出自己的创见，那就更谈不上了。如此语文课堂教学，焉能培养出新世纪中华民族所需要的创造性人才？

语文教师应该善于点燃学生思考的火花，使语文课堂成为学生思考的王国！

我在这里所强调的“思考”，并不完全等同于人们常说的“思维”。积极思维当然是思考的基础，但还仅仅是一般的“想”；而这里提倡的“思考”，主要是指学生在教师的引导下进行的更为深刻、周到的思辨活动——善于发现问题，敢于提出问题，乐于钻研问题；在此基础上，既尊重老师，更崇尚真理，大胆怀疑，科学探寻，勇于创新。

培养学生的思考能力，符合学生求知心理，并能尊重学生的个性，因而可以有效地把学生推到主动学习的位置。学生由生疑、质疑，再到思疑、解疑，整个过程充满了积极求知的主动精神，其所获知识印象更深。培养学生的思考能力，符合语文教学的学科特点。无论把“语文”理解成“语言文字”、“语言文学”还是“语言文化”，其核心都是“语言—思维—人的发展”的相互作用及其相互促进。而离开了学生富有个性和创见的独立思考，这一切都谈不上。语言的千姿百态反映了思维的丰富多彩，学生在阅读和写作中的“仁者见仁，智者见智”，正体现了能力形成和知识运用方面语文学科不同于其他学科的独特性。培养学生的思考能力，实际上也是在训练学生科学的治学方法。打开一切科学大门的钥匙，无疑是问号。知识传授绝不是最终目的，我们的目的是通过教学，为学生的未来开辟一个广阔的文化空间，让学生自己去探寻、研究、发展和创造。因此，教会学生的治学尤为重要，而治学的过程很大程度上就是一个独立思考的过程。**培养学生的思考能力，符合时代发展的需要。因为教会学生思考，其更深远的意义在于为学生未来的人生播撒科学精神的种子，为我们国家的未来造就民族振兴的栋梁。科学研究中最重要的一种精神，便是怀疑精神。怀疑不是否定，而是不迷信。从人类文明史上看，怀疑是创造的起跑线，是科学的助产士，是真理的磨刀石。如果我们的学生没有起码的思考能力和怀疑勇气，那么，他们就不可能真正成为未来中国物质文明和精神文明的创造者，更无力迎接国际竞争的挑战。这将是中华民族的悲哀！**

如何在课堂点燃学生思考的火花？我在自己的语文课堂教学实践中，有如下尝试。

第一，转变观念：帮助学生解放思想，使之真正成为学习的主人

我们不得不承认这样的现实，长期以来的僵化教育，已使我们学生的思维普遍处于消极、懒惰的半睡眠状态：除了被动地接受老师教诲和书本知识，他们几乎没有自己的独立思想。能力的培养首先有赖于观念的转变，而观念只有靠观念来转变。为此，在语文教学中，我们应该重视对学生进行以下三种观念的教育。

（1）学自问始、疑为学先的教育

要让学生明白，学习之所以需要，是因为有不懂的问题，没有问题就没必要学习；而且，对学生来说，其学习是自己的事，不是老师的事。经过教育，学生应逐步形成这样的观念，学习的过程就是发现问题、提出问题、钻研问题和解决问题的过程，而问题的发现和提出，首先是学习者自己的事，是老师或其他人不能取代的。

（2）独立思考、尊重歧见的教育

发现问题需要独立思考，钻研问题也需要独立思考。独立思考不是不需要老师的指导，更不是拒绝老师的教育，但即使是老师传授的科学知识和正确思想学生也必须经过一番比较、思索和辨别，才能真正化为自己的坚定信念。另外，独立思考也不是拒绝听取他人意见，相反，在研究问题的过程中能具备海纳百川的民主胸襟是一种极可贵的科学品质。**教师应善于在教学过程中营造一种百家争鸣的学术氛围，在这样的氛围中，每一个学生都可以发表自己的见解，也尊重别人发表不同看法的权利。既独立思考，又虚怀若谷，学生的探索勇气和科学精神正是在这样充满和谐平等的课堂上得以培养并强化的。**

（3）鄙视盲从、追求真理的教育

正如万里同志所指出的：“我们陈腐的传统教育思想和教学方法，可以说是一种封闭型的教育思想和教学方法。教育内容是固定的、僵化的，教育的任务就是灌输这些内容，不能稍加发挥，不能问个为什么，更不能

怀疑，考试按固定的内容和格式照答就行，把学生引导到追求高分数上去。这种教育思想和教学方法培养出来的人才，只能是‘唯书’、‘唯上’，必然缺乏创造性和进取精神。”（《在全国教育工作上的讲话》）学生长期受这种教育，往往思想僵化，思维懒惰，从来不愿也不会有自己的思考，更不用说怀疑和质疑书本、师长了。要让学生明白，任何人都不可能穷尽真理，更不可能垄断真理。**学生的任务当然是学习，但学习的最终目的还在于发展和创造。如果都拜倒在书本权威脚下而不敢越雷池一步，那科学就终结了，历史就停止了，文明就消失了。**

第二，榜样示范：教师应成为善于思考、勇于怀疑的学者型教育者

学生思考的火花只有用教师思考的火花去点燃。我们不能设想，一个迷信权威、毫无创见的教师，会培养出敢于质疑、富于创新的学生。所以，对学生最好的指导，莫过于教师在教学过程中的示范。

我常常给我的学生讲我在备课钻研教材时遇到的疑问，比如，《故乡》中鲁迅说杨二嫂是“一个画图仪器里细脚伶仃的圆规”，鲁迅为什么会这样说？文中几次出现的“圆规”，到底是属于什么修辞手法——比喻？或借代？小说的主题究竟应该是什么？再如，《守财奴》结尾“这最后一句话证明基督教应是守财奴的宗教”究竟该怎么理解？又如，孙犁《好的语言和坏的语言》后半部分的结构是否不太严密？……

我经常在报刊上发表教育教学文章，有时还引起一些学术争鸣，这为我培养学生的思考能力提供了极好的机会。《天津教育》就我的班级民主管理的观点和做法展开争鸣。我一方面参加笔墨论战，一方面随时给学生读有关不同观点的文章，启发学生思考、辨别。更重要的是，我还请学生发表自己的看法。通过参与这场讨论，我试图让学生树立这样的观念：独立思考必然伴随着论辩，而以追求真理为目的的论辩并不是固执己见的强词夺理，也不一定是非白即黑的是非之争。平等争鸣的结果，更多的是双方认识的互相补充、不断完善和共同提高。

第三，逼问激疑：让问题点燃学生的求知欲

（1）逼学生提问

不少教师在备课时，都要结合教学重点精心设计一些提问，这无疑是很好的。但我们更提倡教学问题从学生中来，这样学生在学习的一开始就会处于主动地位，而且能使教师直接把握学生的思维状况，使教学更有针对性。

然而，长期被动学习的学生往往是提不出来问题的，或者说即使有问题也不愿提出来。这就需要教师“逼”。最初，我叫学生提问，学生很不习惯，也不愿发言。我便问他们：“这篇课文究竟是我学呢，还是你们学？”学生答：“我们学。”我又说：“一般不懂的才需要学，而不懂的地方就叫问题。既然你们没问题，可见都懂了，我也就没必要讲了！”这种“你不问，我就不讲”的“威胁”让学生感到了危机，也明白了这样一个道理：课文学习的第一步并不是老师“讲”，而是自己“问”。

经过这样一“逼”，学生逐步都能提出一些问题。而且问题还会越来越多。我教《故乡》时，学生共提了 82 个问题。这些问题有的涉及课文的思想内容，“文章最后一段该怎样理解？”“在这篇文章中，杨二嫂的塑造有什么作用？”“闰土是受哪些影响和‘我’隔膜起来的？”有的涉及课文的写作手法：“作者用《故乡》作题目有什么好处呢？”“为什么在文章后面还要写海边沙地、金黄圆月？”“杨二嫂和闰土是对比吗？”有的是针对某一句话、某一个词的理解：“怎样理解‘只是他的愿望切近，我的愿望茫远罢了’？”“‘几房本家’是什么意思？”“文章后面写‘我’的希望时，提到了三个‘辛苦’，这三个‘辛苦’是不是一个意思？”有的是对某一个字提出疑问，“‘我们日里到海边检贝壳去’，这里的‘检’字是不是该用‘捡’？”“‘这次是专门为了别他而来的’，这里的‘他’是不是应换成‘它’？”……我做了一个小小的统计，上学期我教第三册语文时，我的学生就课文共提 1452 个疑问！

（2）教会学生无中生有地发现问题

也有这种情况，有些课文文字浅显，内容易懂，许多学生会觉得没什么问题。这就需要教师引导学生“无中生有”地发现问题：在看似明白晓畅的地方发现其耐人寻味的底蕴，“于不疑处有疑”。

“于不疑处有疑”，最基本的方法是让学生在“不疑处”多想想：“为什么会这样写?”“能不能不这样写?”“还有没有更好的写法?”我以《理想的阶梯》一文为例指导学生发现问题。这篇课文论点鲜明，结构简单，语言朴素。学生初读，好像都懂了。但是，我却在他们都觉简单的地方提出了疑问：“课文的论点是第三段首句‘奋斗，是理想的阶梯’，那么，第一、二段不就是多余的了吗?”“在第二段中，三个‘有的……’构成了排比，这三个‘有的……’顺序可不可以换一换?”学生一听，觉得要回答这些问题真还不那么容易，于是深入讨论研究，对课文的结构便有了更深刻的理解。

(3) 引导学生善于发现高质量的问题

提问是学习的第一步，因此问题的质量直接关系到学习下一步钻研的深度和最终的学习效果。在提问的积极性被调动起来之后，不少学生会出现为问而问的现象，或者提一些在教师看来十分可笑而怪异的问题。教师当然不能因此而向学生泼冷水，但也应及时引导学生不但敢问，而且善问。

语文教学中的所谓“高质量”的问题，其实就是尽可能地紧扣教材训练内容的问题。这些问题当然也包括生字生词，但更是指单元重点和课文教学重点难点。除了让学生找出有关字词句障碍，我一般是让学生根据不同文体的特点进行思考，进而发现问题。

第四，平等切磋：指导学生自己研讨问题

学生一旦自己提出问题，便已经处于学习的主动位置了，而且他们嗷嗷待哺地渴望老师解答。但是，教师不应急于满足学生的求知欲而立即予以解答。而应鼓励并引导学生思考的火花继续闪烁，以致汇成思想的火炬。

学生所提的问题，大体可分为三类：第一类是关于字词认读和难句理解的问题；第二类是关于思想内容和写作手法的问题；第三类是超出课文重点而且是教师也没有思想准备的问题。我认为，这三类问题，教师都应该指导学生钻研、切磋，以寻求尽可能正确的答案。

对于第一类问题，可采用“甲问乙答”方式，由学生自己解决。因为这类问题一般比较简单，而且往往是一部分学生懂而另一部分学生不懂。比如，“为什么‘联成一个整体’的‘联’不用‘连’?”(《中国石拱桥》)

"第一自然段中的'虽则'是什么意思?"(《成功的秘诀》)"第十四自然段'模胡'的'胡'是不是该用'糊'?"(《社戏》)"为什么文章第三自然段先写'足食'再写'丰衣',而不照应前面的'丰衣足食'?"(《记一辆纺车》)……类似的问题,事前认真预习过的学生一般都能解答。但是,我在请学生解答时,着重要求学生说清楚"为什么",以训练并展示其思考过程。

对于第二类问题,虽然直接涉及教学重点,但教师也不宜包办解答,仍应组织学生围绕这些问题讨论切磋。教师的作用,在于巧妙地引导学生的思维方向,并推动其思考的健康发展。教《社戏》时,不少学生提出疑问:"课文题目是《社戏》,可为何文章开头和结尾都写了许多与看社戏无关的事?""根据文章的具体内容,可不可把文章的标题改成《我的乐土》、《我的童年》?""文章写社戏本身并不多,而写看社戏的经过却不少,是不是可以删去一些?"……

对于第三类问题,处理起来可能要复杂一些,但同样应该反馈给学生,让他们思考或和老师一起研究。学《爱莲说》,有学生在课堂上提出:"文章开头先说菊,再说牡丹,后说莲,文章最后一个自然段写这三个花也是照应这个顺序,可是到结尾,却是先说菊,接着便说莲,最后说牡丹——这是为什么?"学《背影》,有学生问道:"当时朱自清都已二十多岁了,回北京念书乘火车还要父亲送,并哭哭啼啼的,是不是太娇气了点?"学《包身工》,有学生问"解放已经40多年了,可为什么我们的国家还有类似包身工的现象?"学《故乡》,有学生问"既然《故乡》是小说,那么作品中的'我'就不应该是作者鲁迅,可为什么课文插图的主人公却画成鲁迅的模样?"……对于学生能够提出这些"怪问"、"偏问",教师不应反感、斥责甚至恼羞成怒,而应该欣慰于自己对学生思维训练的成功;并与学生一起探索、讨论、交流认识,如果因看法不同而产生了思想的交锋甚至碰撞更是一件好事;即使最终也未能统一看法也不要紧,只要不是大是大非的政治原则问题,学生之间、师生之间不必强行定于一尊。在学生探索的过程中,有时思考的火花和思想的碰撞就是教师教学所要追求的成果。

第五，破除迷信：鼓励学生向权威挑战

思考的目的，是为了不断完善和创新，因为任何人都不能说他已经穷尽了真理。人类发展的历史是如此，我们的语文课堂教学也理应如此。一般来说，教师的认识水平当然远在学生之上，但也难免“千虑一失”；同样，课文作者大多是已有定论的写作大家，但受历史的局限或其他原因，其作品决不能说就完美得无可挑剔。鼓励学生不迷信老师和课文作者，并不是让学生都成为偏唱反调的“抬杠高手”，而是培养学生实事求是、唯真理是从的科学精神和独立人格。

教师首先要能够放下“师道尊严”的面子，具备向真理投降的勇气和向学生请教的胸襟，乐于以朋友的身份在课堂上和学生开展同志式的平等讨论或争论。学邓拓的《从三到万》时，有学生提出疑问“本文的中心论点是‘学文化重在积累’，可第六自然段却是在说老师应该从易而难、逐步深入地教学生知识。这一段明显游离于中心，与前后段落也联系不紧，可否删去?”备课时，我也有这个疑问，并作了一些思考。于是我不但肯定了该学生的钻研精神，而且当即表态：“我认为，这一段完全可以删去!”然而，多数学生并不把我的意见当作“最高指示”，他们表示纷纷“不敢苟同”并举手与我争辩：“这一段并非与前面联系不紧。实际上作者也是在从教学规律的角度继续阐述学习的规律。”“作者的意思是说，人家教师教学是由浅入深，而那个富翁儿子却不懂这一点，因此自命不凡，结果一无所得。”……经过唇枪舌剑的激烈辩论，我基本接受了多数学生的观点，学生们也汲取了我的认识中的某些合理因素，最后我们一起将这一段修改为：“从教学的过程来说，不管学什么，教的人总要从易而难，逐步深入地把知识教给学生。因此，好的教师在开始的时候，总是给学生一个印象，觉得入门不难，往后才能越学越有信心。那位楚士正是如此。而学生如果看到入门很容易，就自命不凡，把老师一脚踢开，那么，他就什么也学不成。”在我的语文教学课堂上，类似的争论是经常可见的，不管是谁说服了谁或者谁都没有说服谁，我和学生都能感到一种思想交锋的酣畅淋漓和精神交流的兴奋愉悦。

学生向课文作者挑战，也应该是很正常的事。从某种意义上看，作品永远是“半成品”。这有三点含义：一是作者对自己作品的修改不可能真正做到完美无缺，或多或少或大或小总有一些遗憾；二是即使作品刚写成时已经臻于完善，但随着时代的发展，若干年后的读者再看该作品，总会发现一些历史的局限；三是作品一旦发表，就成了相对独立于作者的社会存在，不同的读者都会根据自己的不同眼光和兴趣爱好予以说三道四、凭头论足甚至“再创造”。正是基于这个道理，学生在尊重名家、学习名家的前提下挑战名家，不但应该允许，而且值得提倡。青少年学生头脑里的框框套套相对较少，一旦展开了思想的翅膀，他们会有许多令教师暗暗称奇甚至自愧弗如的见解，“‘三大基本型式之一’的‘型式’，好像应该是‘形式’才对。”（《中国石拱桥》预习提示）“‘无论什么人，无论他怎样忙，应该抽点功夫来想一想。’这里的‘功夫’是‘时间’的意思，因此应该写作‘工夫’。”（《想和做》）“文章第三段写‘凝聚为党的脊梁，成为党的灵魂’，我认为灵魂是虚的，脊梁是实的，那就应该改为‘成为党的脊梁，凝聚为党的灵魂’更好些。”（《壮丽人生的最后闪光》）“方仲永写第一首诗时，还是一个不懂事的孩子，他后来‘泯然众人’完全是由其愚昧的父亲造成的。所以，该‘伤’的首先应是仲永的父亲而不是仲永。”（《伤仲永》）“文章还不够含蓄,如果把‘透过荔枝树林……’一节删去,不但不会影响本文中心思想的表达，而且还会使文章更含蓄。”（《荔枝蜜》）“题目是‘什么是生态系统’，可是文章最后却落脚在‘森林生态系统’；即使作者是想以森林生态系统为典型来说明生态系统的一般特点，但作为一篇说明文，还是应该尽可能严密才好。”（《什么是生态系统》）“文章并未写具体的哪一辆纺车，而是以延安的无数纺车写出了一种生活和精神，因此‘记一辆纺车’这个题目就不是太恰当，建议改成‘纺车的回忆’或‘延安的纺车’。”（《记一辆纺车》）……学生的这些看法，当然并不一定都正确，但学生敢于怀疑，其勇气的确可嘉，何况学生的有些质疑确有合理之处。更可贵的是，如果我们的学生能普遍具备这种独立思考、深入探索的精神品质，正是我们民族未来的希望！

★课堂上，让学生的思想自由飞翔（1999年）

同样是对马克思的回忆，马克思的女婿保尔·拉法格曾这样写道：“他的头脑就像停在军港里生火待发的一艘军舰，准备一接到通知就开向任何思想的海洋。”对于以为振兴中华培养高素质人才为己任的当代中国的每一位教育者，理应让我们的学生也尽可能具备崇尚真理、追求科学、富于思考的精神军舰，以驶向辽阔无边的“思想的海洋”！

‖让每一个学生都拥有舒展的心灵——我教《冬天》

2003年4月15日，我应邀到郑州铁路二中讲学，作完报告，校长突然向我提出一个请求，希望我能够为他们学校的老师上一堂示范课。这可把我难住了，因为我毫无准备，连教材都没有带。但校长的热情真让我不忍拒绝。于是，我对校长说：“这样吧，我从我的笔记本电脑中选一篇课本外的文章来上，好吗？”

打开电脑，我选中了朱自清的《冬天》。这是我非常喜爱的一篇散文，多次给我的学生朗读。于是，我决定第二天就讲《冬天》。虽然没有这篇文章备课资料，也没有其他任何教学参考资料，但我想，只要我把学生调动起来，真正形成师生之间、学生之间的对话，我的课就算成功了。

下面，就是我根据教学录像整理的课堂教学实录。

“同学们，你们好！今天我们一起来学习朱自清的一篇散文——”我一边说一边在黑板上写下两个大字——“冬天”。

因为是借班上课，面对第一次接触的学生，我必须先给他们讲讲我的教学思路，于是我说：“我们怎样来学这篇文章呢？这是一篇自读课文，我打算和同学们一起来研究探讨这篇文章。同学们第一次接触我，对我也不太了解，我对你们也不太了解，不过不要紧的，尽管是公开课，但咱们也不要刻意追求什么‘高潮’什么‘热闹’，我追求的关键，是我们每一个人的心，是不是走进了课文？我经常在想，怎样才算是读懂了一篇课文呢？我不知道同学们想过这个问题没有。”

我稍微停顿了一下，看到学生们都目不转睛地望着我，我知道他们已经开始和我一起思考了。于是，我接着说：“我先把我的观点讲一讲。对一篇课文，怎样才算读进去了呢？我认为，第一，读出自己；第二，读出问题。所谓‘读出自己’，就是从课文当中，读出自己所熟悉的生活或场景，读出和自己思想感情相通的某一个情节或人物形象，甚至读出触动自己心灵的一个时代或一段历史。举个例子，比如有人读《红楼梦》会流泪，几百年前的《红楼梦》和现在的读者有什么关系呢？这是因为读者从中读出了某些和自己感情相通的东西，所以要流泪。这叫‘读出了自己’。又如，李老师看过一部电影，叫做《我的兄弟姐妹》，大家看过没有？”

学生们纷纷答道：“看过！”

“大家看的时候流泪没有？流泪的同学请举手。”我一边问一边注意清点举手的学生，“嗯，流泪的同学很少。但是，李老师看的时候流泪了！为什么？因为影片所反映的那段生活，就是李老师的童年时代。你们看的时候，只是把它当电影看，而我却看得流泪，因为我读出了自己——这就是所谓‘共鸣’。同学们，‘读出自己’就是欣赏。”

我看到已经有不少学生情不自禁地会意点头，便接着说：“除了‘读出自己’，我们还要‘读出问题’。什么叫‘读出问题’呢？这就是研究。对于没有读进去的人，是提不出任何问题的。假如现在拿一本关于基因的书给我看，或者拿一些最新考古方面的书给我看，我一个问题都提不出来，这并不说明我读懂了，我提不出任何问题，恰恰证明我根本看不懂！但是，如果拿一本我教过很多遍的语文书给我，我可以提出很多问题，而且问题是越来越多，为啥？因为我读懂了。所以，问题多，恰恰证明你读懂了。因为你已经在以研究的眼光去读课文。‘读出问题’，还包括质疑。面对课文，面对作者，当然也包括面对老师，没有什么是不可以质疑的。同学们对某一段话不理解，或者对某一句话甚至某一个词不理解，都可以提出来研究。我刚才说了，‘读出问题’，就是‘研究’。那么今天，我们就以这样的态度——读出自己，读出问题，来学习《冬天》。”

然后，我问大家：“这篇文章，同学们以前读过没有？”

学生们回答：“没有。”

“没有读过？哦。李老师却特别喜欢这篇文章。这样，对于这篇文章，我先不忙于读，而由你们先读一遍。不要齐读，而是自己按自己的理解去读，同学们也许会读出些味道的。好，现在大家开始读吧！”

学生们开始朗读。我来回巡视，不时提醒没有大声朗读的学生读起来。

我看到一位同学一边读一边勾画，便走到他身旁表扬他：“这位同学做得非常好！他一边读一边勾。大家要向他学习！”

五分钟过去了，学生们朗读的声音渐渐小了，显然，绝大多数学生都已经朗读完毕。于是我说：“好，刚才同学们读了一遍。下面，李老师也给大家读一遍，请大家认真听。注意，朗读本身就是一种理解。刚才我听有同学读，我就感到他没有读进去，他只是在发音。其实，当你在读的时候，就已经表达出了自己的理解，抑扬顿挫，哪些地方舒缓，哪些地方急促，都体现了你对课文的理解并加进了你的感情。同样，下面李老师的朗读，也体现了李老师的理解并加进了我的感情。请同学们在听的时候，拿起笔，把课文中最能打动你心灵的语句勾画一下。”

“说起冬天，忽然想到豆腐……”我开始朗读。这篇文章虽然不是语文教材中的文章，但我已经给我历届学生读过多次，每读一次，都有新的感受。今天，当我再次朗读的时候，朱自清文中那朴素而温馨的情感气息扑面而来，也洋溢在教室里，感染着每一位第一次读到这篇文章的学生。“无论怎么冷，大风大雪，想到这些，我心上总是温暖的。”读完这最后一句，我久久没有说话，学生们也没有任何声息，大家仿佛都忘记了自己的存在，而沉浸在了朱自清所营造的爱的氛围里。

我终于打破了沉寂：“今天李老师之所以选这篇文章给大家讲，当然是因为我很喜欢这篇文章，我每读一遍都有新的感受。现在我想听听同学们的感受。“我稍微停顿了一下又说，“好，我们现在就按照刚才我说的‘读出自己’‘读出问题’的顺序来交流一下各自的体会。先看‘读出自己’。邻近的同学可以交流一下，哪些语句最能打动你的心扉，哪些语言最能扣动你的心弦？”

学生们开始交头接耳地互相交流，教室里呈现出活跃的气氛。

“好，我们现在请几位同学起来给大家谈谈自己最欣赏的语句。好吗？”我对全体学生说道。当一位女学生举起手时，我对她说：“好，先请这位女同学说说。”

她站了起来，“我最喜欢的是这一句：‘这是晚上，屋子老了，虽点着“洋灯”，也还是阴暗。’我读到这一句，想象朱自清和他父亲一起吃豆腐，屋子虽然很暗，但亲情却很浓。我想起了我父亲给我讲过的他小时候吃豆腐的故事。那种亲情很能引起我的联想和共鸣。”

“好，请坐。”当她坐下后，我对全班学生说道，“她说她父亲给她讲过类似的生活，让她产生了共鸣。我不禁感慨，现代科学技术日新月异地发展，使人与人之间心灵的距离迅速地拉大。在现代家庭，到了晚上，一家人都各做各的事情。像你们，可能是做作业，爸爸妈妈呢可能是看电视。在这种情况下，我们多么怀念那种吃豆腐的生活呀！所以，朱自清这篇文章就勾起了我对一种久违了的温馨人情味的回忆。好，哪位同学再说说？”

一位女同学站起来说：“我对这几句特别感动：‘外边虽老是冬天，家里却老是春天。’我感到这句话特别温馨！”

“呵呵，我真是感慨万千，真想和你握握手呀！”我情不自禁地说道。学生们和全场听课的老师们都大笑了起来。“为什么呢？因为我也特别喜欢这一句！好，咱们握个手吧！”我走向前去，和这位同学紧紧握手：“这叫共享！”全场鼓掌。

这位女同学继续分析道：“虽然是在冬天，他们住的地方人也少，冷清，但一家人却，却……”可能因为紧张，这位女同学竟然说不下去了。

“好，请坐下，你不用说了。”我充满理解地对她说，“有时，感动是难以言说的！”

可是她居然并没有坐下，而是补充道：“还有一句，我也很感动：‘这是晚上，屋子老了，虽点着“洋灯”，也还是阴暗。’屋子虽然简朴，但很温暖！”

我鼓励她说：“很好很好！这位同学非常会鉴赏！”

另一位学生发言说：“我最喜欢第一段的最后一句：‘我们都喜欢这种白水豆腐；一上桌就眼巴巴望着那锅，等着那热气，等着热气里从父亲筷子上掉下来的豆腐。’我读出了一位慈爱的父亲，他是多么慈祥地为孩子夹豆腐。还有孩子饿了的时候那急切的心情，眼巴巴地望着那锅。这一细节特别形象，特别……”

“特别传神！是吧？”我补充道，“寥寥数语，却把孩子那眼巴巴的神态写得非常形象。”

她使劲地点头，“对对。还有第二段的最后一句，‘P君听说转变了好几次，前年是在一个特税局里收特税了，以后便没有消息。’就这么淡淡的一句，写出了思念朋友的惆怅，多年前的好朋友没有了消息。冬天总是令人想起往事，令人惆怅。”

“很好！请坐。后面那位举手的同学请说！”我又抽了一位学生。

“我觉得第一段很好，这一段与我过去看过的一部电影很像。这部电影叫《我最中意的雪天》，是荷兰故事片。写了一个家庭非常温馨的情景。我的家庭也很温馨，所以我对这一段感触颇深。”

“好呀！那你也可以写一篇以你家温馨生活为内容的《冬天》！”我说，“这位同学由这篇散文联想到了自己看过的电影，进而又联想到自己的家庭。这也是一种‘读出自己’！”

我看到一位女生把手举得高高的，表情非常急切，便请她发表意见。她先读了文中的一段文字：“父亲得常常站起来，微微地仰着脸，觑着眼睛，从氤氲的热气里伸进筷子，夹起豆腐，一一地放在我们的酱油碟里。”她停了一下说，“读到这一句，我特别感动，引起了我的共鸣。因为这让我想起了，我和家人在吃饭的时候……”她突然说不下去了，眼泪已经流了下来，但她稍微顿了一下，还是带着哭腔继续说：“爸爸，爸爸，总是把，把……最好的菜往我碗里夹……”

她又说不下去了，只是抽泣，看着她那流泪的脸庞，全场的人都感动了，掌声响了起来！

她平息了一下情绪，接着说："还有'我们都喜欢这种白水豆腐；一上桌就眼巴巴望着那锅，等着那热气，等着热气里从父亲筷子上掉下来的豆腐'这一句，也逼真地写出了孩子急切盼望的心理。另外，还有一句我很感动。就是第三段的那一句：'似乎台州空空的，只有我们四人；天地空空的，也只有我们四人。'还有'楼下厨房的大方窗开着，并排地挨着她们母子三个；三张脸都带着天真微笑的向着我。'读到这里，我想起了每当我放学回家打开门的时候，爸爸妈妈总是微笑着看着我。"

她的发言让我也很感动："非常好！我觉得这位同学不只是一个善于阅读的人，她首先是一位非常孝顺的孩子，是一位非常善于感受爱的孩子！想一想，她由朱自清的文章想到自己爸爸给自己夹菜。可是我们有的同学也许就不是这样想的，面对饭桌上爸爸妈妈给自己夹菜，他们不能理解父母，甚至可能会埋怨父母：'烦不烦呀？'我经常给我的学生讲，什么叫孝心？每天按时回家，不要让爸爸妈妈在阳台上张望自己，就是最大的孝心。而这位同学就是一位非常有孝心的孩子。"我突然提高了声音："让我们向她表示敬意！"

如雷的掌声再次响起。

我继续引导："同学们看，上面几位同学就叫'读进去了'！他们所说的，都不是我分析出来的，也不需要我分析。同学们只需要用自己的心尽可能贴近作者的心就行了！把自己摆进去，就会发现文章中很多地方都能引起共鸣的。——还有没有同学要说呀？好，请这位男同学发表看法。"

一男生："我读了全文，最后一段，也就是最后一句最能打动我：'无论怎么冷，大风大雪，想到这些，我心上总是温暖的。'因为我由这一句想到了我的班级生活，也是充满温暖的；我还想到过去初中的同学，虽然现在我已经上高一了，但常常想念初中的班级生活，想起来就感到温暖。"

"好，这位同学由文中的语句想到了班级生活。这也叫'读出了自己'。"我刚评论完，就看到又有许多手举了起来，我说："是呀，这篇文章可圈可点的地方，实在太多！举手想发言的同学还有很多。由于时间关系，我们不能听更多的同学谈他们的感受，但仅以上同学所提到的文中精彩之处，就足以让我们获得一种美的享受！同学们体会到的更多的美，大家还可以在课后继续交流。”

刚才举手的学生带着遗憾的表情把手放了下去。于是我说：“除了欣赏之外，我们还要进行研究，同学们同样可以发表看法的。哪些同学有什么问题呢？甚至不喜欢这篇文章的同学也可以大胆地提出自己的质疑。我们这是一个自由论坛，不喜欢这篇文章的同学，也可以说说自己不喜欢的理由。或者有同学感到文中有不太懂的地方，也可以提出来。总之，什么问题都可以提！好，有同学举手了。请！”

一位男生说：“第二自然段中有这样一句，‘我渐渐地快睡着了’，我觉得这‘渐渐’和‘快’叠在一起有些不太通顺。”

“嗯，‘我渐渐地快睡着了’，你觉得不太通顺。那么其他同学同不同意他的观点呢？”我没有急于解答这位学生的问题，而是先把目光投向全体学生，“呵呵，同学们提出问题，不要都等着我来解答，你们也可以动脑筋，你们也可以解答的。嗯，没有不同意见，那说明大家都同意这位同学的质疑。那我说说我的看法吧！我认为，这句话按现代汉语的标准来看，‘渐渐’与‘快’放在一起，是不太规范。但是大家要注意，这篇文章写于新文化运动开始不久，白话文还不是很成熟的时候。类似的语言现象，我们在读鲁迅的文章时，读冰心早期的作品时，都可以发现。因此，我认为，似乎不必苛求。好，还有啥问题呀？”

又一位男生站了起来：“我发现这篇文章通篇并没有写到冬天，好像有些文不对题。这是为什么？”

“嗯，这位同学认为本文通篇都没有写冬天，文不对题。我认为，这位同学提出的这个问题非常具有科研价值！”我笑着这样评价他的提问。

全场大笑，这位男生也有点不好意思地笑了。

我认真地说：“那我们就来研究这个问题吧！请大家都发表自己的看法。”

一女生说："我不同意他的说法。因为他没有读进去，没有'读出自己'。"

全场又大笑。

但她继续说："朱自清主要是着力写感情，而不是写景。同时这种感情的表达是很含蓄的，而不是张扬的，因此，他的文章不是水样的文章，而是酒样的文章！"

我说："好，这是你的看法。还有没有同学有其他理由呢？"

另外一女生举手发言说："《冬天》在这里不只是为了单纯写冬天，我觉得朱自清写冬天是为了写出对过去往事的怀念，对友情亲情的怀念。而这些体现友情、亲情的事都发生在冬天。所以用《冬天》这个题目。"

"好，我认为她说得非常好！就是说，这几件事情都是发生在冬天。"我一边评价她的发言，一边看了看刚才提问的那个男生，他摇了摇头，"哦，好像刚才提问的那位同学还是不同意，好，你说吧！"

他反驳道："刚才第一位同学说得好像有点不太对吧！所谓含蓄并不等于不表达清楚自己的观点呀！比如你到珠宝行去，一个劲地说这戒指非常漂亮非常漂亮，可别人仍然不知道你是想买还是不想买呀！"

我问他："那么刚才第二位同学说这几件事都发生在冬天，所以以《冬天》为题，你同不同意这个观点？不要紧的，你实话实说，我非常欣赏你坚持自己观点的精神。这不叫固执，没有想通就是没有想通嘛！"

"还是不同意。"他说。

我问："为什么？"

"因为即使这些事都发生在冬天，但既然以冬天为题，还是应该有一些写冬天的句子才好。"

"哦，你认为还是应该直接写冬天，就像《济南的冬天》一样，是吧？那么，这篇文章究竟写冬天没有呢？"

多数学生纷纷说："写了。"而且不少学生举起了手。

"你看，又有不少同学要反驳你了。好，那位穿红衣服的同学说。"

被叫的女生发言说："我想说，这篇文章所写的都是生活中非常平淡的小事，而且溶注的感情也不是什么惊天动地生离死别之类的，而是一种非常平凡而朴素的情感，但这种情感在严冬的衬托下，特别温暖。”

我又抽一位举手的学生发表看法，她说：“我想补充的是，作者以《冬天》为题，是因为这几件事不但都发生在冬天，而且这几件事都给作者以温暖的感觉。”

我追问：“为什么会给作者以温暖？”

“因为这些亲情友情令作者怀念，特别是在寒冷的冬天，作者想起来就特别温暖。这种心中的温暖与自然界的冬天形成反差，是一种衬托。”

我点头道：“嗯，她又说出一个理由：以‘冬天’为题不仅仅是因为所写的事情都发生在冬天，而且更因为以冬天为背景，更能反衬出这些小事的温馨。”

我转身问那位提出问题的同学：“请问这位同学，你同不同意她的观点：以冬天的寒冷，反衬出家庭和友情的温馨？”

他点头说：“嗯，我基本同意作者以冬天来衬托家庭和友情的温暖。”

“好，他基本接受了那几位同学的观点。这种勇于服从真理的精神更加可贵！”我忍不住拍了拍他的肩膀。

大家都笑了起来，并报以热烈的掌声。

“语文课应该充满思想的碰撞，这种碰撞不仅仅是老师和同学之间的碰撞，同学之间也可以碰撞。我还想补充一点：刚才这位同学说文章没有写到冬天，其实，文章是写了冬天的，只是很少像《济南的冬天》那样直接描写冬天的景物，但文章通篇不时都在提到冬天：‘说起冬天’‘又是冬天’‘在台州过了一个冬天’，特别是最后一句，‘无论怎么冷，大风大雪，想到这些，我心上总是温暖的’你们看，这几天有大风大雪吗？呵呵，没有。所以，这篇文章是写到了冬天的，只不过是把冬天作为背景来写的。”

我继续问：“还有其他什么问题吗？好，这位男同学请说。”

一男生说：“作者这样写，‘妻也惯了那寂寞，只和我们爷儿们守着。’这话是什么意思？”

“好，请问有没有同学能够帮他解答？无人解答？”我忍不住开了个玩笑，“嗯，关键是同学们现在还没有这个体会啊！”

学生们开怀地大笑起来。

一女生举手发言说：“我理解，朱自清是刚搬到这里的，他这里是想说明他们在这里人生地不熟，正因为这样，一家人才显得很温馨。”

我问：“你的意思是说，朱自清这里写寂寞都是为了铺垫，正是在这寂寞中，一家人的心贴得更紧了。是吗？”

“是的。”她点点头坐下了。

又一女生站了起来：“对这句话，我的理解是，那时候，他们不像我们现在有许多消遣，他们没有电视看，没有电脑玩——那时的社会背景就是那样，所以他们一家人只能团坐在火炉旁，心贴得更紧了，彼此互相温暖着。”

“嗯，很好！我完全同意你们的理解。看，我想说的话都被你们说完了。”

一男生举手问：“第二自然段说‘殿上灯烛辉煌，满是佛婆念佛的声音，好像醒了一场梦。’我想问，他们醒的是哪一场梦？”

“好呀，我们来研究一下，‘好像醒了一场梦’，是怎么回事呢？谁能回答？”

沉默。学生们都在思考。

一位女生举手了，“前面写的环境一直非常安静，作者和朋友在一起心境恬静，冬天的西湖游人也很少，后面到了寺里面，就很嘈杂，还有佛婆念佛的声音也很大，所以就像一场梦醒了。”

我补充道：“是的，刚才作者和他的朋友在湖面上已经陶醉了，快睡着了。现在一下来到这喧嚣的地方，好像梦被吵醒了。这里是个对比。是吗？好，请坐。”

又一位男生提问：“‘回来的时候，楼下厨房的大方窗开着，并排地挨着她们母子三个；三张脸都带着天真微笑的向着我。’我不明白，‘她们母子三个’为什么要对着‘我’笑。”

"是呀，为什么要对他笑呀？呵呵呵呵……"我忍不住笑了起来。

学生们也笑了起来。

我首先表扬这位提问的学生："我很赞赏这位同学，他有问就提，他不因为这个问题可能比较简单就不提。谁能够回答这个问题呀？"

一女生说："我觉得这是一个很平常的亲情，因为每次我回到家里，爸爸妈妈都会对我笑：'回来了？'"

"是呀！"我对那位提问的男生说，"你回家的时候，你爸爸妈妈没有对你笑？笑不笑呀？"

众笑。那位提问的男生点头，小声说："也笑的。"

"这就对了！你爸爸妈妈对你的笑和朱自清这里写到的笑是一样的，看到自己的亲人回来了，情不自禁的笑容就会洋溢在脸上。"

学生们大笑。

"好，那位举手男同学还要提什么问题？"

"第一段的第二行：'仿佛反穿的白狐大衣'，我觉得这里用'白狐大衣'的比喻不太恰当。还有这一段最后一句：'等着热气里从父亲筷子上掉下来的豆腐'，这里的'掉'字，我感觉也不太恰当。"

我说："白狐大衣这个比喻是否恰当，当然是可以讨论的。我理解，这里是取其白而滑。白狐大衣外面是光滑的。当然我也没有穿过白狐大衣。(众笑) 这只是我的想象。另外，关于这个'掉'字，应该说这里写的是一种很自然的状态，从'筷子上掉下来'，当然是不是还有比掉更好的字，大家还可以研究。大家还有没有其他问题呀？"

举手的人越来越多。

"哟！想提问的人越来越多了！呵呵，但是我不问了，(众笑) 因为快下课了。不过，我看到你们那么多的人举手想提问，我就感觉我这堂课上的特别成功。呵呵！(众笑) 为什么呢？你们'读进去'了嘛！尽管问题越来越多，但我的任务并不是把你们所有的问题都解决，我也不可能都解决，刚才同学们提的许多问题都不是我解答的。我的任务是开启你们思想的闸门，点燃你们思想的火炬！让你们真正'读进去'。其实，你们问我的问题我并非都能解答的，比如刚才有同学私下问我：‘李老师，阿弥陀佛的生日是哪一天呀？’（众笑）我真还没有想过这个问题，我的确不知道阿弥陀佛的生日。但我可以查有关资料，下次再讲这篇文章就可以告诉我的学生了。不过，我这里想顺便问问，在座有没有同学知道阿弥陀佛的生日是哪一天，或者哪位听课的老师知道，帮助我解答一下？”

没有人举手，我正想结束教学，突然一位男生举手了。

“好，请这位男同学回答。”

他站起来大声说：“是阴历十一月十六日！”

我正想问他的依据何在，却看到他刚才是在读文中的一句话，我恍然大悟：“嗯？啊，对了，文章中前面有一句话‘记得是阴历十一月十六晚上。跟S君P君在西湖里坐小划子’，这不就是答案吗？”

全场鼓掌！

“哎呀，你这个回答提醒了李老师：我读得是多么粗心啊！在这一点上，你超过李老师了！同学们，陶行知有一句话：先生之最大的成功，是培养出值得自己崇拜的学生。现在我就崇拜他！”

全场大笑，掌声如雷。

“最后还有几分钟——啊，其实没有几分钟了——我简单谈谈我的体会。同学们应该注意这篇文章中的细节，要善于关注细节！吃豆腐，‘眼巴巴地望着那锅’是细节；划船，‘我们都不大说话，只有均匀的桨声。我渐渐地快睡着了’是细节；还有‘P君“喂”了一下，才抬起眼皮，看见他在微笑’也是细节；打动人的总是细节！还有刚才同学们提到的‘并排地挨着她们母子三个；三张脸都带着天真微笑的向着我’，这是细节……本来我还准备了另外两篇文章，一篇是写我和我学生的故事，主要写我和我学生之间的互相思念；还有一篇是写我童年的一件往事，是我五六岁时一次迷路后怎样被一群红领巾送回家的，我的感受也是通过许多细节来表现的。因为时间关系，我不给大家讲了，但同学们可以在课外认真读读。当然，关注细节，决不仅仅是写文章，作文和做人是统一的，刚才那位女同学提到父亲给自己夹菜时忍不住流泪了，她想起自己回家时爸爸妈妈对自己的爱便很感动，这些都是通过细节来感受的。所以，无论做人还是作文，请从关注细节做起！下课！同学们再见！”

“老师再见！”

全场再次爆发出雷鸣般的掌声。

★2003年4月，我在郑州铁路二中执教《冬天》

说实话，并不是每一次公开课我都很满意，但这堂课我的确比较满意。当天晚上，我写下这样的教后手记——

这是一次“突然袭击”的公开课，事前一点准备都没有。但上下来不但学生和听课老师反响很好，而且我自己也觉得不错（教师也需要自我欣赏和自我鼓励的）。细细想来，这堂课成功的原因其实很简单：我不追求我讲了多少，而追求我引导学生自己悟出了多少。

“对话”是新课程理论中出现频率最高的词儿之一。但“对话”并不是让学生自发的讨论，而是在教师的引导下，带着自己的经验钻研课文，进而领悟课文的思想感情——所谓“把自己的心摆进去”，或者说“用自己的心去感受作者的心”。然后，各自谈谈自己从课文中的所悟所得，分享各自的收获，当然，教师也参与其中，分享学生的收获，共享美文。

那么，在这样的课堂上，教师的引导作用何在？**教师主要的作用是营造一种平等和谐的对话氛围，让每一个学生都拥有舒展的心灵、思考的大脑，然后让感情融会感情，让思想碰撞思想，当然，教师的感情和思想也参与到学生的感情和思想之中。**我始终提醒自己：**不要老想着把自己对课文“深刻的领会”、“精彩的分析”、“独到的见解”灌输给学生，而应该让学生自己去领悟。哪怕学生只领悟出了5分，也比老师灌给他10分强！**

而事实上，**一旦学生情感的闸门被打开，思想的火炬被点燃，他们精神世界所迸发出的“深刻”、“精彩”和“独到”……远远超出教师的想**

象，也是教师的一个大脑所望尘莫及的，更是教师的任何事前设计所无法预见的。在这种情况下，我们所追求的“民主”“平等”“和谐”“自主”“探究”……都自然而然呈现了出来。当那位女生由朱自清的父亲“夹豆腐”想到自己父亲给自己夹菜而流下眼泪时，当学生们围绕文章题为《冬天》是否“文不对题”而争鸣时，当最后一位发言的那位学生说出关于“阿弥陀佛生日”的答案时……我由衷地感到：任何人为“导演”的“高潮”、“亮点”都不及学生感情激荡、思想喷涌时所自然而然绽放的心灵花朵更为灿烂夺目！

永远不要自以为是，永远不要低估学生的智慧，做一个学生心灵海洋的推波助澜者，而不要做学生心灵的屠宰者！——这次执教《冬天》，我再次这样提醒自己。

三、“让思想冲破牢笼”

‖独立思考，勇于质疑

教育者是从事创造性工作的人，因而应该是一个心灵自由的人，我希望自己拥有自由飞翔的心灵。

心灵自由意味着独立思考，意味着不迷信任何权威，意味着让思想的火炬熊熊燃烧。马克思的战友威廉·李卜克内西曾这样评价马克思，“他是一个彻底正直的人，除了崇拜真理之外他不知道还要崇拜别的，他可以毫不犹豫地抛弃他辛辛苦苦得到

★我已经出版的部分著作

的他所珍爱的理论，只要他确认这些理论是错误的。”（《回忆马克思恩格斯》）马克思自己也曾说道“无情地批判现有的一切。所谓无情地批判，就是要有两个不怕：一不怕现有的结论；二不怕触犯最高权势。”（《马克思自白》）

在这里，“批判”不是简单的“否定”，而是以科学的态度予以重新审视，也就是“绝对不应盲从，绝对不应提倡奴隶主义”。

有人也许会说“有党的教育方针指引方向，有上级教育主管部门宏观决策，还需要我们操心吗?”无疑，党的教育方针、各级教育行政部门的决策是我们从事教育的指南，但这一切决不能取代我们每一个教育者富有个性的思考和充满创造性的探索。任何“最高指示”都不能取代任何一位教师的大脑，怎么将党和国家的教育方针政策同每一位教育实践工作者所在学校、班级的实际情况相结合，这正需要我们独立思考。更重要的是，任何在当时看来是无比英明的教育理论也不可能是“绝对真理”，也需要随着教育实践的发展而发展，这教育实践的主体正是千千万万个有着独立思考能力的普通教育者。可以说，**没有千千万万普通教育者富有个性的思考和富有创造性的实践，就不可能有科学的教育理论的诞生和发展。**

我开始用研究的眼光审视打量一些“天经地义”的“说法”，并写了一系列的教育随笔。

在一篇题为《不要把什么都推给“体制”》的随笔中，我这样写道：

不知从什么时候起，我们一些人喜欢把什么都推给体制。比如一位朋友和我谈到他读小学的女儿所在班的老师动辄就让家长在孩子作业本上签字的事，便大发议论：“学生的作业为什么一定要家长签字呢？现在的小学老师，唉，不说了，都是体制的过！”

如此“上纲上线”，我无言以对。

毫无疑问，无论政治、经济，还是文化、教育等等，“体制”的确是非常关键的。在某种意义上，体制对某项事业的发展乃至社会的进步甚至起着决定性作用。改革开放20多年来所取得的胜利，首先是体制改革的胜利；而我们要继续改革，重点便是深化体制改革。关于体制改革乃至体制创新的重要性，这么多年来，无论是党和国家领导人，还是各行各业的专家学者，发表的文章可谓汗牛冲栋，用不着我再在这里多嘴。

但是，“体制”不是万能的，也不是什么都可以往里面装的。从根本上说，比体制更重要的是人的素质。“文革”时代的“体制”无疑是最黑暗的，但那个“体制”并没有要求行刑者必须割断张志新的喉管；“应试教育”的“体制”当然是需要革除的，但这个“体制”并没有要求教师在学生脸上刻字。无论是割断喉管，还是在学生脸上刻字，这起决定性作用的因素，显然不是“体制”，而是人性。面对如此丧失人性的暴行，如果我们只是空洞地谴责“体制”，那无异于纵容具体的施暴者。

鲁迅当年在思考中国的前途时，不是首先想到“体制”而是把改造国民性放在第一位。他经常思考并和朋友讨论三个问题：第一，怎样才是理想的人性？第二，中国国民性中最缺乏的是什么？第三，这些问题的病根何在？他坚决主张民族性必须改造，否则“招牌虽换，货色照旧，口号虽新，骨子不改，革命必无成功一日”。当代著名经济学家茅于轼在谈到民主政治时曾以印度为例，说明离开了国民素质的提高，单纯构建民主程序是没有实质性意义的。“印度有完整的民主制度的设计，有多党制，有上下议院，也有普选，可是它享受了民主制度的坏处而没有享受到它的好处。有些人认为有了民主政治，有了在野党的监督，贪污就可以避免。可是印度却是一个贪污盛行的国家。印度政府还是一个效率低下的机构，从飞机场里办理出入境手续的时间和态度就可以看到政府行为的一角；从一些大都市的混乱状况也能看到政府的无能。”

还是回到教育上来。不是说我们现在的教育体制已经很完善了，也不是说我们现在面临的许多教育弊端都与现行教育体制无关；我的意思是，还是应该具体问题具体分析。就以前面提到的小学老师要家长在孩子作业本上签字的事，我想这最多属于老师工作方法不当的问题；还有一些教师体罚学生，这更多的是属于教师师德修养的问题。

爱思考“体制”，这本身没有什么错，这会使我们的思考更深刻。万事万物都有联系，什么都的确与体制联系。但有时候，一些具体问题与体制并没有直接联系，如果不管大事小事统统说“是体制造成的”，那么就会“体制是个框，什么都往里装”，最后导致虚无主义，什么都做不成！道理很简单，体制不是普通人能够改变的；那么，“体制不改，我们有啥办法?”我真诚地认为，现在最重要的最迫切的教育改革是教育体制的改革；同时我同样真诚地认为，教育上有的问题也不全是体制使然。在同样的体制下，人的素质至关重要。人的素质与体制的关系是鸡与蛋的关系，很难孤立地说谁先谁后。“好的制度能够使坏人无法作恶”这是真理，因为“总统是靠不住的”；“有几流的人民就有几流的政府”也是真理，因为“人是万物之灵长”。作为一个基层的普通老师而非教育行政部门的决策者，我显然无法直接改革教育体制，但我并不因此而觉得无所作为，因为可以点点滴滴地为改造人的素质——首先是自身的素质——尽点力。

因此，在现有体制下，我总是提醒自己：第一，我能够做哪些事？第二，我能够把这些事做到怎样的完美程度？想清楚了这两点，我就不再犹豫，先做起来再说。

我在这样写的时候，也是这样提醒自己：不要把什么都推给“体制”，推给别人。改造教育，从我做起。

我还对一些人们经常引用的教育命题进行了再思考，并提出了自己的看法。比如，对“没有教不好的学生，只有不会教的老师”这句话，我就提出了质疑。

“没有教不好的学生，只有不会教的老师”这句话，我记得最早是老教育家陈鹤琴说的。现在被不少教育者广泛引用，而且引起了争论。我想，陈鹤琴当初说这话时，一定不会引起误解的。因为任何话都有特定的含义。陈鹤琴之所以这样说，在我看来，他是强调教育者对孩子的一种责任与信念，和教育者基于这种责任与信念对自己的严格要求。这句话的真理性在于：不轻易对任何学生丧失信心。

换句话说，这句话只是教育者的严于律己，而非一种教育评价标准。

但问题在于，现在一些教育者——特别是一些担负一定领导职务的教育者，把这句话当成教训老师的“绝对真理”，于是，便引起了老师们的反感，进而引起了争论。

我一直坚信，教育不是没有作为的。因此，在我的教育历程中，我总是问自己：对于具体的某一个“后进生”，我是否已经尽到了我能够尽的最大努力？20年的实践告诉我，如果我们不用一把尺子衡量学生，绝大多数“后进生”都会有进步的——不一定成为栋梁之才，但至少可以成为一个合格的公民，成为最好的自己。

同时，我也始终认为，学校教育不是万能的。在一个人的成长过程中，学校教育的作用最多占三分之一，另外两个三分之一分别是学生所受到的非学校教育（包括家庭教育、社会教育）以及学生自己的自我教育。我们不能做超出我们能力和责任范围的事，我们只能在我们力所能及的范围内，尽可能地把我们的工作做好——这样，即使个别学生最终也没有被“教好”，我们问心无愧！

“没有教不好的学生，只有不会教的老师”——如果这是教师的自励，我对这样的教师表达十二万分的崇敬；如果有人以此苛求教师，我对这样的苛求者表示十二万分的遗憾。

当然，我上面所举的这些质疑并不一定就正确，我也欢迎其他的教育同行对我的观点提出质疑；最关键的仍然是那个朴素的问题：我们是否拥有独立思考、勇于质疑的大脑？

‖ 教育科研：警惕“伪科学”！

教育科研的重要性不言而喻。如果说“科学技术是第一生产力”，那么说“教育科研是教育发展的第一推动力”应该是毫不夸张的。在深化教育体制改革，全面推进素质教育的今天，“科研兴校”成了不少学校最响亮的战略口号和最自觉的实践行动，而“做一个科研型的教育者”也成为许多普通教师的崇高追求。

然而，我们也不能不看到，由于种种原因，在一些学校“教育科研”已经远离实事求是的科学精神而正在变味。注意，我在这里将“教育科研”

四个字加上了引号——也就是说，我认为，我们一些“教育科研”（不是所有）已经不是真正的教育科研，而正在沦为“伪科学”。

“伪教育科研”现象主要表现在以下十个方面——

迷信权威，亦步亦趋

科学研究是一项创造性活动，所以教育科研的理论工作者应该通过对教育规律新的探索给我们提供新的思想、新的观念、新的策略、新的方法等等。而一切人云亦云的“理论”或仅仅是为别人的思想“作注”的“体会”都不是真正的教育科研。

然而长期以来，我们不少教育科研工作者所从事的主要工作，正是为权威们的思想提供“论证”而“说服”普通的教师。回想这么多年来，我们所津津乐道的教育理论大多是国外的教育家：时而皮亚杰，时而布鲁纳，时而布鲁姆，时而马斯洛，时而桑代克……当然，这些饮誉世界的教育家无疑有着高瞻远瞩的真知灼见，他们的教育理论对我们的教育事业的发展无疑有着积极的指导作用；但学习他们的理论毕竟不能取代我们对自己具体教育问题的研究。对他们教育理论的阐释是必要的，将他们的理论运用于中国的教育实践更是应该的。但“阐释”和“运用”不能代替创造性教育科研。跟在别人理论后面不停地“作注”，绝不是真正的教育科研。

亦步亦趋，怎能算是真正的教育科研；迷信权威，又焉能产生真正的教育家？

“课题”崇拜，华而不实

如果从教育科研的针对性和目的来说，任何真正的教育科研毫无疑问都是有特定课题的；但现在许多教育者特别是一线校长和教师心目中的“课题”，主要是来自上级教育行政或科研部门下达的“课题”——什么“市级课题”、“省级课题”、“国家级课题”等等。在相当多的教育者看来，所谓“教育科研”当然就是搞“课题”啦。而且，“课题”的级别越高，说明自己的“教育科研”的水平质量也越高。于是，几乎所有校长都特别希望争取“课题”，也不管这个课题是否符合本校实际。“课题崇拜”由此产生。

因为在现在的中国，所有的“教育科研课题”一旦立项开题，定会成功，而绝不会失败。难道不是吗？试问，这么多年来，全国中小学承担了多少“课题实验”？这些课题有哪一项被宣布过“实验失败”？本来，既然是科学研究，就必然存在着成功和失败的双重可能，而对于真正的科学研究来说，失败也是有意义的。但唯独中国的教育“课题实验”，无论其过程如何，一旦到期，专家验收时均宣布“取得了预期的成果”。人们常说“春华秋实”，可我们好些教育科研课题却“华而不实”。这样的“教育科研”，科学性何在？

无论是苏联的苏霍姆林斯基还是中国的陶行知，都是公认的一流教育家，但我不知道他们的教育科研“课题”是谁给下达的，又是谁“验收合格”的。

眼睛向上，追赶时髦

大约十年前，上级有关部门强调各学科教学都应体现德育渗透，于是，笔者所在学校有位生理卫生教师便申报了一个“生理卫生教学中的德育渗透”的课题，一年后结题时，该教师果然写了一篇课题报告，大谈“消化系统与德育”、“神经系统与德育”、“生殖系统与德育”等等，这份“实验报告”还获得了当年市级科研论文二等奖。

类似真实的笑话绝非个别现象。我们好些教育科研课题的“灵感”往往来自“上面”——教育行政部门或教育科研部门的文件。当一位校长在拟定教育科研课题或一位教师在考虑科研计划时，往往首先想到的是“最近上面有什么新的精神？”即使所设想的课题或计划是来自教育实践，形成文字时也一定要用“新精神”来包装——如果最近强调“多媒体教学”，就拟定“多媒体教学中的素质教育尝试”的课题；如果最近强调“社会实践”，就提出“社会教育与学校教育的关系初探”的课题……于是，教育科研成了“赶时髦”。

真正的教育科研课题从何而来？当然应该从实践中来。也就是说，所有有志于教育科研的人，都应该眼睛向下，面对教育实际，面对实践，面对我们的学生。教育科研课题应该是在教育实践中自然涌现出来的，当教育者的教育实践遇到困惑时，教育科研课题正在破土而出。而一切跟着风向转的“教育科研”都只是大街上招摇一时的“时装”而已。

故作“特色”，滥贴标签

稍微回忆一下，这么多年来，全国中小学所总结的“模式”、概括的“特色”、提出的“口号”是何等的令人眼花缭乱！

应该充分肯定，多年来我们绝大多数学校的领导和教师在全面提高教育质量方面确实殚精竭虑，做了大量扎扎实实的工作，而且取得了巨大的成果。这一过程本身就是最贴近现实而又最实在的教育科研，如果实事求是而朴实无华的将这些探索和成绩总结出来，也就是很好的科研成果。但是，人们往往有一种认识误区：不提“口号”，不提“模式”，不贴“标签”就不叫教育科研“成果”——至少这个“成果”就没有“档次”，即使有“档次”也缺乏“新意”。本来大家的教育实践都是差不多的（因为教育本身就是朴实无华的，哪有那么多的“花样”啊？）可是一旦形成“论文”、“报告”，“特色”便出来了，而且这种“特色”往往通过口诀式的数字化短语来概括，什么“三自”（“自我教育、自学能力、自主发展”）、“四主”（教育主动，教师主导，学生主体、人格主线）等等。还有“模式”的泛滥，目前各种各样贴着“××教育”标签的“流派”至少就有好几十家。

需要特别声明的是，我绝不是一概否定这些“特色”、“口号”。事实上，有些教育模式确实来自科学的实践而且对提高教育质量起到了巨大的推动作用。但是，在所有“标新立异”的旗帜中，有没有“伪劣产品”呢？

说做各异，阳奉阴违

如果仅从总结汇报材料看，全国几乎所有中小学的素质教育搞得都非常好，因为几乎没有一所学校在谈到教育科研时不罗列一些“做法”和“特色”。这其中当然有许多学校是名副其实的，但也不乏虚有其名者。对于有的学校来说，其“科研报告”充满说服力：有理论阐述有实践支撑还有成果印证，让人很难怀疑其真实性。但如果与该校平时的实践对照，其所谓“教育科研”便显出了虚假性。因为这些学校在向上级汇报时所说的与平时工作中所做的是两回事，所谓“素质教育轰轰烈烈，应试教育扎扎实实”，便是对这种现象的尖锐讽刺。

虚假“科研”还有一种表现，就是同样一种材料可以应付不同的科研课题验收。比如，某个学校在课堂教学改革中确实取得了一些成果，那么，这项成果将被“万能”用于应付各种场合：“主体性课题研究”结题时可以用，“减轻学生过重课业负担”实验总结时可以用，“创造教育探索”课题验收时可以用，“学法指导探索”汇报时可以用，“陶行知教育思想实践”现场研讨会也可以用……

每当上级要来进行教育考察或某项科研课题面临验收时，往往就是一些学校突击弄虚作假的时候：临时进行各种问卷调查以充实“原始资料”，赶紧补写必不可少但平时又没有写的各种材料、马上开设平时根本没有开的有关课程、精雕细刻并反复演练用于课题汇报的“公开课”、在学生中进行“统一口径”的有关教育，等等。

冠冕堂皇，以售其奸

在“素质教育”的口号深入人心的今天，没有谁会公开宣称要搞“应试教育”，但确有人拉大旗作虎皮，接过“素质教育”的旗帜而大搞“应试教育”，而“教育科研”便是他们最冠冕堂皇的外衣。

最典型的例子就是在“科研课题”幌子下大办各种“实验班”。过去那种以提高升学率为目的兴办的“重点班”早已遭到社会谴责而臭名昭著，可是现在这种“重点班”又已经堂而皇之地卷土重来了，不过它已经换了一个充满素质教育改革气息的名称，叫“××课题实验班”。真正的教育科研是离不开实验和实验班的，而且现在确实有许多学校的“实验班”是名副其实的教育科研实验。对这些实事求是的教育探索者，我表示真诚的敬意。但我这里批评的“实验班”现象，却是挂羊头卖狗肉，骨子里仍然是“应试教育”。有这样一所学校，为了保证高中招生时，本校的优秀生源不流失，便在初一学生进校时通过择优考试将全年级学习最拔尖的学生集中起来办了一个“素质教育实验班”。以后的三年里，该班的教学一切都围绕升学转。到了初中毕业前夕，学校又以“教育科研课题”需要“跟踪实验”为名强行让“实验班”学生书面保证高中一定留在本校，并与校方签字画押。由于这个班本身就是“尖子班”，所以后来无论中考、高考，这个班的升学率都非常高。于是，在“实验班课题”验收时这自然被校方大肆宣扬为“教育科研成果辉煌”。

这种“科研”，恐怕绝非个别吧？

论著晦涩，不知所云

读不懂教育论文、教育论著，这已经是许多教师共同的苦恼和自卑。不信，请读一读一篇题为《语文课程的本质：构建读写及审美的经验》的论文开头：“语文的主体是广泛的，复杂的，无穷的。这是指它作为知识本身不仅包含着基础的认知符号系统及其内部规律，同时包含着与之对位的人的情感状态、价值判断、过程描述等主体的共时性体验。因而，人们在教授和学习它时，不可能像对其他学科那样系统，有层次，有梯度地进行线性方式的知识传授和接受，而是要更大可能地构建学习主体能够深入、持续的语文学习的内在体验。在今天，尤其重要地凸现在现代教学中。……”

我是教语文的，但我既读不懂标题更读不懂内容。我请教了好些语文教师，他们也说“不知所云”。毛泽东当年批评“党八股”时说有些同志写文章是“下决心不要群众看”，而现在也有那么一些“专家”写教育科研文章是下决心不让教师看懂的。他们喜欢玩弄时髦术语、新潮概念，喜欢这样“原则”那样“性”地构建“理论大厦”。好像这才是“教育科研”的“学术规范”，才是真正的“科学态度”。但是，当我们读到卢梭，读到苏霍姆林斯基，读到陶行知等真正教育大师精辟深邃而又亲切平易的教育理论著作时，那些晦涩高深的“教育科研”论著立刻便现出了“伪科学”的面目。

职称论文，虚假写作

教育科研是“做”出来的，而不是“写”出来的。即使最后的课题报告或论文，也是科研实践瓜熟蒂落之自然结晶。然而现在有许多论文是闭门造车硬写（甚至抄）出来的。为什么？因为评职称需要发表论文呀，于是，为职称而写作成了“教育科研”的全部内容。

虚张声势，热衷炒作

真正的科学研究，其过程必然充满曲折与艰辛。在没有取得成果时，科学研究本身是一件远离喧嚣、甘于寂寞的事。教育科研也是如此，苏霍姆林斯基如果没有 30 多年如一日在乡村中学默默无闻的教育探索，他就不可能成为杰出的教育家。

然而，现在搞“教育科研”却是一件很“风光”也很容易“出名”的事。当然，毋庸置疑，真正的教育科研能够促进学校的发展，所谓“科研兴校”正是这个意思。但现在一些学校搞“教育科研”却是“醉翁之意不在酒”，他们更多的是把教育科研视为“打造”学校“品牌”、“树立”学校“形象”的大好契机。于是，自我炒作便是“顺理成章”的了。有的学校与名牌大学合作搞“课题”以壮声势，有的学校邀请众多教育“名人”“大腕”参加“课题”论证或“课题”鉴定，有的制作精美画册、多媒体光盘宣传“科研成果”，有的通过各种途径将“课题报告”挤进各种《××教育大词典》、《××名校大词典》之类的巨著……当然，这一切都离不开报纸、电视台的“配合宣传”，往往一次小小的“课题研讨会”却被策划成“盛大的节日”。

若真能取得实实在在的科研成果，这样劳民伤财倒也可视为不得不付出的代价。问题是这样的折腾，往往是没有什么真货的，因为折腾者要的就是“热闹”本身而不是实际效果。

“科研”牟利，以饱私囊

蓬勃兴起的教育科研之风，推动了各学校教育改革的深化；同时也成了一些利欲熏心者眼中的“商机”，于是现在有些“教育科研”充满了铜臭味。笔者曾在一所中学亲耳听一位某师大教授对该校校长说：“你们拿出一万元，我保证为你们申请到国家级课题；然后再花点钱，我叫我的几个研究生蹲在你们学校帮你们总结总结，这科研成果不是就出来了吗？我以前帮好几所学校指导课题都是这样成功的。”但这个建议被校长婉言谢绝。

我对这位实事求是的校长肃然起敬，但我又不得不产生联想：那位教授炫耀的“好几所学校”的“成功”不知蒙骗了多少人！当然，我相信那位教授的那种做法决不带有普遍性，但打着“教育科研”的幌子而行以牟利为目的的勾当，恐怕很难说是个别的。比如，打着“科研”旗号而成立各种“学会”或“中心”，这些“学会”或“中心”往往又挂靠某杂志或某报纸，于是，以“研讨会”或推广“研究成果”为名便可堂而皇之地办班并推销各种资料了。总有那么一些“教育专家”会根据教育“行情”不断推出各类“教育科研”书籍，其他的例子不用多举，就以眼下来说，贴着“创新教育”标签的“论文集”、“教学辅导”、“能力训练”之类的读物就不计其数。

如此“科研”，除了填满某些人的私囊，于教育何益？

以上种种“伪教育科研”现象的出现，其原因是复杂的，这与我们目前的教育评估不够科学有关，也与目前盛行的某些不良风气有关，它甚至还有着难以详述的更深刻的社会原因和历史原因。因此，其责任不能完全怪第一线的教育者。实际上，从某种意义上说，第一线的教育者也是这种“伪教育科研”的受害者。这是笔者必须说明的。

还需要特别指出的是，以上种种“伪教育科研”现象，决不代表我国中小学教育科研的全部。建国以来，尤其是改革开放以来，我们的教育科研所取得的成就是有目共睹的——比如，今天所倡导并已成为全民共识的“素质教育”，从某种意义上说，正是教育科研的理论成果。但在充分肯定成绩的同时，清醒地意识到其中存在的弊端，恰恰是为了让我们的教育科研事业能够继续健康地发展，进而取得更辉煌的成就。我们可以想象，如果每一所学校、每一位教师都实实在在地进行教育科研，中国的教育发展将会是一个怎样蓬勃的景象？

呼唤陶行知所倡导的“真教育”，让实事求是之风回归教育科研——我相信也是所有教育工作者的真诚心愿。

‖一个优秀的校长，一刻也不应忘记自己曾经是个教师

2001年11月，我听说了这样一条“新闻”。

在某县重点中学的新学期班主任会上，分管校长宣布：“为了加强校

风班风建设，也为了增强班主任的工作责任心和班主任工作的实效性，从本期起，班风将同班主任工作考评相联系。具体做法是，平时每班学生的课堂纪律扣分、早操扣分、课间操扣分、眼保健操扣分、清洁卫生扣分、吃零食扣分、迟到扣分，还有运动会名次、艺术节名次、板报评比名次等等，一律与期末班主任奖惩挂钩——分数高者奖金就高，分数低者奖金就低！如果遇到出现打架斗殴等重大违纪情况，班主任期末奖金则'一票否决'！"

如此管理方式不可谓不严格，然而对班主任来说又不可谓不苛刻。虽然有班主任当即就表示不满，但校长一声"这是学校行政会集体研究作出的决定，谁不服从就请谁下岗"的斥责，大家便敢怒而不敢言，只好自认倒霉——谁叫我是班主任呢！

颇有戏剧性的是，该决定公布不久，学校就发生了两件事——

第一件事是，开学两周后，就有一位勇敢的班主任找到教导处，坚决要求退掉本期硬塞到自己班上的校长关系户学生，"当初校长就说这孩子是某局局长的儿子，因打架斗殴被原学校强令'休学'，是典型的'差生'；领导说其他班都不要，因为信任我才放到我班上。我不怕这个学生淘气，我倒愿意与他慢慢磨，但我怕'一票否决'。"

第二件事是，某班上第一节课的老师渐渐发现，本期早晨迟到人数大大减少，但旷课学生却大大增加，而旷课的学生往往在第二节课却是坐在教室里的！经调查才恍然大悟：原来该班班主任怕被扣"班级纪律分"影响"班级荣誉"，便叫迟到学生干脆旷一节课，等第一节课结束后再进学校——因为早晨迟到人数是由学校值周老师和值周班学生在学校大门处统一记录，而旷课情况则是由各班班主任和任课老师掌握。

真是"上有政策，下有对策"。无论是校长还是班主任乃至学生，一时都表现出了无穷的智慧。

据说那位要求退学生的班主任已经被"说服"，"该学生作为特殊情况对待，其违纪情况不与班主任考评挂钩"。而学校早晨的值周也经过"改革"，值周老师至少应有一人须等到第一节课结束后方得"撤岗"，并且政教处派出专人在各班窗外巡视学生课堂出勤率。

作为多年的班主任，我对该校的做法颇有感想。我写了一篇教育随笔《岂能如此考评班主任》——

学校管理班主任，必然受制于一定的教育评估标准乃至评价体系；而如何科学地管理班主任，笔者认为这堪称“高精尖教育科研难题”，迄今为止不只是笔者这样的普通班主任拿不出完美的答案，而且连许多专家学者也还在苦苦探索。但是，我现在虽然对此说不出“应该”怎样，却可以谈谈“不能”怎样——如此简单地将学生表现与班主任奖金挂钩的做法，愚以为使不得，万万使不得！

我丝毫不否认该校领导的良好初衷——面对日益恶化的校风，他们在无奈之中狠抓班主任队伍建设，并企图向班主任管理要质量；而且，一般来说，班风的好坏的确取决于班主任的工作态度、管理科学和教育艺术——如果班上课堂纪律总是很糟、出操情况总是很差、迟到人数总是最多，卫生红旗总是最少……而班主任却说自己“管理有方”“教育有效”，谁信？从这个意义上说，将班级操行分数与班主任考评挂钩似乎不是一点道理都没有。

但教育是复杂的，比起单纯的学习成绩的提高，学生思想的转化和日常行为的规范更为艰难而且反复多变。我不同意“没有教不好的学生，只有不会教的老师”这种绝对的说法——如果是教师以此自励，我表示敬意；如果有领导以此对教师施压，我表示反感。无论怎样强调教育者的责任心，都不能堕入“教育万能”的泥潭。从纵的方面说，在班主任接手具体的学生之前，学生已经是其家长的“半成品”、小学教师或以前教师的“半成品”，他并不是作为一张白纸出现在班主任面前的；从横的方面来说，学生每天在受班主任教育的同时，也在受其家庭更受社会方方面面的教育甚至“反教育”，他并不是作为静态的物体接受教师“雕刻”，而同时更处在不断地变化之中。也就是说班主任付出了百分之百的努力，是否能够获得百分之百的成功，是不在自己的胜算之内的。

这种对班主任的考评方式，尤其不利于鼓励班主任“见困难就上”，更不利于班主任善待“差生”（“差生”这个词当然是很不科学的，但约定俗成，我也姑且这样用，不过，我打了引号）。由于种种原因，一个学校总有相对好一些的班和相对差一些的班——而后者必然更容易将班主任“一票否决”。有时，面对一个谁都不愿带的“烂班”或面对一群人人头疼的“差生”，班主任勇敢地接过教育的担子，与其说他有必胜的信心，不如说他有“知其不可而为之”的勇气，这样的班主任在令人肃然起敬的同时又让人感到有几分悲壮——因为其学生是随时都可能“引爆”各种违纪甚至恶性事件的“定时炸弹”。这样的班主任将付出比其他班更多的脑力和体力乃至更多的牺牲：一次次苦口婆心的谈心、一回回耐心细致的补课、一趟趟披星戴月的家访……而最后的教育效果并不一定就优于其他班，但他们已经最大程度地做到了他们所能做到的一切。如果领导还要以无法预测的“一票”去否定班主任所付出的艰辛劳动，是不是太缺乏一点理解甚至太缺乏一点人情味了？

是的，科学的班主任管理不能没有一定的评价标准和方法。我不是校长，也不是政教主任，但我愿意在此冒昧提出几点关于“评价”的建议，不知可否供决策者们参考——

第一，个性评价。针对班主任不同的个性（能力特点、工作风格等等）进行不同的评价，决不搞一刀切。有的教师喜欢做保姆式教师，可以；有的教师喜欢做牧羊式教师，也可以；大刀阔斧，可以；润物无声，也可以；一天到晚与学生同吃同住同出操同劳动，可以；无为而治放手让学生自己管理自己，也可以……总之，条条大路通罗马，只要把班风搞好，就可以了。

第二，过程评价。这里的“过程”是针对“结果”而言，而我说的“结果”主要是指两个方面的结果：全班的终结性成绩（高考或中考）和某一学生的终结性成绩。前面我强调班风结果，这里我却强调管理教育的过程，二者并不矛盾。一个班或某一个学生的最终成绩，取决于多种因素（最起码的就是原有基础，不然为何会有生源大战），不管三七二十一唯终结性成绩是问，伤了不少班主任的心，这也迫使一些本来很善良的班主任想方设法拒绝“差生”或将班上的“差生”撵走。我认为科学的评价方式，是看这位班主任平时的工作——即“过程”——是否尽到了他能尽到的最大努力。特别对于生源不好的班级，校长的公正评价尤为重要。

第三，互相评价。校长评价老师，也应让老师评价校长；校长对老师的评价可以决定老师的饭碗，老师对校长的评价也应决定校长的位子。我曾经任教的学校成都石室中学，校长就职的第一天公开在全校大会上讲，如果本期他的反对率（由所有的教职工无记名投票）超过了30%，他将自动离职。他主张校长、中层干部和后勤职员都应置于教师的监督评价之中。我很感动，当然，我更认为，应该这样。

第四，综合评价。即不以对某一方面的评价代替对班主任所有工作的评价，德智体美劳、教育教研、工作态度和工作方法等等都应兼顾。“一好遮百丑”或“一丑遮百好”，都应避免。还要强调的是，所谓“综合评价”还包括“定性定量”的综合。我不绝对反对科学的必要的“量化”，但我坚决反对纯粹的“分数化”管理，应该以定性定量结合综合评价。

也许我的想法有些理想化，但随时都处于战战兢兢之中的班主任应该有做梦的自由。而且如果是民主治校，对班主任的评价方式是不是应该听听我们班主任的意见呢？我不反对对班主任的评价同其班风联系，但我坚决反对不问青红皂白的“一票否决”。如果有校长仍然坚持这样的“一票否决”，那我最后还有一个建议——

请这样的校长同时兼任班主任，而且是任“差班”的班主任，如何？

本文在《班主任》杂志发表后，我收到不少读者来信，其中大部分是赞同的。赞同者大部分是一线班主任，但也有不少校长和政教主任，这让我十分感动。当然也有一些朋友在来信中有不同看法，其中以政教主任为多。我认为，无论赞成还是不同意，争鸣是好现象。说明大家都在关注我们的班主任工作，这是我们班主任事业富有生机的希望所在。

我一直觉得，管理离不开科学的制度，但更需要充满人情味的“将心比心”。**我多次说过“一个优秀的教师，一刻也不应忘记自己曾经是个孩**

子！”那么，同样的道理——一个优秀的校长，一刻也不应忘记自己曾是个教师！

‖ “专制教育”批判

正如“民主”的对立面是“专制”一样，“民主教育”的对立面无疑是“专制教育”。如果说对民主教育有些教育者可能还比较陌生的话，那么对专制教育，我们则是再熟悉不过的了。

一定的教育总是与一定的历史发展阶段和一定的社会相联系，专制教育必然与专制社会相联系。尽管中国已经进入社会主义时代，但我们毕竟还处于社会主义初级阶段，专制社会的封建遗毒仍然或多或少地存在于我们现在的教育当中。因此，在让中国教育走向民主的过程中，我们有必要对民主教育的对立面“专制教育”进行一番剖析。

专制教育是“非人教育”

所谓“非人”，就是不把学生当成人，无视学生的主体地位，更无视学生的尊严、思想、情感等精神存在，而把学生当作没有生命的物。所谓“非人教育”，就是非人道的教育，在这样的教育中，不但老师不把学生当人，而且久而久之，学生的尊严感、耻辱心也被剥夺得干干净净。

我们现在一些学校是否存在非人教育，现实已经作出了肯定的回答。随意翻开报刊，我们会很容易地读到某些教师体罚学生的报道。体罚的教育是典型的非人教育，但非人教育却不仅仅是体罚。不把学生当人看，还有一种表现，就是在教学中无视学生的生理心理特点，不是把学生的大脑看作可以点燃的智慧的火炬，而是看成装知识的空荡荡的容器，一味进行填鸭式的灌输。满堂灌、超负荷的题海、没有休息日的补课、罚抄作业……非人教育丝毫谈不上对学生主体意识的尊重和对其自我意识的保护，相反，学生的精神受到压抑，自己不相信自己，久而久之，自己也不把自己当人，而是“自我物化”，不敢向老师提出问题或意见，迷信书本，膜拜权威，永远认为“老师说的都是对的”，即使认为不对，也不会更不敢提出。

近年来，越来越多的中学生被家长送出国外读书，让许多外国人不可思议，因为在他们看来，中国有最严格最完善的基础教育。然而一位送孩子出国求学的家长这样无奈地说："我的孩子在国内一所重点中学上学，每天早晨6：30起床，中午不休息，晚上在学校吃饭，18：30-21：30晚自习，回到家22：00，还要再做一会儿作业。他连洗澡的时间都没有。孩子每天除了做题、做题还是做题，我只想让他抓紧每一分钟睡觉。这样培养出来的孩子如果是有用之才倒也罢了，事实是这样培养出来的孩子除了会做两道深奥的、到社会上基本上用不着的题以外，什么也不会！"——"什么都不会"还算是正常的"人"吗？在这里，应试教育成了"非人教育"亦即"专制教育"的帮凶。

在这种教育下培养的学生，多是温良恭俭让的"谦谦君子"，而少有善于独立思考勇于创新的开拓者。在这样的教育背景下，教师眼中的学生是学习机器，是考试机器，是成绩分数单，是录取通知书——唯独不是"人"。

专制教育是"听话教育"

所谓"听话教育"就是以"听话"为目的的教育，其教育目的或者说客观的教育后果是培养"顺民"。

中国父母对孩子常有一句口头禅"要听话"、"做听话的好孩子"。有一句顺口溜也说，"在家里听爹妈的话，到学校里听老师的话，将来进单位要听领导的话"，形象地反映了一代人成长的过程。如此教育培养的学生，必然迷信老师迷信权威。一位法国教育心理专家曾给上海的学生出了一道题目——一艘船上有86头牛，34只羊，问：这艘船的船长年纪有多大。结果有90%的同学做出了答案：船长年纪是86 - 34 = 52岁。10%的同学认为此题非常荒谬，无法解答。当然这10%的同学是答对了。后来法国专家对这90%的同学做调查发现，他们之所以会做出答案来，是因为觉得"老师出的题总是对的，不可能不能做"、"老师平时教育我们题目做了才能得分，不做的话一分也没有"。法国专家不得不感叹"中国学生很听老师的话"，因为同一道题在法国的小学做试验时，超过90%的同学提出了异议，甚至嘲笑老师的"糊涂"。

说穿了，听话教育是把学生作为工具，目的是培养一种只会听话的听从者、顺从者、服从者，不能独立、毫无主见的驯服工具。听话教育只能培养两种人：一种是奴才，就是对的话也听，不对的话也听，好的话也听，坏的话也听，自己毫无主见，没有独立人格；一种是两面派，有人在时听话，没人在时就不听话，说的是一套，想的是另一套，公开搞的是合法的，背地搞的全是假冒伪劣。

听话教育是封建制度下顺民教育在今天的流毒。中国古代封建教育特别强调“教化”，而“教化”便是规定一系列让人不可逾越、限制人的创造力发展的“规范”，逼使受教育者就范。

专制教育是“共性教育”

所谓“共性教育”，就是抹杀学生个性而用一个模式去强行规范学生的教育。这是一种模式化的教育——求全责备，求同去异，扼长补短，划一呆板，致使本来色彩缤纷的精神世界只有一种颜色，使许多完全可以从不同方向发展的人才最后“同途同归”——成了一个模子里批量生产出来的“产品”。

如果把学生真正当人看待，就必然尊重学生的个性，教育也就必然是充满个性的教育。然而，专制教育是不讲个性的，非但不讲个性，而且千方百计地压抑个性。传统教育下的孩子，从小到大，听得最多的教育，就是不要“与众不同”，不要“自以为是”，不要“我行我素”，不要“固执己见”，而这里的所谓“与众不同”“自以为是”“我行我素”“固执己见”，无非就是孩子表现出并坚持自己在思想、感情、兴趣等方面的独特性。教育者总是喜欢整齐划一，因为这样好“管理”，而建立在扼杀孩子个性之上的“管理”无异于“管制”！

“共性教育”在教学上的突出表现，便是教学的“一元化”：教材是一元化的，全国各地无论东西南北，都用统一的教材；教法是一元化的，全国所有的教师都用统一的教学模式进行教学；对教材的理解是一元化的，也就是教师的理解，准确地说，是对统编教参的理解，不允许教师有自己的理解，更不用说学生的多元理解了；考试也是一元化的，形式统一，考题统一，答案统一，时间统一，地点统一……完全不考虑不同地域不同文化背景下不同学生的特点。但这一切有一个好处——便于“管理”。

专制教育是“等级教育”

所谓“等级教育”，就是充满等级的教育，同时也是潜移默化培养学生等级观念的教育。

完全可以这样说，中国传统教育没有平等，只有等级。众所周知，出于封建权贵集团的整体利益，历代统治者一向十分强调君臣父子、上下尊卑的封建等级秩序，倡导“三纲五常”、“三从四德”等封建伦理道德。封建社会等级森严，一切俸禄、礼、教，甚至服饰，都有严格的等级标志。这反映在教育上，必然是培养学生的等级秩序意识。因为这种等级秩序，直接维系着封建社会的稳定和封建统治者不可动摇的至高无上的地位。

对学生而言，首先体验到的“等级”，便是师生关系。不可否认，传统教育文化中的“师道尊严”至今都有其积极因素，但同样应该正视的是，“师道尊严”确实包含了一些封建糟粕，如：赋予教师有随意体罚学生的权力，视师为父，师命难违。受此思想影响，教师与学生之间总有一道不可逾越的鸿沟，师生之间等级森严，泾渭分明，不可越雷池一步，否则将背上违反礼教的骂名。等等。

在专制教育体制下，教师的地位被神化和权威化。从“天地君亲师”的神龛牌位我们便可以看出，教师的权威是不容置疑的。而这种权威地位，是以专制制度为背景的，换句话说，教师成了神化专制制度的工具和中介，没有专制制度利用教师来达到其统治的目的，教师的权威将不复存在。所谓“一日为师，终身为父”，表面上看，强调的是学生对老师的尊敬；而实质上，强调的是学生绝对服从的臣民意识和教师至高无上的家长权威，以及学生对教师的绝对服从；而这种“绝对服从”便是将来对君王绝对服从的预演，因为在封建社会中，整个国家就是一个大家族，而最高的“父”便是皇帝。

在中国传统教育中，也有过一些关于向学生学习的论述，比如《论语》中的“不耻下问”，还有韩愈在《师说》中的“弟子不必不如师，师不必贤于弟子”等等，但这似乎都只是学业上的。而在精神方面——思想、道德乃至人格上呢？恐怕更多的是“师道尊严”，所谓“天地君亲师”，所谓“一日为师，终身为父”，教师在学生心目中不但是绝对的思想权威，而且是绝对的道德完人。封建传统教育在本质上是奴才教育，教师的地位与权威依附于对统治者的神化之中，在如此文化背景下，焉能有真正意义上的“向学生学习”？

专制教育的等级性，还体现于以科举考试或者当代一刀切式的应试教育将学生分成不同的等级：“优生”或者“差生”。为了选拔出“尖子人才”，于是各种人为划分的所谓“重点学校”、“重点班”，使孩子还在“人之初”便被分为三六九等。在这种“等级”下，学生们每一天都在体验着上下尊卑的感觉，简直可以说是呼吸着等级观念的空气成长。

以上我从民主教育对立面的角度，剖析了传统教育的专制特征。必须申明的是，第一，传统教育当然不是只有专制，不是只有糟粕；相反，传统教育中同样有不少至今值得我们继承的精华，这是毫无疑问的。第二，从总体上说，中国传统教育不适应当代中国的发展与未来社会的要求，这是显而易见的。不然，中国教育何以要改革。从江泽民同志 2000 年发表关于教育问题的谈话，到党的十六大把教育创新提高到与理论创新、科技创新、制度创新同等重要的地位，无一不是基于对中国教育弊端的清醒认识和彻底否定。

在我来看，不清醒地正视民主教育的对立面，不旗帜鲜明地清算专制教育，民主教育将无从谈起。

四、网络空间的教育真情

‖从“中青在线”到“教育在线”

1999 年底，在学生的鼓动下，我开始上网。当时我怎么也没有想到，网络将改变我的生活，包括教育生活。

我的网络生活，不仅仅是通过网络看看新闻或查找资料，而主要是通

★2001 年，和《中国青年报》论坛的网友在一起

过网络论坛与人交流。我上的第一个论坛是《中国青年报》的网站“中青在线论坛”。2000 年 7 月，我在《中国青年报》上发了一篇谈教育的短文，引起了一些反响。于是，在 8 月上旬，我打开《中国青年报》主办的网络版“中青在线”，想看看里面有没有对我那篇文章的反应。结果，在里面我还真看到了一些网民对我文章的回应。那以后，我开始关注“中青在线”的“青年话题”。我一开始就被吸引了——这是一片燃烧着思想激情的原野，这是一个翻卷着精神浪花的海洋。这里是真正的自由王国：没有什么统一的话题，只有着对讨论的共同兴趣；没有什么固定的主题，只有着对论坛不变的情怀。现实的关怀与历史的忧思，国际的热点与国内的焦点，“行而上”的思考与“行而下”的关注，都在这里汇聚与对话。政治、经济、军事、教育、环保、爱情、婚姻、家庭以及各种社会话题，都在这里交流与碰撞。我惊喜地发现，竟有那么多比我年轻更比我有才华、有激情、有思想、有胆略的人，在真诚而严肃地思考着关心着我们的国家我们的民族以及国家和民族的未来。

我也开始试着在上面发帖子，和网友们讨论教育话题，因而很快受到网友们的关注。同时，我也开始利用网络资源充实我的教育。在那年 8 月底快开学的时候，一个叫“冰睿”的网友在论坛发了个帖子，题为《致落榜哥哥的一封信》。这是一个在京城打工的 18 岁小伙子写给农村家中哥哥的信，信不长，但其中表现出来的一种挑战人生的坚韧精神打动了我和许多网友，许多人在冰睿帖子的后面跟帖，向他表示敬意。第二天，我把这封信念给刚进高中的学生们听，以此作为给他们的“见面礼”。我的许多学生马上来向我要冰睿的电子信箱，说是回去后要给冰睿哥哥写信。当时，我从心底感谢冰睿，因为他为我提供了最鲜活也最真实的教育素材。

2001 年 7 月初，我告别了中青论坛，走进了 K12 网站的班主任论坛并

当上了版主。

K12 班主任论坛对我的吸引力，是一次次和网友的思想交锋。往往开始只是某两个网友围绕一个话题舞枪弄棒、短兵相接，接着各路豪杰纷纷披甲上阵，或助威，或呐喊，论坛刀光剑影、硝烟弥漫，但这一切都没有半点意气用事，更没有丝毫人身攻击，为真理而战是我们一致的信念，向真理投降是我们共同的勇气。试想，如果不是在网上论坛，现实生活中哪有这样铿锵有声的思想磨砺，如此酣畅淋漓的精神游泳？围绕“绝不培养告密者”、“教育究竟是什么艺术”、“什么是真正的爱国”、“班主任工作的信念从哪里来”、“质疑三好生”、“班主任的崇高与平凡”、“解放班主任”、“后进生的提法是否妥当”等等热点话题，论坛上掀起了一阵又一阵论辩的风暴，这种思想的风暴一直持续到现在而且还将不断延续下去。**透过这些激烈的论辩，我深深感受到，在中国有一大批班主任同时又是严肃的思想者，他们或许现在仍然默默无闻，但他们的确是中国教育的骄傲。可以说，论坛的魅力在很大程度上就是思想的魅力。**

作为版主，我常常感受到班主任朋友们自然而然流淌在论坛上的对学生的真诚情感，而这些情感往往表现为一个个朴实而感人的教育故事。《我的五次流泪》、《今天我生气了，却受到许多感动》、《打学生的时候我流泪了》、《那一夜，我通宵未眠》……不仅仅是把工作中的喜悦拿来供朋友分享，哪怕是失败的教训也拿来让大家品味反思。渐渐地，大家都把这儿当“家”了，工作中的困惑、烦恼乃至激愤的牢骚，也无所顾忌地在这里宣泄，即使不能解决什么问题，但对信任的朋友倾诉倾诉，心里总要痛快些。——这就是“家”的感觉。

为了表达对网友们的敬意和谢意，在当年“教师节”前夕，我在论坛上发起了“班主任论坛最佳网友”评选活动，虽然最后的获奖者只是少数人，但几乎所有网友们都投入了热情，积极投票：“最佳话题网友”、“最有思想的网友”、“最热心的网友”、“最真诚的网友”、“最爱辩论的网友”、“最富于爱心的网友”、“最富有智慧的网友”、“最文静的网友”、“最浪漫的网友”、“最直率的网友”……我的评选公告后面跟帖不断，一个个跟帖代表着一张张选票，既严肃认真又妙趣横生。那几天，论坛上真像过节一样热闹。评选结果揭晓后，无论评上的还是没评上的，都一样高兴。那天我冒雨去书店买了 20 本自己的著作，签名后给获奖网友们一一寄去。那一刻，我的心情，真像是我获了奖一样快活。

任 K12 班主任论坛版主半年后，我辞去了版主。说实话，当时，面对网友们的恳辞挽留，我真是觉得自己太绝情了。但是，我实在太忙——15 万字的毕业论文等着我去写，何况我一向认为，应该让更多的能人来当版主。

辞去版主仅四个月后的一天——具体说，就是 2002 年 4 月 16 日，朱老师请我吃晚饭。饭桌上，朱老师问起我的论文进度，自然又谆谆告诫我“不要迷恋网络”云云。这次我可没有唯唯诺诺，而是向他大谈网络对“做学问”的好处。我从青年话题论坛谈起，然后又谈我在 K12 做版主的感受，我对朱老师说：“网络本身只是工具和媒介，它自身并没有价值取向，全在于使用它的人。比如菜刀，在不同人的手中功能可能完全不同——或切菜，或杀人，或自杀。”我又说：“网络也是一种阅读方式，或者说是一种做学问的方式，而绝不仅仅是一种娱乐消遣，何况我从来不会今后也绝对不会玩游戏的。”我还说，我在网络上结识了一批志同道合的朋友，这都是一群非常优秀的教育者，我们在网上一起思考教育、交流经验、碰撞思想，而且还打算以网络为中介进行教育科研呢。当时，一起吃饭的还有另外一位网友袁卫星，他也向朱老师大谈网络如何如何美妙。

当时，我并不是被动辩解，而是主动向朱老师展示网络的魅力。也许是我的言辞恳切而真诚，也许是我说的网络魅力打动了朱老师，总之，我看到朱老师入迷地凝视着我，端着酒杯的手久久地停留于空中——他显然动心了。长话短说，总之，这桌饭吃到最后，大家一致决定要建立自己的网站。

很快，由朱老师挂帅的“教育在线”网站在我原来的个人网站“李镇西教育之家”的基础上“扩容”而正式成立了，我出任“教育在线”论坛的总版主。

我又回到了虚拟而又真实的网络世界，重新开始了与远在天边同时又

★在“教育在线”网站的工作会议上（2002年10月）

近在咫尺的网友们的精神交流。“教育在线”论坛共设“李镇西之家”、“宏观教育思考”、“班主任论坛”、“管理在线”、“语文沙龙”、“小学教育论坛”、“家教幼教论坛”、“书香校园”、“心灵港湾”、“英语园地”、“轻松驿站”等分论坛。一时间，各路英豪纷纷叩门而来，短短的时间里，我们“教育在线”就已经聚集起十多万“教育志愿兵”队伍。

严格说起来，与在“青年话题”和“K12”不同，这次主持“教育在线”论坛已经不局限于网络务虚清谈了。在朱老师的率领下，我和网友们以网络为载体在更大空间内为教育做了并还在做着一些实实在在的事：我们推出了“新世纪的教师应该读什么书”的征文活动，这些征文先在论坛首发然后推荐到各传统媒体发表，然后通过征文我们整理出新世纪教师应该读的中外教育经典书目；我们与《人民政协报》“回音壁”栏目合作，发起了“关注义务教育”的大讨论，一系列充满创见的帖子燃烧着网友们热爱教育的激情；我们还参与策划著名导演谢晋的新片创作，为新时期教师银幕形象的诞生出谋划策；我们还出版《教育在线丛书》，将我们对中国教育的热爱、关注和思考表达出来并传播到更远的地方；我们还以网络为载体进行一系列教改课题的研究，开始了规模宏大的“新教育实验”……

教育部师范司原副司长袁振国曾说，“教育在线”网站是中国最大的网上教师培训基地。作为这个培训基地的组织者之一，我每天都在感受着教师们成长的故事。

2004年6月的一天，我收到网友快乐小荷（真名侯长缨，系河南中原油田的一位小学老师）的短消息，她特别兴奋地告诉我说，自从上了“教育在线”，她就像变了一个人似的浑身充满了力量，每天都有收获。但她不敢让校长知道了自己在网上，只能偷偷地上网。一学期过去了，校长觉得她进步非常大，便请她在期末的全校大会上谈自己的成长体会。那时，她才第一次对领导和同事们说，是“教育在线”帮助了自己。结果，会后她受到校长的表扬！她感到无比喜悦，便给我发短消息让我分享她的喜悦。

在给我发短消息的同时，她还在网上发了一篇文章，题目叫做《我的金鞭子——教育在线》。文章这样写道——

一直热爱教育工作的我，前几年，由于身体上的原因，做过两次手术后，在工作中就显得非常懒散，不求上进。对教育工作缺乏应有的热情，一度成为电视的奴隶，电脑游戏的奴仆，课余时间还经常加入发牢骚的行列。整日为班级琐事忙忙碌碌，却又感碌碌无为，毫无成绩而言，心里常常感到空虚。有时工作中的一个灵感，一个新点子，一种新形式，稍纵即逝，若不赶快记下来，就会白白流失。工作经验是再多的理论都无法具体指导的，只有参与实践才知如何解决教育教学中的突发事件。把这些经验写下来，能让其他人借鉴，给世人留点有用的东西，也算是做教师的一种幸福吧！看到别人的成绩一大堆，心里很是羡慕，也曾奋起直追，可最终还是因为自己的懒惰以失败而告终。我属于“必须扬鞭才奋蹄”的那种，内心里，不甘平庸，渴望成功，想体现自我价值。我要找到一条金鞭子来鞭策自己。

一次偶然的机会，我用google搜索教育论坛，看到了总版主李镇西的名字，我欣喜。因为当时刚看过他的《爱心与教育》，是学校给每个人发了一本。校长说：“现在流行李镇西。”对他的教育思想和爱心很是佩服，没想到在网上能碰到他。马上钻进来一看，嗬！好大的世界！许多的分论坛，哪里的帖子都是成千上万。天哪！这可是在别的论坛看不到的呀！人气旺，说明质量高，走进去瞧瞧！那里有许多来自全国各地的教育者，大家共同探讨教育的真谛，描绘教育的蓝天。那里的帖子成千上万，篇篇精彩无限，时时让我流连忘返。

终于找到了一个学习的好处所。真想不到，在现实中无法抒发的情感，在这里能找到共鸣的空间。于是我便在“教育在线”安营扎寨，开始了我的论坛生涯。像我这样的普通老师，在学校是没有出去学习机会的，如果自己不努力，就会落在人后，我不愿那样。刚来时的那几天，我天天浏览帖子到深夜，看到好帖子，欲罢不能。第二天往往眼乏身疲，影响了工作。怎么调整好工作与上网呢？我陷入了困惑。于是我用短信斗胆向李镇西老师求教这个问题。他只说了两个字“意志”。是这两个字，让我及时调整了工作、上网、休息的时间。使自己变得更加轻松，精力充沛。也学着李老师的样子，踏上了天天写教育日记的征程。

于是从那天起，在网络上写教育日记成了我每天晚上必做的一件事情。开始容易坚持难，当新鲜劲儿过去的时候，我的热情就大不如从前了。有时懒惰常常来骚扰，让我步履维艰。这时，网友们的鼓励犹如旱地遇甘霖，“写得太感人了，向你学习！”“你是个勤奋的人，是个爱反思的老师。”“做你的学生真是幸福！”……看到这些鼓励语，热情的火焰一次次被点燃。几个月后，只感觉要写的东西越来越多，常常随时记到日记本上，方便而快捷。现在的写作灵感经常会时不时地冒出来，往往觉得时间不够，有时一天写好几千字呢！

和李镇西老师接触的日子里，他成了我的良师益友。节日之际，会收到他真诚的问候；被人误解之时，会接到他遥远的安慰电话；犯了错误想辞职时，他的一次次宽容和理解让我从心底感动。他的平易近人、幽默风趣，他独特的人格魅力，让我领略到教育大家的风范。我为有这样一个朋友而骄傲！

有耕耘就会有收获。终于，第一篇文章在杂志上发表了，又一篇文章见报了，一篇又一篇文章的发表，犹如被注入了一支兴奋剂，激动的心情不言而喻。几百元的稿费拿在手，比拿 1 000 多元的工资都高兴。老公开玩笑说：“天天泡在网上写呀写，得这点稿费还不够交电费的呢！”话虽这么说，我知道他心里也在替我高兴呢！这一学期，我有十几篇文章和言论分别发表在《少年儿童研究》杂志，《成长》杂志，（原《辅导员》下半月刊）《中国教师报》，《现代教育报》，《人民日报》等国家级报刊上。这是几年来都不曾有过的辉煌，这更让我坚定了坚持写教育日记的信心，坚持上“教育在线”学习的决心。虽然自己和写作高手比起来，这点成绩只是九牛一毛，但对我自己来说，却是一个质的飞跃。

“教育在线”，是教师成长的摇篮。更是我的金鞭子，它催我奋进，让我扬起了自信的风帆，驶向那成功的彼岸。

像快乐小荷这样在“教育在线”成长的老师太多太多。在“教育在线”成长起来的江苏盐城青年教师王军这样评价“教育在线”的特色——

一是纯正的学术氛围。来“教育在线”的人都知道，这里是一个讨论问题的地方。大到“宏观教育思考”“新教育实验”“科研与争鸣”，小到“语文沙龙”“学校管理论坛”“教师教育随笔”，每一个论坛都是专门的话题和相对固定的中坚网友，但“教育在线”的学术不是架空的令人望而生畏的概念和高头讲章。“教育在线”人认为，那些对教育决策发生了影响的行为、对教育实践发生了影响的行为，才是教育科研。中小学教师搞教育科研，应该是从记录自己观察到的教育现象、感受和思考开始。朱永新教授把教师亲身从教学实践中获得的体会比作珍珠，他说：“把这些珍珠串起来，就是一条非常美丽的项链”。“教育在线”曾讨论过一个很大的话题《中国教育缺什么?》，短短一个月，讨论文字就结集成了一本书，这里面有专家朱永新、刘尧、王炎斌、卢志文等的专稿，更多的是基层一线教师的“珍珠”。登录“教育在线”，随处可以看到独抒己见“无名小卒”的帖子，这些帖子或长文或短制、或严肃或活泼，但都见情见性，言之有物，即使是讨论某篇文章的主人公，新学期如何给学生排座位等话题，也能擦出智慧的火花。

二是强烈的争鸣氛围。创建学习社区，净化网络文化，凝聚教育才俊，提升教育品质，少不了基于优良人文品质之上的争鸣和切磋。“教育在线”的争鸣贯彻“专家引领、网络互助、自我反思”的理念，允许批判提倡建设，强调锐气反对霸气，始终充满“吾爱吾师，吾更爱真理”的精神。在这里，没有绝对的权威，道之所存，师之所存；在这里，相信“沿着消极的方向探索，能得出积极的内涵”；在这里，对手和朋友常常是同一批人，前台“打架”，后台以短消息相喝彩。当然，这里也有个性的争吵，“李镇西之家”的口水战可谓硝烟弥漫，但即使有极端个性的观点出笼，也能得到大家宽容的理解和会心的微笑。

三是温暖的家园情结。网络或许是虚拟的，但网上的相识和相惜倍加令人怀念。所有认真的思考，都能赢得热情的掌声和真诚的鼓励；任何困难和疑惑，都会得到热心的提示和熨心的安慰。有人说，网络比办公室更容易催生恋情。“教育在线”之恋更多的是广大教师对学术平台、教育“剑池”、生活家园的向往……“教育在线”有一股特殊的凝聚力，这种向心的力量往往使一些网友来了就舍不得走开，出差几天不能上网就有一股魂牵梦绕的感觉。

从2003年暑期开始，“教育在线”在保持网络论坛影响力的同时，开始突破网络走向真实的大地——由我和我的导师朱永新开始了“‘教育在线’义务支教西部行活动”，我们招聘志愿者到中国西部最贫困的地区支教，第一站是云南省安宁市。在安宁市一个朴素的礼堂内，我们一行八人向近千名来自教学一线的教师与教学管理人员袒露我们的教育理想和教育实践，我们的报告涉及新教育实验的理论与实践、教师成长、教育艺术等专题。全新的理念、精辟的分析、精彩的案例激起了与会者的共鸣，许多教师在会后的交流中表示，他们感动于志愿者的乐于奉献精神，更兴奋于所听到的新观念、新行动。当晚，支教团移师贵阳，赶往遵义。支教团在云贵地区的活动，对当地的教育产生了极大的震撼。

还有一位老师这样评价“教育在线”网站，“英国文坛巨匠乔治·萧伯纳曾说过这样一段话：‘征服世界的将是这样一些人：开始的时候，他们试图找到理想中的乐园；最终，当他们无法找到的时候，就亲手创造了它。’‘教育在线’是幸运的，它在如林的网络争锋中脱颖而出，长成一片茂盛的教育绿洲；‘教育在线’的网友们更是幸福的，他们在网络的大旗下找到了教育的真谛和职业的价值，他们的心灵天空因理想之光的照耀而充满意义。”

对此，作为“教育在线”网站的主要创办者之一和论坛总版主，我感到无比自豪。

‖穿行于思想争鸣的刀光剑影

我在网上五年，数不清经历了多少酣畅淋漓的网上论战了。我深深感到，正是因为和网友的不断争鸣，使我的一些比较模糊的教育认识渐渐变得清晰起来。

有一次，网友之间展开了关于“教育是否应该有惩罚”的争鸣。一些网友认为，教育应该充满爱心和耐心，不应该有惩罚；而另一些网友则认为，教育不能仅仅是爱心，还应该有惩罚。我对这场争论表现出极大兴趣，在关注的过程中，我注意到争论双方对惩罚都存在误解：把“惩罚”与“体罚”混为一谈了。于是我发帖参与了争论。正是这场争鸣，促使我写成了一篇教育随笔《教育惩罚与民主教育》，全文如下——

真正教育首先是充满情感的教育。在学校，任何形式的体罚都必须根绝，因为离开了对学生的爱与尊重，就谈不上任何教育。

但是，科学而成功的教育却不能没有惩罚。

我在这里强调教育不能没有惩罚，当然是有针对性的。长期以来，有的教师在这个问题上存在误区。他们认为既然是“教育”，就总是“和颜悦色”、“润物细无声”、“循循善诱”；值得一提的是，有些“教育专家”也常常这样“高屋建瓴”而又“语重心长”的教诲。每天和学生打交道的一线教师：要“说服教育”，要多“谈心”，要多“讲道理”，要“感化”，“不能发火”呀……

但许多老师显然还没有修炼到面对错综复杂的教育难题特别是面对具体的违纪学生时能够“面不改色心不跳”的程度，他们包括笔者实在做不到呀！于是，有人讥讽这些“专家”：“您说得太好了！那我把我的学生交给您，您来试试吧。”

应该说，“教育”本身就包含有惩罚的因素。教育，不仅意味着提高人的道德水平和知识能力水平，同时意味着按文明社会与他人交往的准则规范人的行为，即通常所说的“养成教育”。这种“养成教育”，带有某种强制性，这种养成良好文明习惯的“强制性”与我们现在反对的思想专制不是一回事。作为社会人，不遵循起码的公共规则与秩序是很难与人交往的。同时，在一个集体中，一个人违纪必然妨碍其他更多的人学习。这样，为了尊重多数人学习的权利，有时不得不暂时“剥夺”个别人的学习权利。也就是说，必须予以必要的惩罚。

什么是“惩罚”？我理解的“教育惩罚”是对不良行为的一种强制性纠正。这既可以体现在精神上，也可以体现在行为上。前者如扣操行分或纪律处分（警告、记过等等），对严重影响课堂秩序的学生甚至可以请出教室让学生反思其过（对所谓“请出教室”我认为要具体问题具体分析，不好简单肯定或否定）；后者是某些过失补偿性行为（比如做卫生不认真而罚其重做等等）。这些惩罚与尊重学生并不矛盾，正如著名教育家马卡连柯所说“确定整个惩罚制度的基本原则，就是要尽可能多地尊重一个人，也要尽可能多地要求他。”

但我要说明的是，不管怎样的教育惩罚，都不能是体罚。有的朋友不理解我的这个观点，他们认为，既然是“惩罚”，怎么又不包括“体罚”呢？“体罚”不是“惩罚”的一种吗？

这又是一种误解。何为“惩罚”？“惩罚：严厉地处罚。”那什么叫“处罚”呢？“处罚：使犯错误或犯罪的人受到政治或经济上的损失而有所警戒。”而何为“体罚”呢？“体罚：用罚站、罚跪、打手心等方式来处罚儿童的错误教育方法。”（以上解释均摘自《现代汉语词典》）可见，“体罚”从词义上讲，是排除在“惩罚”之外的。只不过现在许多人一提到“惩罚”，总想到“体罚”，这是对“惩罚”一词在理解上的泛化。

我这里还要强调的是，科学的教育惩罚不仅仅是制止违纪现象的手段，而且还应该是有助于培养学生的民主意识与法治精神的途径。也就是说，教育惩罚不应该只是来自教育者，而应该来自学生集体意志。比如在我的班上，所有的惩罚都来自学生民主讨论最后无记名投票通过的《班规》，因此，这“惩罚”已不是来自教师的“铁腕”（如果这样，很容易导致教师不自觉的“专制倾向”）而是包括教师和学生在内的集体意愿。更重要的是，教育惩罚不能仅仅针对学生，同样应该针对教育者。也就是说，在一个集体中，班主任和学生都应该遵循共同的“规则”，而不能有任何凌驾于集体规则之上的特殊成员。在这里，教育惩罚充满了师生平等的法治精神。从教至今我当班主任已经20年，我多次因不慎违规而被学生依据共同制定的《班规》惩罚。我觉得，这不是我有意要“严于律己”、“以身作则”、或者显示“打铁先要本身硬”；真正的民主教育，理应如此。

总之，教育不能没有惩罚，但惩罚不是体罚，而且我们提倡的“教育惩罚”应该充满现代民主精神。这样的“教育惩罚”使民主精神真正深入学生心灵，学生与班主任享有一样的权利，班主任与学生具有同等的义务。在这样的机制中，学生开始尝试着自我教育与民主管理的实践，切身体验着集体与个人、民主与法制、纪律与自由、权利与义务、自尊与尊他的对立统一关系潜移默化地感受着同学之间、师生之间尊严与人格的平等。这样的教育惩罚，实际上是让学生在实践中受到民主精神、法治（注意，不仅仅是“法制”）观念、平等意识、独立人格的启蒙教育——而这正是面向未来的现代教育所应该包含的基本要义。

还有一次网络争鸣也比较激烈，那是关于“读书就是为了挣大钱娶美女”的争论。当时，媒体报道湖南一名老师在开学时对学生们说“读书就是为了挣大钱娶美女”，于是网上对此争论不休。我注意到，大多数网友都表示赞成这位老师的观点，认为“他说真话是没有错的”，于是，我也发帖参与这场争鸣——

我一直关注这场关于读书目的的争论，并明确反对那位老师所谓“读书是为挣大钱娶美女”的观点。有人认为是记者断章取义曲解了该老师的原意，可惜他本人并不领情，至今看不到他叫冤，相反我们看到的是他“如果说服不了我，我还这样教学生”的顽强；有人说“他说真话有什么错？”但我从来都不认为这是一个什么“说真话”的问题。至少我与这位老师在思想上的分歧根本就不在于是否说真话，而是作为教育者，在特定的场合（入学教育的课堂）面对特定的对象（学生）应该说怎样的真话？在入学教育时面对所有学生，确实有一个起码的责任感和良知的问题。

我对冠冕堂皇的说教也十分厌恶，但我仍然从心底向往一种真正的崇高，特别是在这庸俗弥漫的时代。我同样十分反感空谈民族和祖国，但我们不能没有社会责任感。其实，个人价值与献身社会是一致的。17岁的马克思在其作文《青年在选择职业时的考虑》中写道“在选择职业时，我们应该遵循的主要指针是人类的幸福和我们自身的完美。不应认为，这两种利益是敌对的，互相冲突的，一种利益必须消灭另一种的；人类的天性本来就是这样的：人们只有为同时代人的完美、为它们的幸福而工作，才能使自己也达到完美。”这话多好！这难道就不是真话？的确，不能认为个人价值的追求与服务社会是矛盾的，一个人在完善自己的同时也完善着社会，反之，一个人在完善社会的同时也完善着自己。

现在，这位老师被“处理”了，他因此而再次成为舆论的中心。支持他观点的人为他鸣不平：“说真话居然会付出如此代价！”即使不同意他观点的人也感到震惊：“他的观点虽然是错的，但也不应该受到如此严厉的处理呀！”于是，人们围绕对他的处理是否“合法”是否“恰当”又展开了争论。我对有关的教育法规不是非常熟悉，对有关部门处理的具体细节也不甚了解，因而无从判定这样的处理是否恰如其分。但我更关注的是，人们如此关注一个普通教师的饭碗，这说明了什么？

表面来看，是该老师被“解聘”的结果引起了强烈的反响。但我想，如果这个结果只是他被批评，是不是大家就能接受呢？显然不是。因为从他的言论被披露开始，就有不少人对他的观点提出了批评。然而，即使是比较温和的批评，不只是该老师而且还包括他的许多真正的同志也不能容忍，他们拿出一副“我说真话我怕谁”的大无畏气概，将一切真诚的崇高统统指责为“虚伪”、“假大空”。在他们看来，该老师不但不能批评（更不用说处分了），而且还应该树为“说真话”的“英雄”，而他被解聘更使他俨然成为英勇无畏而又蒙受冤屈的哥白尼、张志新。一些反对他观点的人现在也对他的“下场”感到遗憾，觉得解聘他的工作是操之过急过重或者干脆就是“于法无据”。究竟应该对该老师如何处理不是不可以讨论，但我从这些朋友“冷静”、“理智”的评论中，感到也许是因为他们对教育系统的一些规定不太了解。比如，有人认为解聘是学校的事，教育行政部门无权干涉，而事实上在相当多的地区现在对于教师的人事权是在教育局而非学校，所以对该老师寄予了太多不应有的同情。无论是赞同他观点者的愤慨还是反对他观点者的同情，我从这些“不平”与“震惊”中，看到的是一种对“官方”对社会的强烈逆反。人们见到太多的成克杰台上说反腐败而台下搞腐败，便感到该老师毕竟“实话实说”；人们见到太多赤裸裸的追名逐利之徒，便不相信这个世界上居然会有“为中华之崛起而读书”的有志者；人们见到太多的领导专横跋扈并以精神高压对待下属的任何不同意见，便对所有的被批评者被处分者抱以真切的同情……一句话，长期以来我们社会盛行的伪神圣假崇高，使越来越多的人本能地反感一切“官方的东西”和“主流的东西”。这次人们围绕该老师被解聘所发出的种种不满之声，绝非就事论事，而是情不自禁地倾泻了久积于心的逆反情绪。不然，生存危机远远比该老师更严重的教师多得很，怎么没见有这么多的人去为他们的饭碗“仗义执言”?

让人们恢复对真正理想主义和英雄主义的信任与追求，让我们的社会在充满正义精神的同时又真正体现民主气息，这是我们的国家（包括每一个公民）应该追求的目标。也许只有真正到了那一天，“读书就是为了挣大钱娶美女”这样的观点才不会成为一个让社会喝彩的“真话”。

对网络论坛来说，没有争鸣就没有生命；而且只有争鸣，才能提升每一个争鸣者的思想境界。正是在思想争鸣的刀光剑影中，我的教育思考也走向相对成熟。

‖心灵的拷问——我的滇南之行

虽然我是“教育在线”论坛的总版主，但是，我绝不是单向地去“培训”别人，不，我也在被培训着。在“教育在线”许多网友说我“影响”着他们的时候，其实他们也同时在影响着我。

“教育在线”网站（www.eduol.com.cn）义务支教团在云南省安宁县的讲学一结束，我没有随大部队继续前往贵州。这不仅仅因为我已经在贵州六盘水市义务讲过学，更重要的原因是，我想去滇南看看。自从认识网友滇南布衣（“滇南布衣”是他的网名，他真名叫罗民），他在普洱县凤阳乡山坡上的低矮教室和阴暗教室里的12个学生，就一直是我心中的牵挂，而走上山坡到那教室里看看，就一直是我的一个憧憬。

去普洱前，我在网上给滇南布衣发了个短消息，“我准备去你那里看看，去向你们学习。”

晚上8点，我乘坐的长途客车驶出了昆明站。那一刻，我竟然有了点神圣感。我不能预计此行的收获有多大，但有一点是肯定的，这一趟滇南之行绝对是有意义的。

在星光的陪伴下，经过12个小时的车程，我终于来到普洱。

布衣骑着摩托车来车站接我，他骑摩托车的样子，俨然是正准备赶集的农民。我随布衣来到他家。布衣平时住在县城，每天骑摩托车上下班。

★在滇南布衣家里（2003年8月）

应该说，布衣的居住条件不错。还算宽大的客厅墙上，挂着书法作品，满屋洋溢着书香之气。布衣的书房不大，但书架上《大学语文》、《教学理论》、《伊索寓言》、《辞源》等书，显示着布衣这一乡村教师的学术追求。

在布衣家洗漱之后，我们在街上简单吃了早点，便准备出发去村小看看。我非常想让布衣用摩托车搭我去乡下，因为我实在想亲身体验一下平时布衣骑摩托上班的感觉；但当时天上正下着雨，布衣说不安全，还是租一辆面包车好，我说不用了吧。正说着，不远处的马路正好有一辆摩托车被汽车撞翻了。我不寒而栗，忙说："好吧，就坐汽车吧！"

窗外的雨还在不停地下着，汽车离开县城往乡下开去。路面相当平坦，至少是国道。我问布衣平时是不是骑摩托从这条路上班，他说是的。他说："现在的路简直太好了。以前则烂得很！好些地方连自行车都过不去，只能把自行车扛在肩上走过去。"车一出城，便进入大山之间。两边的山郁郁葱葱，我不禁赞叹："云南的植被真好！"穿过一片松树林，我觉得我们像是在翡翠中穿行。远处望去，白云在山腰上缠绕着，给豪壮的大山平添了几分柔情。

当然，这种是一般的感觉，只有我这种长期住在大城市的"小资"才会有。每天在这里上班下班的布衣们可没有这个闲情逸致。对他们来说，蓝天白云青山绿水是不能当饭吃的，也不能解决孩子们起码的就学条件。我们的车在公路边停下了。一下车，布衣便指着公路边山坡上的一处破房子对我说："那就是我工作过的学校——白龙厂小学，也就是只有12个学生的小学！"

我们开始冒雨登山，向那所学校走去。

经过不太长但绝对难行的山路，我们来到了白龙厂小学。所谓

★这就是滇南布衣原来只有12个学生的学校

"学校"，对白龙厂小学而言，指的就是这一座房子。因为这房子是学校唯一的建筑。走进教室，我看到教室的三面是土坯墙，没有窗子，只有一面用木条子稀疏地隔成透光的"墙壁"，算是"窗子"。当时，天正下着小雨，教室里的光线极为昏暗，我不敢想象平时坐在这里上课的孩子如何能够体会出"我们的祖国是花园"这样明媚的歌词。

我来到唯一的办公室，也是布衣平时备课、批改作业或者找学生谈心的地方。办公室就在教室隔壁，自然无所谓"窗户"。但在这里，我感到了布衣心灵的阳光。墙上赫然写着："教育的四种精神：认真执教的敬业精神，不甘落后的进取精神，甘为人梯的园丁精神，终身从教的奉献精神。"字写得不太公正，但强烈地攫住了我的心。我在其他豪华学校，看到了太多的装饰精美的标语口号，但那大多不过是美化校园而已。而这里的几句话，不是标语，因为布衣每天都在用默默无闻的行动在把这几句话变成现实。

我又来到教室后面的山坡上，这里也有一块相对平坦的土地，自然就成了篮球场。两端的篮板都是很粗糙的——一根木柱上牢牢地钉一块木板，就成了篮板。现在，两个篮板都已经快朽烂了，在雨中凄凉而孤独地屹立着。篮球场边便是玉米地，我想到布衣曾发在网上的一张照片，便是孩子们在这里进行"军训"。当时我还感到好笑：怎么庄严的队伍旁有玉米穗在飘扬？

篮球场上同样杂草丛生，布衣说，他们每学期开学要做的第一件事，便是和孩子们一起拿着镰刀除草，要干整整两天呢！

布衣又指着教室外面的一丛野花说，他发表在"教育在线"网站的那篇《我们爱花不摘花》，就是写的这一丛野花。他又指着对面山上说："你看，那山顶的白云！我和我的学生经常爬上那山顶去摘云彩呢！"

我抚摸着教室墙上的土坯，那一块块土坯虽然历经风雨，留下了斑斑"泪痕"，但依然坚固结实。我问这房子是哪一年修建的，布衣说建于1985年，并指着同来的吴老师说："这房子就是吴老师修建的！"吴老师四十多岁，他说1985年他来这学校任教时，主持修建这房子。一晃已经18年过去了。我问吴老师当年多大，他说 20 出头。我不禁回忆 1985 年我在做什么，哦，那一年我在乐山一中任教，校园美丽而宽敞。那时我也是一个热血沸腾的青年教师，但当时我不知道，在遥远的云南边陲，有一位和我一样大的小伙子正和学生一起筑土为屋，修建学校。

离开这所学校时，布衣告诉我，他已经在今年三月便离开了这所学校，到了另外一所村小。因为这所学校的 12 名学生已经被安排到其他规模相对大一些的村小。我问这房子怎么办，他说可能要卖给当地老乡作为他用。

白龙厂小学即将成为历史。我为那 12 名孩子感到庆幸。但这座房子所承载过的吴老师、布衣以及所有在这里任教过的乡村老师们的青春，将和这大山一样不朽！

离开白龙厂小学，我们又来到李校长所在的民政村小学。

比起白龙厂小学，这里显然更像真正的小学。有校园、有教学楼、有教师宿舍，还有学生宿舍。我们在教师的办公室里坐下，这时我看到我坐的办公桌上有一本《马克思主义哲学自学辅导》，旁边的一个本子上写着"马克思主义是时代精华"等等字迹，好像写的是读书笔记。一看本子封皮，写着"赵逵"二字。李校长介绍说，赵老师刚刚从一所叫做"政和小学"的村小调来，原来赵老师在那里当校长。正说着，赵老师进来了。他有些拘谨甚至是羞涩，看起来不像老师，更不像校长。我问他是不是在准备自考，他点点头。我们开始聊了起来，他说他原来当校长的那所学校，条件更差，老师们的工资都领不到。因此，老师们都把"政和小学"叫做"挣活（挣扎着生活）小学"。

在回县城的路上，我问了布衣一个问题："迄今为止，你认为你学生中最有出息的是谁？"他不假思索地说了一个学生的名字，"他现在是普洱县药品监督局的办公室主任兼副局长。副科级干部，是我教的第一批学生！"他说他之所以认为这个学生最有出息，不仅仅是因为他现在当了官，更因为这个学生发展全面，业余写作，成了当地小有名气的作家。"他写的诗和小说特别富有乡土气息！"布衣自豪地说，仿佛是他自己的作品获了奖。

我再次想到，我教过的学生中，考上名牌大学后来“成名成家”的不计其数，但布衣所说的这一个学生便足以抵挡我所有考上名牌大学的学生。因为他是在怎样的条件下培养人的呀！如果让我和布衣换个位置，会如何？因此，我是没有资格在布衣和他的同事们面前摆什么“优越感”的。

回到县城吃了饭稍事休息，布衣和他的朋友们来到隔壁一间空房子，把两个圆饭桌拼接一下便成了会议桌。陆陆续续又来了几位老师，我的“讲学”便开始了。

没有欢迎的标语，没有彩色条幅，更没有鲜花簇拥的讲坛，但当我应布衣的要求坐到最上方的位置时，我感到这是最朴实也最神圣的讲台。我数了数到会的老师，总共12位，不多不少，正好和布衣原来所教学校的学生一样多。他们没有一句客套话，一双双善良的眼睛正看着我，期待着我。本来我也为这次讲学做了些准备，但有了上午的参观，我改变了主意。我说：“经过上午的参观，我越来越感到我没有资格给大家讲什么学了！在座的每一位都可以做我的老师。请大家不要以为我这是在说谦虚的话，今天，真是来向大家学习的。这样，我先不忙说什么，我只想先听。先听听老师们说——把你们工作和生活中的体验、感受说出来，把你们的故事说出来，把你们的喜悦与苦恼说出来……把你们想说的一切都说出来。”

本来他们是想来听我“报告”的，突然听我这么一说，也许是没有思想准备，会场一下子出现了短暂的沉默。我说：“尽管我也不过是一个普通教师——既不是什么官员，也不是记者，但我可以利用我现在拥有的条件，把你们的声音放大并传播出去。让更多的人了解你们，也让更多的人向你们学习。”

第一个发言的是民政村小学的李校长，他说：“尽管我们学校的设备比较落后，但我们的老师都有提高的迫切愿望，都希望提高自己各方面的能力和素质。我们现在面临一个很大的矛盾：上面的要求和我们下面的实际情况脱钩，比如‘普九’，官方已经宣布完成‘普九’，但实际上，在种种竞争的压力下，辍学现象十分严重。”

说到“辍学”，其他老师也打开了话匣子，他们说他们常常去家访，劝说辍学的学生回到学校。我说学生住得那么远，如何家访？老师们说，他们常常是几个老师结伴，然后骑上摩托车挨家挨户去走访学生。

我不禁说："现在城里面许多老师都不愿意家访了，可你们还在坚持家访。"

布衣说："每学期开学我们要做的第一件事，就是看又有多少学生不来上学了，然后我们便一一去走访，说服家长们让孩子回到学校。"

说起"普九"，虽然官方宣布已经完成，但老师们说"水分太多"，有的地方连"普六"都成问题，哪里能够"普九"？

我问为什么学生不愿读书呢？是不是因为学习费用太高。老师们说，经济是一个因素，但主要的还是人们看不到读书对改变生活的作用。有的家长认为，孩子读到高中甚至考上大学又怎样？一样找不到工作。而现在提前回家，或者帮家里干干活，或者外出打工，还能改善一下家里的生活呢。

布衣接着激愤地说："义务教育，不但应该是一种必须无条件执行和完成的教育，而且还应该是一种免学费或低学费的教育。遗憾的是，现实与我的理解相差太大太大。从六年义务教育到九年义务教育，'义务'两字一直未能得到真正的解决。学费一年高似一年，却还讳言之，将其改为'课本费'和'杂费'。尽管可以偷换概念将'学费'如此换个名称，可收取的数额却是无可改变的压力。有多少贫困家庭的孩子因贫困而辍学？有多少农家少女为了弟妹的学业而走'钢丝'？如果，接受高费教育之后，能够有所回报，能够收回'成本'，偿清债务，那么，愿意借贷供子女读书的人家一定为数不少。但是，现实用一个个残酷的例子告诉人们——读书无用。很难想象，还会有多少人能够'明知山有虎，偏向虎山行'。近几年，到底有多少农家为子女的学业倾家荡产、债台高筑？为数肯定不少。而能够得到回报的又有多少呢？除非有特别的关系或手段，否则，绝没有谈回报的资格！读书到底有什么用？那些卖尽家产卖鲜血的父母将子女培养成'大学生'后，他们看到的是什么？他们品尝的是什么？谁能回答？因此，学生辍学不仅仅是因为贫困，还因为读书无用。这是不争的事实。"

沉默了一会儿，我问了老师们一个问题：“你们在工作中的成功感是什么？”

李校长说：“对我们学校的老师来说，幸福感可以在两个方面体现出来。第一，我们教的学生在县里或乡里的统一考试中获得了第一名第二名的好成绩，那我们真是高兴得很。第二，我们看到我们的学生在校园里生活得很快乐，失学的学生越来越少，我们也感到一种成功感。”

有一位老师补充道：“如果我动员了一名辍学的学生回到了我的班上，我就有成功感。”

另一位老师说：“以前我们这里的治安不太好，人们的素质很低下，犯罪的人不少。通过这么多年的教育，虽然考上大学的人不多，但受过教育的人毕竟越来越多，因此，乡村的治安明显一年比一年好。这是我们乡村教师的成功。”

老师们纷纷说：“对，这是很明显的。这的确是我们的成功。”

老师们说这话的时候，脸上显出了由衷的自豪。那一刻，我被他们的成功感深深地感染了。

但我总归还是要发言的。看到这些朴实而默默无闻的乡村老师们，我想到了陶行知。我脱口而出：“我最敬仰的中国教育家是陶行知，敬佩他的原因，不仅仅是他的理论，而首先是他献身乡村教育的精神。在座的每一位老师都同样具备这种精神，从这个意义上说，在座的每一位老师都是当代的陶行知。”

于是，很自然地我对老师们说起了陶行知的教育理论，我结合中国教育的现实，尽可能通俗地给老师们介绍了陶行知的思想和实践。我说，如果老师们想读书，不妨先从陶行知读起。“他的书很好读的，我相信，你们会从陶行知的书中，读到你们自己的。”我说。

然后我由老师们希望进修希望提高自己的愿望，谈到了“新教育实验”。我知道“新教育实验”中有关“聆听窗外的声音”“建立数码校园”以及阅读课外书、背诵经典可能对他们来说不太现实，但是“新教育实验”提倡的“师生同写随笔”，却是可以做到的。我给他们讲了“教育在线”上一些网友成长的故事，当然，布衣是其中的典范之一。我说：“布衣上网不过一年多，坚持写随笔，现在已经发表了50来篇文章。”我还讲了我的写作经历，我说：“老师坚持写作，不仅仅是写，而是带动了读书、实践，特别是促使我们思考。一边写作一边教书，便是现在提倡的反思型教师。可能你没有机会被送去学习进修，也许你没有机会拿到县级市级课题，但有了一个思考的大脑和一支笔，你便有可能成为真正的教育专家。比如你们身边的布衣老师。”

我又谈到读书，我说我知道老师们读书的条件很差，但老师们可以从读陶行知开始，从读可以找到的教育报刊开始。这时，一位姓房的青年教师插话了：“李老师，说到读书，我也感到非常重要，但还得讲究如何读。我曾看过你写的一篇文章，谈到读书方法，对我启发非常大。”我心里一热：在这里居然还有我的读者？我问他是哪篇文章，他说：“就是那篇《读出自己，读出问题》。”我说这只是我的体会，其实读书的方法还有许多。

无论读书还是写作，包括实践，贯穿其中的是“思考”。在座的一位姓聂的校长谈到教师应该有个性，有自己的见解。我特别赞同，同时强调，教师的思考应该从身边的教育现象开始，善于思考“教育细节”。我给老师们讲了几个我思考教育细节的故事，然后我说：“其实，类似的现象，你们肯定也遇到过。如果我们善于思考，并把这些思考记录下来，我们就开始走向成功了。”

老师们听得很认真，神情非常专注，我感到他们也许从我举的例子中想到了他们自己的教育。

不知不觉地，交流座谈已经进行两个多小时了。最后我说：“在座每一位老师的环境都比我差，但你们在现有条件下所做的一切都非常令我感动。实话实说，如果让我来到这里工作，我肯定不如你们。我坐在省会城市最好的学校里，无论谈爱心还是谈新课程，都是很容易的。说心里话，要让我现在就抛弃我现有的工作条件和生活环境到这里来，我做不到。但是，今天我真的受到了心灵的震撼，我从老师们身上看到了许多非常可贵的品质。我愿意珍惜我现有的一切，把我的工作尽可能做得更好，同时，尽我所能为广大乡村教师做些呼吁。另外，我愿意为改善山区孩子们的学习条件做点力所能及的贡献。我这次回去后，一定给在座每一位老师所在的学校捐赠我的著作，同时，我要到出版社去跑跑，让他们给你们赠送陶行知的书和其他教育理论著作。我还要在'教育在线'上发出倡议，让更多的人给滇南的孩子们捐赠图书。"

没有平时在礼堂里作报告结束时那如雷的掌声，但老师们纷纷走向前来，用他们那粗糙而有力的手紧紧握住我的手："谢谢你，谢谢李老师！"我真诚地说："我才要真心感谢你们。"

又是一个星空灿烂的夜晚，车沿着我来时的山路往回行驶。想到一天的见闻，我心潮起伏。山路弯弯，每当汽车急速转弯时，灿烂的星空便诗意般地旋转，让我仿佛觉得我正在茫茫银河中漂浮。**是的，对于每一个具体的人来说，我们的确不过是宇宙漂浮的一粒尘埃，但即使我们不过是一粒尘埃，我们每一个人也可以把自己视为宇宙的一颗星星。无论是有一定"知名度"的李镇西等所谓"专家"，还是至今默默无闻的布衣和他的同事们，置身宇宙，都是尘埃，但同时都是星星，都在茫茫夜空发出自己生命的光彩。**

同为星星，我有我的光泽，布衣有布衣的亮点。布衣现在不愿意到城里工作，也许很难用世俗的"奉献精神"去评价，因为这是他目前最乐意过的一种生活；以后或许他也想到城里或者条件更好的地方去发展，我们也不必认为他"思想境界堕落"了，因为任何人都有权选择自己的生活；同样，我也不必为自己在城里工作而感到内疚感到愧对布衣们，因为我也有权选择适合自己意愿的生活。但是，如果我因此而看不起布衣们，或者居高临下地去批评他们观念陈旧，或者怀着一种优雅的贵族心态去"同情"他们，则绝对是可耻的。如果我不珍惜自己现有的优越条件把自己能够做好的工作做好，则绝对是堕落。

人生有限，宇宙无垠。我的紧迫感油然而生：如何在有限的生命尽可能做一些有意义的事？生命是短暂的，但我们的事业可以不朽。我突然想到少年马克思写下的一段话，"我们的事业并不显赫一时，但将永远存在。

面对我们的骨灰，后世的人们将洒下高尚的热泪。”

‖重建教育理想

在“教育在线”网友中，像滇南布衣这样的网友还有很多很多。

“网友”一词，现在很容易引起误解；特别在不少“网盲”的眼里，“网友”这个词含义是很暧昧的。但对“教育在线”而言，“网友”的含义很明确，就是“志同道合的教育者”。现在，“教育在线”的注册网友已有13万，这是一支庞大的教育理想主义者的队伍。

然而，现在在某些人看来，谈论“教育理想”似乎显得有些“不合时宜”。

因为，我们曾经经历了一个侈谈“理想”的时代。在物质极度匮乏的季节，我们期望用“精神变物质”，连小学生的作文都是“祖国·理想·人生”，人们真诚地写着“红色日记”，甚至渴望“第三次世界大战爆发”，好一举“解放全人类”。侈谈“理想”到了极致，假崇高、伪圣化便应运而生。最后，“理想”被抛弃。

同时，我们正在经历一个耻谈理想的时代。对假崇高的消解，使人们开始“躲避崇高”；对伪圣化的厌恶，使人们开始拒绝理想。在有人光天化日下可以理直气壮地说“我刚从监狱里放出来”的时代，我们却羞于说“我有理想”。连中学生的作文，也透着玩世不恭的痞子味，新派教师名之曰“新概念作文”。

我们的教育正在功利化、技术化、庸俗化。每一位教育者都在咬牙切齿地诅咒现在的教育，但每一位教育者（当然包括我在内）都在助纣为虐。

也有“改革”。比如班平均分未达到年级平均分的老师一律下岗，比如以办各种试验班为名留住（扣住？）“优生”，比如将名次与座次挂钩，比如将学习与利益挂钩，比如在入学教育课上给学生讲“读书只是为了自己”，比如曲解“学会生存”的真义而对学生进行各种“适应社会”的“竞争教育”、“金钱教育”……如此等等。

教育不是远离现实社会的空中楼阁。因此，我非常理解以上种种做法的原因。因为我也曾（或者说“正在”）这样说这样做，我也不是生活在真空之中呀！比如，最近几次在外“讲学”，不止一次有老师递上纸条发问：“请问李老师，应该怎样将应试教育和素质教育有机结合？”我总是这样回答“初一初二或高一高二搞素质教育，初三或高三搞应试教育。”我话音一落，总是掌声如雷。我的回答是无奈而又实用的回答，但我只能这样做这样说。

分数至上，高考才是硬道理，这就是现实。这就是我作为一线普通教师至今不能解下的精神镣铐。

但是，即使在我的教育改革最艰难甚至我都要感到绝望的时候，我也用马克思夫人燕妮所喜爱的一句话（这句话我也经常给我的学生说）激励自己：“永不绝望！”我可以很坦然甚至很勇敢地说“我是有教育理想的。”因为从参加教育工作的第一天起，我就经常提醒自己“我是一个知识分子。”**在我看来，“知识分子”这四个字首先意味着一种没有理由不求回报甚至不求理解的神圣的使命感。我一开始就在我的教育事业中倾注了我的社会理想。我想，也许我一辈子都是一个班主任和语文教师，但这不妨碍我以自己点点滴滴的奋斗推动着中国教育的进步，进而推动着中国的进步。**

恳请“务实”的朋友们不要嘲笑我“大言不惭”“故作崇高”。我知道为了坚守我的理想，我将付出什么或者说将作出什么牺牲。教育离不开社会，这是对的；但教育并不只是消极地受动于社会。我经常提醒自己，我不能左右社会，但我可以左右我自己的精神。

在一个价值多元化的时代，我们不能够要求每一个人只能做同样的选择；换句话说，每一个人有权选择自己的生活方式和对职业的态度。因此，我们尊重千千万万一线老师由于种种原因而对现行教育弊端的妥协，比如，对于那些至今都还不能按时领到工资的老师来说，这样的妥协是一种生存策略。**但是，中国教育也的确需要一批乃至一代把教育当作事业而不仅仅是谋生饭碗的教育者。他们应该有直面现实的勇气，有超越苦难的精神，有披荆斩棘的双手，有遥望未来的眼睛；在他们的心中应该永远燃烧着教育理想主义之熊熊火炬。**

我再一次想到了陶行知。固然，我们今天面临的一些困难是陶行知时代所没有的，但陶行知当年所面临的种种压力也是相当沉重的，他有时甚至会付出生命的代价。其实，陶行知本来已经拥有了相当尊贵的社会地位和相当优裕的生活待遇，他完全可以很体面地在那个社会生活得如鱼得水。但是，陶行知硬是放弃了他所拥有的一切，唯一留下了他对中国教育所寄予的理想主义，然后脱下西装，奔赴乡村，用自己的教育探索，像那个风雨如磐的时代发出了呐喊，进行着抗争。20世纪上半叶的中国教育因此而有了一些亮色，中国因此拥有了一位饮誉世界的大教育家。

不可否认，今天的教师，特别是一线教师教育个性的空间是非常狭小的，但是不是到了窒息的地步？我们可以（实际上是不得不）对现实做些妥协，但在妥协的同时，可不可以巧妙而又稳妥地向理想一寸一寸地逼近？比如，在高考压力下，我们也不得不进行一些应试训练，但这个训练过程能不能科学一些而不是那么野蛮？有时候，面对无休止的上级检查，为了学校荣誉，我们也不得不和学生一起弄虚作假，但同时，我们可不可以告诉学生"希望以后你们当了局长、厅长，千万不要这样。"我们无法选择教材，但我们可以选择教法；我们无法躲避高考，但我们可以躲避题海。当然，在这里，"可以选择"和"可以躲避"的前提是，教师本人不但富有爱心而且拥有智慧。是的，现在的教育充满了"实用""功利"的色彩，但我们可不可以在为学生打造高考敲门砖的同时，也给他们一些精神的东西？我们在教会学生适应社会的同时，能不能也给他们的心田里播下改造社会的理想种子？不要说"这没

★ **2004年天津讲学："让我们永远拥有一颗年轻的心！"**

用”，更不要说这是“虚幻的梦想”，如果没有理想的教育，中华民族就没有了明天！

人类之所以需要教育，就因为人类永远都不满现实；教育本身就意味着对现实的超越。“理想”往往被视为脱离现实的“乌托邦”，但人之所以不同于动物，就在于人有对明天的向往，对“乌托邦”的憧憬。

现在，我特别欣慰的是，我并不孤独，因为“教育在线”网站的建立，我便在更广阔的范围内结识了一大批教育理想的同行者。因为有着共同的情怀与追求，“教育在线”让我和每一个网友都感受到了真实的成长，我在播撒教育理想阳光的同时，也被全国各地老师们崇高的精神感染着——

uduke608：“当我一进入在线的时候我的视线和我的心灵完全被它征服了，我漂泊而又呼啸的心似乎得到了安宁的居处，直想在这里安一个家。于是，每日晚间我都蜗居在电脑前敲击键盘，让精神在在线上游走。我留下了我美丽的一年时光——在这一年中“教育在线”给了我很多很多。不仅包括朋友给予的，更重要的我认为它教我如何提升自己，教我如何留住自己的岁月。昨天我把自己在在线上写的手记全打印下来，发现竟然有六万多字。当我回过头来细读这些文字的时候，我竟然感到有些惊讶，那些‘灵动’的文字是我写的吗？我发现我还是很有学问的呢！它让我突然有了自信，在这一年中我并没有混着过，我还思考还实践了一些东西。我觉得自己好像是一个富翁。”

小蜻蜓：“2002 年 11 月 5 日是一个值得我记住的日子，在“教育在线”，我们走近了李镇西！李镇西，一个并不陌生的名字，曾在网络上不经意地遇过，并没有什么特殊和神秘，也曾访问过他的网站，但好像没有留下太多特殊的印象。但就在这种不经意间，我们不由自主地为他吸引、被他感动，与他共鸣！李镇西的报告深深打动了我，他的《爱心与教育》深深地感染了我。当天我就注册来到了“教育在线”，我觉得我的天空从此又开阔了许多。我虽然学的是理科，是一名数学教师，但我喜爱文学，平时喜欢胡乱地涂抹一些自己的心情。朱永新、李镇西、袁卫星、红袖、绵羊、木棉等网友的文章，使我喜欢上这些真情流露的人，喜欢那些毫无顾忌的表达各类情感的美文，这样越往后，呆在“教育在线”里的时间越长，情不自禁地陪着那些美文的作者一起欢喜一起忧。我觉得在这里的闲庭漫步，更能体现出一位教师的知识水平和自我魅力，更能体现心的交流，思想的融会，我喜欢这种感觉！网络是一种精神，是一种寄托，也是一种难得的心情。网上的我也许是一缕轻烟，也许是一抹云彩，更也许是一个灵魂，来无影，去无踪……但我寄予网上的情是真的，敲出的每一个字符是实的，我心美丽更源于此！真诚的我，心澄明如镜，清新如洗，生命也由此变得鲜活亮丽，充实富有！有人说：在生活的舞台上无须高超的演技，真诚就足以打动每一个观众的心。我想也许是我的真诚打动了大家。”

云生：“我是一名在镇中心小学工作的平凡教师，信息闭塞，受到培训的机会较少，教育教学研究还停留在被动地听从于上级的指令与安排上，在新课程改革的大潮中等待、顾盼、迷茫、彷徨。我虽有强烈的探索欲望，但独学而无友，孤陋寡闻。自踏入“教育在线”，阅读网站上的一些经典文章与言论，我的心时时为之激动，有时甚至击节叫好。“教育在线”旺盛的人气，缤纷的内容，先进的理念，似火的热情，如同磁石一样紧紧地吸引着我，影响着我，改变着我。”

钱海荣：“我在‘教育在线’网站发了一个反思自己的教育生活的短帖，李镇西老师从中读出了我的困惑，分两次把他的一篇万言长文跟了我的主帖。读着李老师情真意切、清丽优美的文字，我的心里涌动着一股暖流，李老师的教育生活是那样的富有诗意和情趣，而我却为什么感觉不到为人师的无比快乐呢？是因为我对教育懂得不够多、爱得不够深！我认真地修改了自己的帖子，写成了《教师，请把教育作为自己的生活方式》一文，这篇文章被收进了朱永新老师主编的《中国教育缺什么》一书。后来，李镇西老师还赠我一套《教育在线随笔系列丛书》。捧着装帧精美、内容动人的书，我的心如水一样清、如蜜一般甜。”

卢军：“曾经，我是一个敏于思考，却疏于动笔的人。但‘教育在线’的创办，版主一职的赋予，逼着我把零散的思考付诸文字，供网上天南地北的网友——其实大都是教育同行——交流、讨论，甚至批判。‘教育在线’创办没半年，我在上面的发言，整理成文稿就有了十多万字；更大的收获是，在日常的教育教学和科研中我学会了反思，学会了换位，学会了人文关怀。”

……

我越来越感到在我和网友的心中共同燃烧着一支教育理想主义的熊熊火炬。

在今天的中国，需要什么样的理想的教育？我认为，需要一种把人当成人的教育。我们向往并为之奋斗的教育，应该是目中有“人”的教育，是充满人性、人情和人道的教育，是为了一切人全面发展的教育，是充满着民主精神、散发着科学芬芳、闪烁着个性光芒的教育。

作为普通教师，我和我的网友们坦然地亮出教育理想的旗帜，也许在某些人看来有些“滑稽”或者干脆说就是太“堂·吉诃德”，但我们愿意做忠实于自己心灵的人。**茫茫人海，如蚁人生，我们个人的确太渺小，但作为知识分子，我们可以自己使自己的灵魂接近高尚，使自己的心灵自由地飞扬。**鲁迅曾经说过，中国历史上从来不少埋头苦干、拼命硬干、舍身求法的人，这些人是中国的脊梁。我以前都把这只当作“名人名言”，但今天，我愿意和所有教育界的有志者一起，实践这句话——让我们也成为中国教育的脊梁！

实践与思考的升华：走向民主教育

——第三阶段总结

20世纪的最后一个秋天，我暂时告别了成都石室中学，来到美丽的苏州大学师从朱永新教授攻读教育哲学博士。

攻读博士的三年是辛苦的，每天晚上总是在12点以后入睡，然后第二天早晨四五点钟起床，但书山跋涉，学海畅游，让我感到了一种精神的愉悦，这首先是一种思考的快乐。我当然不是纯粹的抽象的“理论思考”，而

★和导师朱永新在一起
(2002年7月)

是以古今中外的教育理论审视我20年的教育。回想自己近几年从“爱心”走向“民主”的思想教育历程，我把探索的眼光投向了“民主教育”，这后来成了我博士论文研究的主题。我从国际全球化民主化的潮流中把握中国教育发展的趋势，从中国当代社会变革和经济发展中感受民主教育的前景，从卢梭、杜威、陶行知、苏霍姆林斯基等人的著作里汲取民主教育的思想养料，从自己积累的20年鲜活教育实例中寻找民主教育的实践支撑……

学习与思考，使我对民主和民主教育有了这样的理解，我对民主教育的特征做如下归纳：

民主教育是充满爱心的教育

我始终认为，在民主教育的大旗上，有一个大写的“人”字，它是目中有“人”的教育。因此，所谓“充满爱心的教育”就是把学生当人的教育，就是充满人性尊重和人文关怀的教育。甚至从某种意义上我们可以说，民主教育就是爱的教育。**感情当然不能取代教育，但教育必须充满感情；作为尊重学生精神世界、崇尚学生主体性的民主教育，更应该对学生充满由衷的情感。**

在今天这个日益物质化、功利化的时代，这种纯真的教育之爱，也许在不少“成熟”的人看来是多么“幼稚可笑”而不可思议，简直就是“乌托邦”一般虚无飘缈。但这爱心与爱心之间的共鸣，却实实在在是千千万万真正的教师和他们的学生之间每天充实的生活。“爱心”这个词已经“老掉牙”了，“爱的教育”这个观点更是一点不“新潮”。但我仍然要说：爱，当然不等于教育；但教育，永远不可能离开爱。

充满爱心的民主教育，就是充满人性、人情和人道的教育。

民主教育是尊重个性的教育

这里的“个性”与“共性”相对，指的是一个人在天赋、智慧、能力、兴趣、气质、行为等方面表现出来或潜在的独特性甚至独一无二性。当然，个性本身在价值上是中性的，因此“尊重”在这里不是“迁就”，而是在理解的基础上，尽可能根据学生的个性予以因势象形地积极引导，从而让每一个学生都成为最好的自己。从这个意义上说，尊重个性就是要尊重学生的主体性，尊重学生发展的主动性，承认他作为个体的差异性。

民主意味着尊重多元，尊重选择。体现在教育上，必然是面对每一个具体学生的心灵世界，尊重他们成长过程中不同的精神需求。个性通常表现为是人与人的差异性。尊重个性就是尊重差异，这就要求教育者在教学内容的组织、选择和教学方法的使用等等方面，都必须考虑学生个性的独特性、差异性。这就要求教育者摈弃传统教育中的“一刀切”，真正做到“一把钥匙开一把锁”。尊重学生的个性，还意味着不用升学与否这一把尺子来衡量学生是否成才，而是尊重不同个性学生未来的不同发展，坚信每一个学生都会在今后的社会生活中找到自己的位置。

尊重个性的民主教育，特别体现于对待长期以来被传统教育忽视或冷落的“后进生”的态度上。苏霍姆林斯基说“让每一个学生都抬起头来走路!”这就意味着教育者对“困难学生”倾注更多的爱心、耐心和信心。**如果我们的教育着眼于少数精英，着眼于一个模式的应试选拔，它必然要通过一次又一次的考试淘汰大多数“差生”，以造就极少数“优生”。如此“教育”无疑让大多数学生还在人生的求知阶段便成了心灵自卑个性萎缩的“精神侏儒”。这实在是有悖于基础教育的全民性、普及性，更没有半点民主可言。**

民主教育是追求自由的教育

尽管自由本身不是民主，但自由与民主的天然联系是不言而喻的，因为没有自由就绝对没有民主。因此，民主教育首先是充满自由精神的教育，这种自由精神尤其应该体现于对学生心灵自由的尊重。

尊重学生心灵的自由，教师自己就必须是一个心灵自由的人。我们实在无法设想，一个迷信教材、迷信教参、迷信高考题的教师会培养出富有创造精神的一代新人。教师的心灵自由，取决于教师宽阔的人文视野。我们应该博览群书，站在人类文化成果的高峰俯瞰我们的每一节语文课；我们的心灵应该向古今中外的大师们开放。心灵自由的教师必然具有海纳百川的民主胸襟，这首先意味着对学生的精神世界的信任和尊重，特别是要善待学生的精神个性。只有教师民主的阳光，才能照亮学生心灵的原野。

尊重学生心灵的自由，就要帮助学生破除迷信，让学生在课堂上畅所欲言。允许学生写他们自己的文章。**尊重学生心灵的自由，就是尊重学生思想的自由，感情的自由，创造的自由。自由精神当然不是民主教育所独有的内核，而且也不是民主教育的全部内容，但没有自由精神的民主教育，便不是真正的民主教育。**

民主教育是体现平等的教育

民主教育要求每一位教育者重新审视师生关系，“毫无疑问，在未来的几十年中，发达国家的师生关系将会发生巨大变化。由于学生积极参与自学过程，由于每个学生的创造性都受到重视，指令性和专断的师生关系将难以维持，教师的权威将不再建立于学生的被动与无知的基础上，而是建立在教师借助学生的积极参与促进其充分发展的能力之上。这样，教师的作用就不会混同于一部百科全书或一个供学生利用的资料库。一个有创造性的教师应能帮助学生在自学的道路上迅速前进，教会学生怎样对付大量的信息，他更多的是一名向导和顾问，而不是机械传递知识的简单工具。”(联合国教科文组织：《从现在到2000年教育发展内容的全球展望》)

教师的职责无疑是“传道授业解惑”，但这并不意味着教师在知识的任何方面都超过了学生，教师更不应因此而以真理的垄断者自居。陶行知说：“唯独肯拜人民与小孩为老师的人，才能把自己造成民主的教师，也只有肯拜人民与小孩为老师的，那民主作风才自然而然地获得了。”尊重学生，就包括尊重学生的思考，真正优秀的教师应该是学生的引路人，也是和学生一起追求新知、探求真理的志同道合者。合作学习的态度，就是平等精神在民主教育中的体现。

民主教育是重视法治的教育

民主教育不是治国，因此，在这里说“法治”似乎有点儿牵强附会甚至可能有人会觉得风马牛不相及。然而，尽管“法治”是一种治理国家的方式，但其精神实质无非是依靠体现公共意志的规则（法律）来实施管理，而且所有人都必须遵守统一的规则。正是在这一精神实质上，民主教育与法治精神得以沟通——民主精神同时也就是法治精神。

让学生依据共同制定的规则参与教学管理，是民主教育中法治精神的突出体现。学生作为学习的主人，其主体性不仅仅体现在主动学习和积极思考方面，也体现在参与教学的管理方面。既然尊重学生，而且承认教师的所有工作从根本上说都应服务于学生，那么，学生对教学更应有建议、评价与监督的权利。教师没有理由不尊重学生的这个权利。对真正的民主教育来说，教育者与被教育者的互相监督是理所当然的。当然，长期以来，教师对学生的建议、评价和监督已经成为理所当然，无需强调；而学生对老师的建议、评价和监督则至今没有引起重视，因此，我们现在更看重后者。陶行知说：“要学生做的事，教职员躬亲共做；要学生学的知识，教职员躬亲共学；要学生守的规矩，教职员要躬亲共守。我们深信这种共学、共事、共修养的方法，是真正的教育。”

教育中的法治精神还体现于学生班级管理从“人治”走向“法治”。这能使民主精神真正深入学生心灵。在这样的管理模式下，学生与班主任享有一样的权利，学生开始尝试着民主管理的实践，并在此过程中，切身体验着集体与个人、民主与法制、纪律与自由、权利与义务、自尊与尊他的对立统一关系，潜移默化地感受着同学之间、师生之间尊严与人格的平等。可以这样说，班级的“法治”管理，实际上是让学生在实践中受到民主精神、法治观念、平等意识、独立人格的启蒙教育。

民主教育是倡导宽容的教育

在充满专制色彩的传统教育中，教师的思想是不容置疑的；相反，来自学生的任何不同声音，都会被认为是危险的异端而被教师好心地“纠正”。学生任何一点富有个性的见解，都遭到教师有意无意的扼杀。正是在这毫无宽容精神的教育中，学生作为“人”却一步步被变成了教师得心应手操纵的机器。

民主本身就意味着宽容。宽容他人的个性，宽容他人的歧见，宽容他人的错误，宽容他人的与众不同……作为教师，当然承担着教育的使命，对学生不成熟的乃至错误的思想认识负有引导的责任。但是第一，学生的不成熟乃至错误是一种成长现象，其中往往包含着求新求异的可贵因素，如果一味扼杀便很可能掐断了创造的萌芽。第二，宽容学生的不成熟和错误，意味着一种教育者的真诚信任和热情期待：相信学生会在继续成长的过程中自己超越自己，走向成熟。第三，教师的引导，前提是尊重学生思想的权利，然后通过与学生平等对话（而不是居高临下的训斥），以富有真理性的思想（而不是所谓的“教师权威”）去影响（而不是强制）学生的心灵。

教师的宽容，说到底仍然是尊重学生思考的权利，并给学生提供一个个发表独立见解的机会。不要怕学生说错，不跌跟斗的人永远长不大，所谓“拒绝错误就是毁灭进步”，正是这个意思。课堂应成为学生思考的王国，而不只是教师思想的橱窗。如果不许学生说错，无异于剥夺了他们的思考。在充满宽容的课堂上，不应只有教师的声音，教师更不应该以自己的观点定于一尊，而应允许学生有不同的看法，在教学的过程中引导学生独立思考，提倡学生展开思想碰撞，鼓励学生发表富有创造性的观点或看法。努力使整个教学课堂具有一种开放性的学术氛围，让不同层次的学生既有共同的提高也有不同的收获。

民主教育是讲究妥协的教育

“妥协”，和“宽容”一样，也是现代文明社会公认的民主准则之一。在现代生活中，善于妥协是一种明智，一种美德，也是一种与人合作的前提。能够妥协，意味着对对方利益的尊重，意味着将对方的利益看得和自身利益同样重要，更意味着尊重他人的精神世界。平时我们所说的“取长补短”“求同存异”都含有妥协的意思。

在民主教育过程中，如果说“宽容”是善待他人的不同观点，那么“妥协”则是对话双方都勇敢地接纳对方观点中的合理因素，彼此相长，共同提高。妥协的前提仍然是平等。教师要乐于以朋友的身份在课堂上和学生开展同志式的平等讨论或争论，并在这过程中主动吸取学生的合理见解。其实，更多的时候，所谓“妥协”并不是绝对的“甲错乙对”，因而甲方在思想上向乙方“投降”，而是“双赢”——即在讨论争辩中，双方都不断吸收对方观点的合理因素进而使双方的认识更接近真理。当然，也有这种情况，面对学生正确的批评，明明错了的教师更应该承认错误接受批评，并尽可能改正错误。

妥协，常常还体现在师生之间的“遇事多商量”，大到教学计划是否可行，小到每日作业是否适量，以及教学内容的选择、教学进度的调整、教学形式的改革等等，尽管教师起着主导的作用，但学生的参与也是必不可少的。著名特级教师魏书生在介绍自己的班主任工作经验时，说他最喜欢和学生商量，在商量中，教师和学生的智慧得到最大程度的发挥和整合。在我看来，这“商量”的过程也就是一种妥协的过程：教师的意见，学生的看法，都在交流、碰撞、比较中达成共识。人们常常说，成功的民主教育，往往都充满了师生合作的气息，这“合作”之中便有“妥协”。

民主教育是激发创造的教育

民主是对人的本质的解放，而人的本质在于创造。发展学生的创造精神，是民主教育的使命。

学生创造性思维的产生，有赖于教师创设一个宽松和谐的教学气氛。我们应使每个学生都具有心理上的安全感，从而在没有外界压力的气氛中充分展开认识活动，所以说，师生之间互相尊重、互相信任、互相学习的平等和谐关系，是发展学生创造性思维的重要前提。然而，恰恰是在这一点上，我们过去的教育却有意无意地剥夺了学生的精神自由。学生的心灵已被牢牢地套上了沉重的精神枷锁，哪有半点创造的精神空间可言？

我认为，民主教育首先是目中有“人”的教育。真正的教育者理应把学生看作有灵性的活生生的人，而不是教师见解的复述者，更不能成为教师完成课堂教学任务的道具！我们不应把学生的大脑当成一个个被动接受知识灌输的空荡荡的容器，而应看作是一支支等待我们去点燃的火炬，它一旦被点燃必将闪烁着智慧的火花、创新的光芒。因此，发展学生的创造

力，与其说是手把手地教学生怎样去做，不如说是给学生提供一个个发表独立见解的机会，特别是要鼓励学生敢于向书本、向老师、向名家、向一切“权威”说“不”！——正如江泽民同志在1999年全国教育工作会议上所说的那样“爱护和培养学生的好奇心、求知欲，帮助学生自主学习，独立思考，保护学生的探索精神、创新思维，营造崇尚真知、追求真理的氛围，为学生的禀赋和潜能的充分开发创造一种宽松的环境。”

……

2003年6月，凝聚着我20年实践和三年思考的博士论文《民主教育论》得以答辩通过，并受到各位教授的一致好评。2004年3月，由这篇博士论文而修改的教育专著《民主与教育》正式出版。

在本书的扉页上，印着我的卷首题词——

唯有以培养独立人格、公民意识、创新能力为己任的民主教育，才能真正使亲爱的祖国走向伟大的复兴，让中华民族傲然屹立于世界优秀民族之林！

是的，都说创造能力的培养应是素质教育的重点。我认为这也是素质教育真正面向未来的标志，培养创造者的前提是教育必须充满民主。**没有民主，便没有创造；没有民主的教育，便没有民族的未来。**

民主教育的实践与思考，使我看到了我的教育理想主义的方向——为社会主义现代化中国培养公民。

岁月渐渐在我的额上刻下沧桑，但我的心常常回到1982年3月，那个充满青春活力和理想激情的春天，那个我第一次踏上中学讲台的早晨。从“教育浪漫主义”到“教育现实主义”再到“教育理想主义”，我的脚步曾面对荆棘但从未中断过前行，我的思想的翅膀曾遭遇风暴但从未停止过飞翔——因为，二十多年前燃烧着我教育情感与信念的火焰始终在我的前方闪烁。

此刻，这永不熄灭的理想之光照耀着我豪迈地跨进了21世纪的门槛……

后记

继续心灵写诗——我的近况

2003年6月我博士毕业后，领导为了给我创造更好的环境，把我调到了成都市教科所，并专门成立了一个教育发展研究室。我知道，这是领导对我的关心和重用。“教育发展研究”是一个宏观的学术视野。由于我过去长期在学校在课堂，因此，说实话，我并不具备进行宏观研究的能力。但是，我不能辜负领导的信任，因此，我竭尽全力地适应新的岗位，并完成有关课题的研究。只是独坐在办公室里，我觉得狭小的空间显得格外空旷，因而我感到格外孤独。

我窗外的马路斜对面，便是成都市东城根街小学。不止一次了，早晨我打开办公室的门，刚一坐下，马路对面传来校园的歌声《我们多么幸福》、《我们的祖国是花园》、《少年少年祖国的春天》……孩子们的童音随着和谐而亲切的旋律飘进我的耳朵，真是让我有泪落的感觉。我猛然意识到我离学生太远了。一次，女儿学校举行迎新年歌咏比赛，她邀请我去观看。于是我便去了，走进熟悉的石室中学校园，一切都是那么亲切。老师们见到我都伸出手来和我握手，说：“专家来指导了！”让我一下觉得很别扭。当女儿和他的同学们站在台上演出时，天使般的声音浸润着我的心田。望着台上演出的学生们，恍然觉得那就是我的学生呀！那光洁的舞台上，不曾经就有我指挥学生合唱的身影吗？

俱往矣！

俱往矣？

不，我一定要回到校园，回到学生中去。那一刻，我在心里再次告诉自己。这个想法我早已告诉了教育局的领导，他们非常理解并支持我，答应在条件成熟的时候，让我回到学校去。

但我没有想到这一天来得这么快——

2004年3月24日，成都市教育局领导找我谈话，说教育局党组已经研究决定，让我到成都市盐道街中学外语学校去任副校长。分管副局长专门对我说："这是一所体制比较灵活宽松的新学校，相信可以实践你的一些教育理想。"

第二天，局长就把我送到了成都市盐道街中学外语学校。虽然这次调动非常突然，虽然新去的学校目前并不是条件特别好的学校，但我仍然欣然前往，因为我感到，**我这条鱼儿是不能离开水的，而"水"便是学校便是学生！只要能够回到学生当中，我的生命便会格外灿烂。**

见了校长，我便提出要求："我希望下学期能够教课并担任班主任！"

在与全校教师第一次见面的大会上，我对大家说："恳请大家不要用《爱心与教育》中的李镇西来打量我，因为现在的我一切都得从新学习。我真的是来向大家学习的——从零开始学管理，重新学习教语文和作班主任，因为三年多没有和学生接触过了，一切都得重新学习！"

这是我的心里话。

几年前，我曾在拙著《花开的声音》序言中这样写道——

我不止一次地庆幸我是一个教师，因为与青春同行使我的心永远年轻；而且我特别庆幸我是语文教师，因为这使我能用一双"文学的耳朵"随时倾听"花开的声音"，并把这种世界上最美的声音用文字表达出来。

2004年秋天，我接手了一个高一新班。每天和学生一起跑操、领着学生早读、上语文课、找学生谈心，批改学生作文，看学生随笔，看学生晚

★2004年3月，我又回到了学校担任班主任。这是我和现在的学生在一起

寝……每天的生活平凡、琐碎、忙碌而又充实。

需要特别向关心我的读者“炫耀”的是，从2004年8月30日新生入学第一天起，我开始恢复了写班主任日记。注意，我的确是“日记”——除了星期日，我每天晚上都把我当天的教育行为乃至教育细节，忠实地在电脑上写下来，少则三五千字，多则上万字。刚才，就在写这篇后记之前，我在电脑上统计了本学期以来所写日记的字数，竟然已经六十万字。在这些教育日记中，有我的教育故事和教育思考，也有我的教育快乐和教育困惑。这六十万字所展示的，都是我每天原生态的教育现场和我真实的教育感受。我把这部日记命名为《心灵写诗》。我一边写，一边在“教育在线”网站贴出来，于是，每天都有数万网友读我的《心灵写诗》。许多网友对我说，每天晚上读我的日记成了他们必须经历的精神享受，他们和我一起关注我的学生和我班的成长；不止一次，深夜十一点十二点甚至更晚，我还在电脑前写我的日记，突然电话响了，是远方的网友打来的，“李老师，您今天的日记怎么还没有上传到网上呢？”每当这时，我总是感动而抱歉地说：“快了，马上就写完了。”……

从教科所返回学校，我一下子仿佛回到了从前，每天都思考着，感动着，实践着，写作着，幸福着……但我绝对不会重复昨天的故事。是的，我不可能再回到过去重复我自己，我对未来依然充满了一种创造的冲动。请一切关心我的朋友继续相信并注视着我——我一定会在校园在我的学生中，继续我的《心灵写诗》，直到我人生的终点。

2005年1月30日